G. Vuillier

La Tunisie

LA TUNISIE 648

Il a été tiré de cet ouvrage vingt-cinq exemplaires sur papier de Chine, numérotés de 1 à 25.

Souscrits par la **Librairie Rouquette**,
Passage Choiseul.

CAVALIER TUNISIEN

GASTON VUILLIER

LA TUNISIE

ILLUSTRÉE PAR L'AUTEUR

TOURS

ALFRED MAME ET FILS, ÉDITEURS

1896

Tous droits réservés

A Madame

PISCATORY TRUBERT

A vous, Madame, en respectueux et reconnaissant hommage, cette étude d'un pays de soleil et de mystère qui a parfois hanté vos pensées dans les jours sombres de nos hivers.

AU LECTEUR

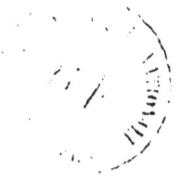

> Un souvenir heureux est peut-être sur terre
> Plus vrai que le bonheur.
> (A. DE MUSSET.)

Chaque voyage est un espoir ; c'est aussi un nouvel abandon. Ne laisse-t-on pas, à chaque détour du chemin, un peu de sa pensée et de son cœur ? J'envierais la source qui éternellement, goutte à goutte, épanche sa vie inconsciente dans le grand silence des bois, si nous n'avions les floraisons du souvenir.

Parfois, au village, dans un sentier qui va s'égarant sous les feuilles, ou devant les tisons de la veillée, le passé m'est doucement revenu. J'ai retrouvé, pour un instant, les heures des belles traversées où, accoudé sur le pont d'un navire, devant l'azur infini, je songeais ; puis je me suis senti tout enveloppé du mystère des forêts immenses, où je m'enfonçais autrefois, et que mon rêve agrandissait ; j'ai gravi des cimes aux larges horizons qui me furent familières.

Et ces évocations mêlaient leurs formes incertaines et leurs vagues échos à l'ombre du sentier, au chant du grillon dans la cendre.

Pour recueillir des sensations nouvelles, qui plus tard viendront éclore à leur tour et voltiger en reflets de soleils lointains dans le sommeil de la pensée. allons une fois encore vers un pays de lumière.

Nous foulerons la poussière héroïque de Carthage; nous admirerons ce qu'ont laissé derrière eux ces Maures artistes et guerriers, rêveurs et magnifiques, qui remplirent autrefois la terre du tumulte de leur gloire.

Et la clarté des plages africaines, la féerie des couleurs, l'éblouissement du ciel, les arabesques, les mosquées, les lumineuses fusées des minarets, les bazars éclatants, la soie, la pourpre, l'or des caftans et des haïks, les roches brûlées, les monts des Troglodytes, les sables d'or de l'Araad, les fières ruines romaines viendront, parmi les pluies d'hiver, les brouillards de l'automne et les mornes désenchantements de la vie, chatoyer, comme de radieux mirages, dans le crépuscule du souvenir.

Gaston VUILLIER

Gimel, Octobre 1896.

CAFÉ MAURE DE LA KASBAH

CHAPITRE PREMIER

En mer. — Le cap Carthage. — Tunis, le quartier franc et la ville arabe. — Les souks. — Un soir de Rhamadan. — Au quartier Halfaouine. — L'épopée des paladins de France à Tunis.

J'ai bien souvent couru quand les oiseaux étaient encore endormis dans leurs nids.
Poésie arabe.

Au printemps dernier je m'embarquais, à Marseille, sur un paquebot de la Compagnie Transatlantique en partance pour Tunis. A la tombée de la nuit, nous voguions en pleine mer; la Méditerranée était unie comme un miroir, aucun souffle ne traversait l'atmosphère attiédie. Nous allions, sans secousse, d'un mouvement rythmique, ridant à peine la nappe liquide d'ondulations moirées larges et molles.

A cette heure incertaine, bercé par le navire, devant l'espace voilé de mystère, la même illusion m'a hanté. Chaque fois j'ai cru qu'échappant désormais aux réalités de la vie, je m'acheminais vers les mondes inconnus dont les frêles lueurs doucement palpitent dans l'infini. Ainsi toujours, jusqu'aux premières clartés de l'aube, mon esprit s'est égaré...

Le lendemain le même calme nous favorisait, et vers le milieu du jour la Sardaigne allongeait au loin les longues lignes monotones de ses côtes. Un instant j'entrevis Oristano, empoisonné par la malaria, vague mirage scintillant dans le soleil.

La journée s'écoula vite, les yeux perdus dans l'espace où je voyais passer de grands vols de souvenirs.

Par delà l'immensité lumineuse, toute pailletée d'étincelles, je revoyais les monts de notre France que je venais de quitter. Là-haut, dans les brumes du Limousin, à travers les timides rayons d'un jeune soleil de printemps, les feuilles nouvelles commençaient à verdoyer et les fleurs grelottantes s'entr'ouvraient à peine. Plus haut encore, vers les cimes, par les grandes solitudes froides et les mornes pâturages où de grêles bouleaux berçaient au vent leurs chevelures éplorées, c'était presque l'hiver. De toutes parts des sources jaillissaient, et les flots descendant des plateaux serpentaient silencieusement par la lande ou bondissaient écumants à travers les rochers. Vers la fin de ce jour, le Puy-de-Dôme m'était subitement apparu ceint de lourdes nuées.

Après une longue nuit de voyage, au sourd roulement du wagon, le jour naissant éclairait la terre de Provence, et c'était pour moi un grand charme de me retrouver dans la lumière et de revoir des oliviers et des épis.

Maintenant, à travers l'immensité bleue, j'allais vers la côte africaine, que j'avais déjà foulée sous un ardent soleil et dont la vision me charmait encore.

Véritable songe que ces heures et ces heures à travers la lande mélancolique, sous l'éblouissement subit des paysages du Midi et sur la grande mer où maintenant je voguais.

Une seconde nuit tomba silencieusement sur la Méditerranée, et le surlendemain de notre départ, au matin, un avis du commandant m'apprenait que nous étions en vue des côtes d'Afrique. Bientôt je le rejoignais sur la passerelle.

Nous approchions lentement de terre; devant nous s'allongeaient des collines roses, voilées encore de brumes légères, et une falaise ardente, ceinte d'un diadème de blanches lueurs, s'avançait dans la mer. C'était le cap Carthage couronné par le village arabe de Sidi-bou-Saïd. Au loin, au fond d'un golfe, devant un lac miroitant, une longue bande neigeuse et comme phosphorescente s'étalait.

« Voici Tunis, la fleur de l'Orient, et son lac *el-Baheira*, me dit le commandant.

« C'est, à droite, la colline de Byrsa, où fut l'antique Carthage, que dominait le temple d'Esculape. La chapelle que nous apercevons là-bas a été élevée au lieu que saint Louis occupa avec ses chevaliers, et où il fut atteint de la peste noire. Le roi expira, dit-on, à la même place où, d'après la tradition, un bûcher avait consumé, dans les temps antiques, le corps de l'inconsolée Didon.

« Voyez, au pied du promontoire rouge, le port et la digue de Scipion ; plus haut, l'emplacement du temple de Baal et le forum. »

Il me désignait tout cela du doigt.

« Vers le nord, là-bas, s'éleva le fameux temple de Tanit, déesse tutélaire de Carthage, dont le parvis mesurait près de trois kilomètres. Tout un peuple de hiérodules et de prêtres l'habitait, chargé de veiller nuit et jour sur le *palladium* de la ville. On prétend que la vieille cité, descendant des flancs de la colline, venait s'allonger jusque dans la plaine voisine du lac et occuper même une surface considérable envahie depuis par la mer. »

Et alors, devant la falaise aux ravines sanglantes qui servit de piédestal à une grande cité, tout le passé de la rivale de Rome s'évoqua, et les belles pages de la *Salammbô* de Gustave Flaubert flambèrent en lettres d'or sur la grève déserte.

De la vieille ville souveraine, qui si longtemps fit trembler Rome, que reste-t-il aujourd'hui ? Quelques tronçons de colonnes, rongés par les embruns, battus par les flots, des citernes altérées, enfouies à demi dans le sable. Et ce ne furent ni les armées conquérantes de Scipion, ni les Vandales déchaînés qui bouleversèrent ce sol, mais les Arabes, les Génois et les Pisans qui, pierre par pierre, emportèrent jusqu'aux fondations des édifices. On dit Tunis faite des débris de Carthage ; la cathédrale de Pise serait construite avec les marbres de ses palais ; on assure que les Génois arrachèrent autrefois aux temples puniques les blocs qui servirent à édifier leurs églises. Ainsi lentement s'accomplit la prophétie qu'une voix farouche, impitoyable, jetait aux sénateurs romains : *Delenda est Carthago.*

Puis je considérais Tunis la Blanche, très distincte maintenant dans un poudroiement de lumière, qui de loin paraît sommeiller sur les bords du grand lac bleu peuplé de flamants roses. Le commandant m'entraîne vers tribord ; il me montre au loin la masse du Zaghouan avec ses cimes dentelées, ses ravins d'azur, et nos regards vont jusqu'au cap Bon, qu'on dit taillé dans l'améthyste : là débarqua Régulus marchant contre les Carthaginois. « Autour de ce cap s'entre-heurtent les vents et les courants maritimes, de là le nom de cap Bon ou Beau Promontoire, que lui avaient donné les Carthaginois par antiphrase, flattant le génie du cap pour obtenir sa bienveillance. Les Arabes l'appellent le ras Ghaddar, le promontoire trompeur, au lieu de ras Addar. »

Plus avant, je devinais l'aqueduc d'Adrien, qui alimentait les réservoirs de la ville punique et dont les arcades grandioses, mutilées par le vandalisme des ingénieurs, traversent encore la plaine. C'est ensuite Hammam-lif, petite ville charmante qui scintille au bord de la mer.

Le commandant me quitta pour surveiller la manœuvre. Nous prenions le chenal de création récente qui mène au port.

. . . .

... J'ai quitté le bateau. Me voici sur un boulevard de la ville franque, à deux pas d'une porte monumentale qui donne accès dans la cité arabe. C'est le centre d'un quartier neuf d'une singulière importance déjà, élevé comme par enchantement; il s'agrandit chaque jour et formera bientôt une véritable ville.

Le boulevard est très animé. Une clientèle nombreuse se presse sous les auvents de ses cafés. Tout a un air de gaieté qui charme sous l'ardente lumière.

De toutes parts s'agitent des crieurs de journaux, des marchands ambulants chargés de bibelots de bazar: armes, éventails, pipes, brillantes étoffes. Les bourricots, qui vivement trottent, tellement chargés qu'on n'aperçoit que leurs petits sabots, frôlent des Maures d'une pâleur mate, graves, drapés dans des burnous de couleur douce et harmonieuse. Devant les cafés, la main tendue, se tiennent des mendiants, et les négrillons et les petits Maltais ne cessent de harceler les Européens en montrant leur boîte à cirage.

Je me suis hâté pourtant de pénétrer dans l'ancienne ville arabe; j'ai franchi la porte El-Bahar et je suis allé à l'aventure. Et c'est charmant d'errer ainsi, de s'arrêter où il plaît, de s'enfoncer dans des labyrinthes de ruelles. Et puis le spectacle est vraiment nouveau et passionnant en son éclat avec la diversité des costumes et des visages; les langues les plus diverses frappent en même temps mon oreille; c'est l'arabe, le grec, le turc, l'espagnol, l'italien, le maltais, le sicilien : confusion d'un indicible attrait.

L'étroite ruelle où je me suis engagé est encombrée de passants, de porteurs d'eau et de marchands de citrons, dont la couleur est singulièrement éclatante dans l'ombre légèrement teintée de violet. De loin en loin l'agent de police indigène, au fez étoilé d'argent, se montre, placide, presque en promeneur. Les étalages des petites boutiques sont d'un arrangement original avec leurs entassements de fèves et leurs amoncellements de pains à la croûte dorée. Partout s'alignent des conserves au vinaigre, s'étalent des mets bizarres aux brillantes colorations : on dirait les coulées d'une fraîche palette.

Toujours en zigzag, la rue monte, étroite, zébrée çà et là d'éblouissants rayons, traversée de minces arcades coupant le ciel; sur les côtés s'ouvrent des boyaux resserrés, de silencieuses impasses d'où surgissent des Maures furtivement, comme d'un antre.

Des signes cabalistiques, pour éloigner le mauvais œil redouté, marquent les portes de ces mystérieuses demeures; c'est d'habitude une main rouge ou noire, les cinq doigts étendus. Cette main fatidique, qui chasse l'*aïn*, vous la retrouverez aussi bien sur la demeure du juif que sur celle de l'Arabe, de l'humble ou du puissant, depuis les lointaines villes du Maroc jusqu'aux profondeurs de la Tripolitaine.

Ainsi je vécus au début de mon séjour à Tunis, courant les ruelles, interrogeant les visages, cherchant à me familiariser avec cette ville où les murailles abritent des races dont l'existence paraît impénétrable.

MAURESQUE DANS SON INTÉRIEUR

Cependant le grand jeûne du Rhamadan est arrivé; nous sommes au neuvième mois de l'année musulmane.

En apparence rien n'est changé dans la ville; seuls les marchands, accroupis, entourés de leurs marchandises, le chapelet aux doigts et la prière aux lèvres, sont languissants : leur visage est pâle, ils bâillent fréquemment : l'abstinence rigoureuse à laquelle ils s'astreignent les épuise.

Aux volets de quelques boutiques une affiche verte, couleur chère au prophète, indique les heures du lever et du coucher du soleil pendant toute la durée du grand jeûne. Sur les blanches murailles des mosquées, des placards jaunes, ornés d'un bateau à vapeur, annoncent des départs pour la Mecque dès la fin du

Rhamadan et expliquent les conditions du voyage. Ils sont consultés avec une singulière attention. C'est le rêve de tout bon musulman de s'en aller là-bas, vers l'orient, au tombeau du prophète, et d'en revenir avec le titre vénéré de *el hadj*, le pèlerin. Et tous les ans les foules pieuses, affrontant les dangers du voyage, voguent vers cette terre promise, d'où l'on ne revient pas toujours; car d'habitude les fatigues de la route et les épidémies déciment les croyants.

Des régions du sud, tant du Maroc que des ksours algériens, partent des caravanes composées de quelques fidèles. Ceux-là sont pauvres, mais leur foi est grande; le temps, pour eux, ne compte pas. Ils vont, à petites journées, à travers les solitudes, campant auprès des puits isolés, s'arrêtant aux rares oasis, obtenant quelques secours dans les douars qu'ils rencontrent. Deux années sont presque nécessaires à ces petites troupes pour arriver au tombeau du prophète; les rangs se sont éclaircis en route, quelques cadavres sont restés dans le sable du chemin, car des vieillards étaient là qui, sentant la mort prochaine, avaient voulu entreprendre le grand pèlerinage, certains pourtant qu'ils ne l'atteindraient pas, mais sachant bien que des grâces leur seraient acquises dans l'autre vie pour avoir succombé sur la voie sainte. Et, sans autre espoir, ils avaient dit un dernier adieu à leurs enfants, ils avaient quitté la tente et s'étaient engagés dans la voie douloureuse, sur les pistes incertaines du désert sans fin.

Cependant, par les rues de Tunis, la vie s'écoule comme à l'ordinaire; l'animation est toujours grande, la foule se meut dans le quartier arabe; elle se presse sous les arcatures étroites des ruelles, dans les impasses, elle s'agite grouillante dans des éclaboussements lumineux.

Je suis arrivé aujourd'hui à la kasbah et sur une place cahoteuse, devant la citadelle, je m'assieds sur les nattes d'un café maure, sous la ramure des figuiers. Caressé d'ombre, je me repose de ma promenade. Ce café est charmant ainsi avec les arbres aux troncs bleuâtres qui l'enguirlandent. Au fond de la salle, le *kaouadji*, grand alchimiste au fez rouge, à la veste d'un vert pâle, brodée d'or, est inactif: la clientèle est absente, nous sommes en Rhamadan.

Quelques Arabes, assis près de moi, restent silencieux; ils ne fument ni ne boivent, observant rigoureusement la loi d'abstinence. Leurs yeux vont devant eux comme perdus dans l'immensité monotone des déserts lointains.

Sur la place, sous l'écrasant soleil, les chameaux, de leur pas lourd, passent chargés de charbon et d'alfa, suivis de conducteurs hâlés, drapés dans des lambeaux de burnous. Des officiers du bey décorés de l'*Iftikhar*, des nègres de haute stature, des cavaliers brillants, des mendiants aux loques superbes vont et viennent en tous sens. Quelques Européens, dans la banalité de leur costume, choquent seuls, de temps à autre, mes regards.

On ne se lasserait pas d'aller des journées entières par les rues et les places de Tunis, à travers la foule remuante, dans la pittoresque confusion des passants aux costumes variés et tous de belle allure. Mais la chaleur est étouffante, le soleil rôtit les murailles crépies à la chaux, et l'ombre des rues elle-même est devenue ardente. Gagnons les souks ou bazars, célèbres dans le monde musulman, enfonçons-nous dans ces transparents labyrinthes pleins de fraîcheur, vastes couloirs aux arcades légères où s'ouvrent les boutiques ou plutôt les réduits des marchands. Chacun ne renferme d'ordinaire qu'un seul genre de marchandises. Ces marchandises entourent le boutiquier ; il y en a partout, au-dessus de sa tête, devant lui, derrière lui, accrochées au linteau, suspendues aux chambranles.

Dans le souk des selliers, les broderies d'or et d'argent sur fond de soie, sur maroquin rouge ou jaune et sur velours, chatoient dans l'ombre. De précieuses arabesques courent et s'enchevêtrent sur le *filali*, maroquin du *Tafilelt*, renommé dans l'Islam. Le regard est partout ébloui. Ce sont des selles, des housses, des caparaçons, des djebiras, des bottes aux riches ornements, aux paillettes étincelantes.

Les travailleurs ne sont point ici de simples ouvriers, mais des artistes en quelque sorte ; ils exercent un noble métier. Les jeunes Maures de bonne famille ne le dédaignent pas. On n'y perd point son temps. Chacun brode ou dessine sur parchemin avec la pointe d'un canif, le diamant au doigt ; les habits de ces artisans, coiffés de turbans en soie brochée, sont souvent magnifiques.

Le souk des parfums, *souk el attarin*, s'enveloppe d'un plus grand mystère ; l'ombre baigne davantage les étroites niches où, drapé dans son burnous, le marchand apparaît comme une idole, immobile et contemplatif. De cette galerie s'exhalent des senteurs pénétrantes. Le musc, le benjoin, l'ambre, la cire, le santal, l'essence de rose en flacons mouchetés d'or et couchés dans un lit de ouate, la poudre verdâtre du henné, des essences précieuses inconnues se volatilisent sans cesse dans les pénombres du souk.

C'est également un lieu aristocratique ; tout y est calme, reposé ; les commerçants sont généralement des gens riches, fort considérés ; certains exercent les fonctions sacrées d'*ulémas*.

Je me suis arrêté longtemps dans le carrefour formé par le souk des parfums et le souk des cordonniers. Là les grandes voûtes pâles sont soutenues par des colonnes ornées de bandes rouges et vertes en spirale. Là s'ouvre une des portes de la mosquée Zitouna, interdite aux chrétiens.

C'est une véritable cohue dans ce carrefour, où les marchands de chechias, de savons et de babouches appellent le visiteur. A travers les cavaliers et les bourricots chargés d'oranges ou de légumes, passent des Maures de beau visage, graves, pleins de dignité, drapés majestueusement dans des toges de couleur claire aux plis classiques. Les femmes mauresques, voilées de noir, circulent silencieuses et furtives dans la bruyante foule.

Et tout cela va, vient, se meut, s'agite dans un mystérieux crépuscule. Par endroits, tantôt en nappes éblouissantes, et tantôt en fulgurantes flèches, le soleil jaillit d'ouvertures ménagées dans les voûtes, illuminant au passage un fez écarlate, une gandoura rose, turquoise ou couleur d'or, un voile blanc, le visage carré d'un Kabyle aux yeux bleus, au poil rouge, au teint hâlé, vêtu d'une chemise de laine courte; un Arabe de haute taille, basané, la barbe noire, le nez busqué ; un juif au turban noir, un Grec, un koulour'li, un nègre, un janissaire d'aspect rude. Ces visages surgissent subitement de l'ombre, éblouissent et s'éteignent. On dirait dans la nuit de brusques apparitions aussitôt évanouies. De regarder ces visions étincelantes l'œil se trouble, et plus rien ensuite n'apparaît d'un instant dans la galerie aux reflets lunaires.

Chacun de ces souks a une physionomie particulière bien tranchée. Les magasins d'étoffes se distinguent par leur caractère décoratif ; les arceaux en ogive des portes sont ornés extérieurement d'armes, de tapis, de bibelots de toute sorte : cuivres ciselés, tables en marqueterie, buires de cuivre, lampes, suspensions à fleurs, peaux de bêtes. Des tapis de Kairouan, du Maroc, d'Orient, sont empilés sur des caisses, et le négociant, assis devant sa porte, l'éventail à la main, se lève à votre approche et vient à vous empressé et affable. Il vous entraîne dans l'intérieur du magasin pour vous offrir une tasse de café. Il est rare que vous en sortiez sans avoir fait quelque acquisition, car il est persuasif et vous prouve clairement qu'il consent à perdre sur sa marchandise par sympathie pour vous. Eh bien, je préfère ces marchands gracieux à nos boutiquiers parfois rogues.

Le souk Ettrouk, occupé par les israélites, est une galerie couverte de planches mal jointes à travers lesquelles les rayons du soleil glissent, frappant d'éclats étincelants les vêtements de toutes couleurs accrochés aux boutiques où des centaines d'ouvriers tirent l'aiguille avec ardeur.

Plus loin vous verrez, dans un bazar sans fin, les cordonniers battant, coupant, étirant de beaux cuirs jaunes et rouges sous les yeux des passants. Leurs boutiques sont toutes enguirlandées de babouches.

Les tisserands font au métier des haïks diaphanes de soie et de laine, le sassari des femmes de Tunis, les écharpes légères pointillées d'or.

Mais on s'arrêterait partout, devant les bonnetiers qui expédient d'énormes ballots de chechias en Turquie et dans toute l'Afrique; devant les tailleurs occupés à border de rouge les burnous, à coudre des caftans de toutes couleurs, à soutacher d'or et d'argent les *djabadoli*. Et quand on a quitté les galeries, il semble qu'on a traversé une grande cité de rêve, car les yeux gardent l'éblouissement des couleurs et des matières précieuses employées.

Tout en haut des souks, près de la kasbah, est le palais de Dar-el-Bey. Ce monument massif, bâti au commencement du siècle par le bey Hammouda, n'offre en son extérieur rien de remarquable. Un large escalier donne accès à l'unique étage du palais. Là est la salle du conseil suprême, où le bey préside sur un trône au dais de velours crépiné d'or. On est attiré par un patio voisin, entouré d'arcades en marbre blanc et noir retombant sur seize colonnes torses. Ces arcades soutiennent des portiques à plafonds polychromes en bois, décorés de fleurs et de rinceaux bleus, rouges, verts et or.

Il existe aussi à Dar-el-Bey une koubba et des salons couverts d'arabesques d'une ingéniosité de formes et d'une délicatesse d'exécution merveilleuses ; elles ont la légèreté des dentelles. Et tout cela est harmonieux dans l'ensemble et dans les détails.

Le crépuscule, lumineux encore, descendait rapidement sur la terre, tandis que j'étais sur la terrasse de Dar-el-Bey. La ville, comme une immense cité de marbre, s'étageait sous mes yeux avec ses terrasses sans nombre et les

LEUR VISAGE ÉTAIT UN MASQUE NOIR....

sillons creusés par son inextricable réseau de ruelles. Çà et là s'arrondissaient les coupoles des marabouts aux toitures d'écailles vertes, des minarets élancés montaient. La mosquée de Sidi-Mahrès, avec son amas de dômes neigeux et la grande mosquée Zitouna frappaient davantage mes regards. Le lac El-Baheira, étalé sur le rivage, réfléchissait comme un miroir le ciel pâlissant. Je distinguais au loin la cathédrale de Carthage dominant la colline de Byrsa, le village de Sidi-bou-Saïd, la Goulette et le golfe perdu au loin, et les monts du cap Bon, et le profil superbe du Zaghouan, dont la cime s'éclairait de rose.

Et tandis que mes regards se perdaient dans l'espace qu'enveloppait maintenant le mystère de l'heure crépusculaire, le canon subitement tonna, se répercutant comme un tonnerre dans la ville et sur le rivage. Aussitôt des bruits de fête montèrent des demeures, et dans les rues silencieuses des lueurs s'allumèrent. Le jeûne était rompu jusqu'à l'aube. La vie nocturne du Rhamadan allait commencer.

Comme d'habitude, en temps de jeûne, tout était prêt à l'avance pour permettre un immédiat réconfort, et, après une courte prière, chacun faisait un repas de son choix. A cette occasion les pauvres eux-mêmes se mettent en frais dans la mesure de leurs moyens, dit M. David, et les petits pécules sombrent souvent, dans ce déploiement de confortable inaccoutumé; mais Dieu pourvoira au lendemain! C'est le Rhamadan, on ne compte pas.

. . . .

... Ce soir, 27ᵉ jour de Rhamadan, le quartier maure était en fête. Le bey, arrivé tout exprès, le matin même, de son palais de la Marsa, devait, après une journée passée à Dar-el-Bey, faire une visite solennelle aux souks, et il avait choisi l'heure nocturne à laquelle le jeûne est rompu.

L'après-midi tout entière s'est passée pour moi au souk des étoffes, dans le bazar des frères Barbouchi, au milieu des armes, des riches broderies, à demi couché sur des tapis d'Orient, dans la fraîcheur et le mystère reposant.

Barbouchi, celui que je connais bien, car ils sont plusieurs, est un beau Maure de fin visage, au nez un peu busqué, au regard doux comme un regard de femme. Il est de belle prestance et distingué de manières, ce qui est le cas de beaucoup de marchands tunisiens.

Le bazar occupe un des anciens marchés aux esclaves. Là, dans une cour intérieure bordée de colonnades comme un cloître, le soleil aujourd'hui discrètement se jouait dans les guirlandes flétries d'une treille maladive. Ces rayons, qui diamantaient vaguement la pénombre de la cour, erraient comme les sourires oubliés d'anciennes captives rêvant de liberté. Un bananier, dans l'ombre, tristement s'étiole aussi. N'avaient-elles pas également pâli en cet endroit même les jeunes filles arrachées aux rivages des mers latines, et parquées tout en pleurs dans ces murailles sourdes?

Ainsi les choses ont leur langage comme elles ont leurs larmes: *Sunt lacrymæ rerum*, on l'a dit il y a longtemps.

En gravissant les degrés qui mènent aux salles supérieures, je m'arrêtais pour considérer cette cour solitaire, où se tenait accroupi un vieux janissaire silencieux. Je revoyais toujours les belles esclaves blanches que les pirates ramenaient des rivages de France, d'Espagne, d'Italie et de Grèce, pour les mêler aux sombres filles du Soudan à la voix gutturale, que d'autres pirates, ceux du désert, avaient livrées aux caravanes.

Ces temps de rapines ne sont guère éloignés, et sur la côte de Tripolitaine, que je viens de visiter, la traite clandestine des noirs se pratique encore. La France, en s'emparant d'Alger, mit un terme aux incursions des pirates, et dès lors les rivages de la Méditerranée sont devenus sûrs. Nos voisins s'en souviennent-ils? Que n'ont-ils pas oublié!

Je quitte le mystérieux et chatoyant bazar de Barbouchi; je reviendrai plus tard; il me réserve une place sur le seuil de sa boutique, et là j'assisterai au passage du bey et au défilé de son cortège.

En quittant les souks obscurs, je prends la rue de la Kasbah pour gagner le quartier franc. La foule qui encombre cette voie et les ruelles adjacentes me semble aussi plus grouillante qu'à l'ordinaire, plus agitée en ses brillants costumes. Devant les mosquées de longues files d'Arabes se tiennent accroupis, et des lan-

SALLE DES PSYCHÉS A DAR-EL-BEY

ternes de couleur qui viennent d'être allumées, — car le crépuscule tombe, — irisent les passants de reflets d'arc-en-ciel.

De même, dans la ville européenne, ce n'est plus l'aspect accoutumé. La porte de France, qui donne accès à la cité arabe, est illuminée, et la population se presse par les rues ou encombre les terrasses des cafés. Les sons lointains d'une musique se rapprochent peu à peu. C'est la retraite aux flambeaux des zouaves.

UN MAURE

Comme toujours ces soldats ont belle allure, ils vont d'un pas alerte, comme à l'assaut, et des fusées, des flammes de Bengale les illuminent au passage de fantastiques lueurs. Et ils passent à travers la fumée, comme une évocation guerrière.

Les Arabes, ou plutôt les Tunisiens, regardent les conquérants nouveaux curieusement, sans révolte et sans haine. Ces musulmans n'ont ils pas été toujours en servage? Le fatalisme leur fait accepter sans murmure le fait accompli, dont ils profitent d'ailleurs, car le protectorat est pour eux plein d'avantages.

Le quartier maure est donc aussi en fête. La foule vivante et bariolée encombre les rues et se dirige vers les souks illuminés. Combien de scènes nocturnes me frappent et m'arrêtent, on peut dire à chaque pas, soit sous les sombres voûtes des galeries moins éclairées, soit dans les étroites ruelles où des lanternes en cuivre ouvragé jettent des éclats multicolores! Dans les grands souks, c'est par moments un éblouissement de lumière. Les tapis d'Orient, les étoffes brodées d'or et d'argent, les aiguières ciselées scintillent. Aussitôt après on s'enfonce dans un noir dédale de galeries...

Barbouchi m'attendait.

Le bazar était brillamment illuminé ; il se distinguait des autres par son apparat et par sa richesse. Les objets les plus précieux s'étalaient devant sa boutique dans un ruissellement d'or ; on eût dit l'entrée d'un sanctuaire. En face

MINARET DE LA GRANDE MOSQUÉE ZITOUNA

du bazar s'ouvre la porte d'une mosquée, ornée à cette heure d'une grande portière en velours cramoisi de la plus somptueuse beauté, avec ses ornements et ses caractères arabes en larges broderies scintillantes.

Nous nous sommes assis sur le seuil, devant une table en marqueterie de nacre, et les serviteurs ont versé le café maure dans des tasses filigranées d'argent. Autour de nous et sur nos têtes même, c'est un chaos de rares objets : armes et cuivres ciselés, longs fusils niellés en argent et constellés de corail, étoffes de soie brodées, djebirus en cuir finement ouvragées, coffrets rares, coussins chatoyants, tapis à la décoration byzantine, bibelots de toute espèce. Et tout cela éblouissait sous les feux des lanternes.

Sous nos yeux passait la foule, s'engouffrant sous les voûtes en flots houleux : juives grasses à visage découvert, en bonnet pointu ; femmes de Djerba au voile quadrillé ; nègres magnifiques montrant leurs dents blanches, véritables bronzes vivants ; enfants en costumes frangés d'or. Mais la caractéristique des races diverses me frappait surtout ; je retrouvais les descendants des antiques Phéniciens et les fils des Maures d'Espagne, les Berbères, les Arabes, les Italiens de Tabarca, qui devinrent musulmans...

Les heures s'écoulaient et la foule passait toujours. Je ne me lassais pas de voir ce torrent humain dans la ruche bourdonnante des galeries sans nombre ; l'éclairage accentuait le caractère des visages graves, placides, parfois même sauvages. Par instant des femmes toutes blanches apparaissaient drapées dans leurs haïks comme des fantômes, et leur visage était un masque noir. Mais, en dehors de quelques juives, l'absence de toute figure féminine dans cette foule étonnait. Il en restait comme un sentiment indéfini de population incomplète.

Une houle plus accentuée nous fit deviner l'arrivée du bey. Il s'avança, suivi des officiers de sa maison ; quelques mains se tendirent vers lui, des flammes de Bengale illuminèrent un moment le souk, et il disparut. Le cadi lui succéda le chapelet aux doigts, monté sur une haute mule richement caparaçonnée. Un serviteur le précédait, porteur d'une lanterne. Sa tête vénérable était coiffée d'un énorme turban, et sa barbe d'une blancheur de neige s'étalait sur sa poitrine. Il avait la majesté d'un sultan.

Lorsque nous quittâmes le souk des étoffes, les lumières étaient éteintes et un silence de mort s'appesantissait. Par les portes grandes ouvertes des mosquées, on voyait les musulmans prosternés invoquant la bénédiction de Dieu. Par endroits, des brasiers de charbon allumé purifiaient l'air.

Cette soirée venait de me révéler tout l'Orient avec ses mystères de cloître, ses richesses et l'étrange splendeur de ses fêtes.

... Nous avons parcouru les bazars de Tunis par un soir de fête, allons maintenant nous perdre dans un quartier populaire, à l'heure où le jeûne du Rhamadan vient d'être rompu.

Le soleil se couche, le canon tonne, ses grondement se répercutent à travers les murailles de la ville, passent en ouragan sur les terrasses, et ses échos ronflent et bruissent encore en s'enfonçant au loin dans les profondeurs incertaines du ciel et de la mer.

Les rues tout à l'heure semblaient mortes ; les passants alanguis circulaient lentement, d'un pas mesuré, et les boutiquiers indolents, accroupis devant les portes ou allongés au fond des magasins, étaient comme absorbés dans des rêves.

Le canon a secoué cette torpeur comme par enchantement. La vie interrompue tout le jour vient de prendre une activité singulière ; partout on s'agite, on va, on vient, le verbe haut : des passants chargés de victuailles se hâtent : c'est la résurrection soudaine d'une cité.

Cette joie subite, cette allure agitée, si en dehors des habitudes arabes, qui chaque soir, au coup de canon traditionnel, secoue la ville, s'explique par l'incroyable rigueur du jeûne qui doit être observé du lever au coucher du soleil ; rares ceux qui n'y sont pas fidèles. Du lever au coucher du soleil, en effet, on ne doit prendre aucune nourriture ni se rafraîchir d'aucune boisson. Il faut parler peu, ne pas fumer, ne se livrer à aucun plaisir même innocent. Une miette de pain, une goutte d'eau avalées même involontairement rompent le jeûne ; de même une pensée lascive, une bouffée de tabac aspirée en passant près d'un fumeur.

Si on n'a pas observé scrupuleusement ces prescriptions, on remplacera ces journées après le Rhamadan, en prolongeant le jeûne d'autant de jours qu'on l'aura rompu : ce sont des jours à rendre, comme disent les Arabes. Le malade astreint à un régime rendra aussi ces journées après sa guérison. Quelques tempéraments sont cependant apportés à cette loi rigoureuse : les ouvriers adonnés à de pénibles travaux sont dispensés de l'abstinence si le Rhamadan tombe en été, à la condition toutefois d'acquitter leur dette en meilleure saison. Et ne croyez pas qu'il soit facile de se soustraire à ces lois ; les coreligionnaires sont là, exerçant une étroite surveillance. Celui qui se rendra coupable d'infraction se réserve un cruel châtiment. Il est sacrilège, et le cadi lui fera appliquer la *falka*, c'est-à-dire un certain nombre de coups de bâton sur la plante des pieds.

M. David, professeur au collège Sadiki, qui connaît à fond les mœurs arabes, prétend que ceux qui souffrent le plus du jeûne et qui sont, par suite, le plus sujets aux infractions sont les fumeurs et surtout les fumeurs de hachisch. « Arrachés par la rigueur du jeûne au délicieux abrutissement où les plongeait le kif, ils sont alors d'humeur irascible ; les enfants et les passants le savent et exploitent malignement ces dispositions : avec un geste, un cri, une grimace, ils les font entrer dans des fureurs indescriptibles. »

Aussitôt après le repas qui a rompu le jeûne, chacun passe la soirée le plus agréablement possible, avec un groupe d'amis, au café, en promenade, et les enfants, comme beaucoup d'hommes aussi, vont souvent s'égayer d'une petite séance de karakouss, où quelques jeux obscènes d'ombres chinoises, accompagnés de discours appropriés, provoquent de bruyants éclats de rire.

De la rue Bab-Souïka jusqu'à la place Halfaouïne, on dirait, tant sont assourdissantes ce soir les rumeurs de voix gutturales, qu'entre les murailles une marée tumultueuse s'est engouffrée.

Je m'étais mêlé en curieux à la foule, et j'avais été entraîné par elle.

La rue était sombre, des visages énergiques vivement s'accusaient. Mis en relief tout à coup par quelque porte illuminée, des nègres demi-nus découvraient, en leurs gestes désordonnés, des poitrines de bronze. Et de cette multitude en sueur s'exhalait une insupportable odeur de fauve. Il me semblait, dans l'heure incertaine, violemment entraîné par la houle humaine, que je coudoyais dans l'antique Carthage les rudes mercenaires d'Hamilcar.

UN BAZAR

Dans l'impossibilité où j'étais de revenir sur mes pas, je cherchais un passage pour fuir ces exhalaisons, cette promiscuité brutale. Du lointain, à travers le glapissement des voix, les cris des âniers et des cavaliers drapés dans leurs manteaux comme les anciens Romains dans la toge, arrivaient maintenant des accords de musiques bizarres, qu'accompagnaient les coups sourds du tam-tam, ou que dominaient par instants des cris aigus.

Je rasais depuis un moment les murailles, lorsqu'une porte ouverte s'offrit. Debout sur le seuil, un homme, s'adressant aux passants, disait :

« *Trasimu, cc'è ura* : Entrons, il est l'heure. »

Son accent m'était familier, la langue qu'il parlait avait frappé mon oreille en Sicile. Échappant à la foule, d'un bond j'entrai dans un petit théâtre sicilien, les *pupi* ou marionnettes.

La salle était encore vide, quelques quinquets l'éclairaient faiblement. A l'entrée, l'homme répétait toujours gravement son appel, et sa voix se perdait dans les bruits du dehors.

J'étais donc seul, et je songeais. Le matin de ce jour j'avais erré dans les hauts quartiers de Tunis, dans les souks, au pied de hauts minarets profilant dans l'azur leurs flèches élégantes, et le hasard de ma promenade m'avait fait suivre cette même rue Bab-Souika jusqu'à la place Halfaouine. Elle était alors déserte ; seuls quelques âniers de temps à autre poussaient devant eux leurs bêtes chétives, et de loin en loin des femmes toutes blanches, au visage voilé de noir, furtivement apparaissaient. Je m'étais arrêté longuement devant un barbier arabe, qui en plein vent rasait une tête. Et ces rues où j'avais erré solitaire, dans la vibrante lumière, étaient sombres maintenant et envahies par une foule en délire.

Cependant des spectateurs silencieux arrivaient dans le petit théâtre ; ils prenaient place sur les banquettes après avoir acquitté chacun les trente centimes du prix d'entrée. La salle peu à peu se complétait, et l'*acquaiolu* et le *siminzaru*, le marchand d'eau et le marchand de graines de courge, allaient et venaient comme au théâtre des Paladins de Palerme. J'étais au milieu de la petite colonie sicilienne de Tunis. Si, par la porte ouverte encore, je n'avais entendu résonner les syllabes gutturales des Arabes et les accents criards des musiques de foire de la place Halfaouine, j'aurais pu me croire au cœur même de Palerme, dans le quartier de l'Albergheria, où j'avais assisté aux représentations du théâtre des Paladins.

... La porte d'entrée s'est refermée, un profond silence règne dans la salle, et les bruits de l'extérieur, les éclats de la fête, n'arrivent plus jusqu'à nous. Les spectateurs sont tous graves et recueillis ; ils ne s'entretiennent qu'à voix basse. C'est qu'on va représenter la *Mort des royaux de France*, ou *Rotta di Ronscivalle*. Le silence de la salle, la gravité des spectateurs, s'expliquent ; car voici longtemps que ces hommes et ces enfants chaque soir sont venus prendre place sur ces banquettes pour assister aux exploits de leurs paladins aimés. Passionnément ils ont suivi durant des mois les luttes de ces royaux de France ; ils se sont grisés de leurs merveilleuses aventures, ils ont applaudi à leurs exploits, ils ont frémi à leurs dangers, ils ont pleuré leurs défaites. Ce soir, la belle légende va finir par la déroute et par la mort, au son funèbre du cor de Roncevaux.

L'émotion me gagne lorsque je vois les enfants, les jeunes gens et les hommes même qui emplissent la salle se découvrir respectueusement lorsqu'un ange apparaît à Renaud, lui annonçant que les paladins vont mourir. Ainsi se découvrent aussi toutes les têtes en Sicile, le vendredi saint, à la représentation de la mort de Jésus-Christ. J'oubliais en ces instants que j'avais devant moi des marionnettes, que j'étais dans un pauvre théâtre populaire, tant il y avait de touchante simplicité dans la manifestation de ces humbles pour les héros de nos légendes.

Le dernier acte de la tragédie finale commence, la toile se lève maintenant sur le val de Roncevaux. L'apparition de Roland sur la scène est aussitôt saluée par de frénétiques applaudissements. Nous assistons bientôt à de terribles combats où les preux accomplissent des prodiges de valeur, la fameuse Durandal éclairant toujours la scène de ses fulgurantes lueurs. Mais la dernière heure des paladins est arrivée, ils succombent sous le nombre. Le son du cor se fait alors entendre, Roland invoque le secours de Charlemagne. De longs frémissements traversent la foule ; les spectateurs, les yeux fixes, pleins de flammes, allongent leur tête vers la scène ; il en est qui, soulevés à demi, montrent le poing aux ennemis, poussent des exclamations de colère ou encouragent du geste et de la voix les paladins en péril.

De temps à autre le son lugubre du cor traverse la salle en appel désespéré. Roland, le héros préféré des Siciliens, tombe enfin, mortellement atteint.

« Que deviendra sans moi mon oncle Charlemagne ? dit-il en expirant, et mes compagnons n'arriveront-ils pas ? »

L'archevêque Turpin et son ami Renaud assistent ses derniers instants.

A ce moment suprême, les larmes coulent des yeux de tous les spectateurs, les sanglots soulèvent toutes les poitrines.

La toile tombe. Les Siciliens gagnent tristement la sortie et s'écoulent silencieusement.

Au dehors la tumultueuse foule se pressait toujours. La fête nocturne continuait ; son vacarme emplissait la nuit. D'autres théâtres invitaient les passants, mais c'étaient des théâtres arabes obscènes, comme le *Karakouss*, et des cafés bruyants où dansaient d'immondes almées. Par les rues, à travers l'âcre odeur des fritures, les relents des sueurs humaines, résonnaient les coups sourds du tam-tam, les cris des marchands de dattes, de nougat et de glaces, les appels des théâtres et des cafés borgnes où les Maures se glissaient, une fleur dans le turban et la cigarette aux lèvres. Sur la place Halfaouïne, il y avait rassemblement devant un vieux nègre qui râclait un instrument à long manche, en faisant les plus affreuses contorsions et des bonds insensés. Parfois, l'écume aux lèvres, il trépignait comme pris de frénésie. Il s'asseyait ensuite, dégouttant de sueur, et son visage prenait l'impassibilité du bronze, dont il avait la couleur.

Les spectateurs étaient contents, le vieux nègre en folie avait un grand succès.

Qu'étaient devenus mes Siciliens? Attristés, ils s'étaient perdus dans la foule, se dirigeant tout pensifs vers leurs pauvres logis.

Errant par les ruelles désertes, ma pensée ne les quittait pas. Imprégnés de la poésie du Nord, que les Normands leur apportèrent autrefois, et qui s'est transmise pieusement d'âge en âge, ils portent en eux toute la grandeur naïve des légendes chevaleresques. Grâce aux exemples de bravoure et de loyauté qu'ils ont eus sous les yeux étant enfants au théâtre des Paladins, ils demeurent toujours braves, généreux, et, quoi qu'on en dise à Tunis, l'idéal accompagne leur vie.

Les rumeurs lointaines de la grossière fête arabe troublaient encore la nuit, me rappelant les plaisirs de ces Maures fatalistes avilis par le long despotisme des Turcs, et dont l'espoir à une vie meilleure se résume à des jouissances matérielles. Et je les comparais aux Siciliens...

J'étais arrivé sur une plage solitaire. Le lac El Baheira murmurait doucement aux étoiles je ne sais quelles mélodies de rêve; les vagues, d'un mouvement rythmique, venaient marquer comme une cadence à ce chant berceur, et ma pensée s'élevait...

MOSQUÉE DE SAHAB EL-TABADJ

FOULE A HALFAOUINE

CHAPITRE II

A travers le quartier israélite. — Une noce juive. — Le mariage musulman. — *L'aïd-es-ghir.* — L'aumône. — Halfaouine. — La voix du muezzin.

> Oh! combien je voudrais posséder
> le meilleur cheval de la terre,
> pour marcher seul et pensif
> auprès de sa chamelle blanche!
>
> (*Poésie arabe.*)

Le Rhamadan vient de finir, la ville a repris son aspect habituel et le quartier d'Halfaouine, retombé dans son sommeil, ne se réveillera plus qu'aux jours de fête.

Par les souks l'animation est toujours grande, les bateaux débarquent souvent des voyageurs qui circulent, un peu ahuris, à travers la foule remuante et bariolée. Je fais de fréquentes haltes au bazar africain de la rue de l'Église, voie très fréquentée qui mène dans les hauts quartiers. Devenu l'ami de la maison, j'y passe souvent des heures aux jours de pluie, car la saison est mauvaise et jamais de mémoire de Tunisien on n'avait vu un tel printemps. Au bazar la conversation est facile, Mahmoud et Zeïtoun parlent couramment le français, Shadli le comprend un peu. Tous d'ailleurs, jusqu'au petit nègro occupé des menues choses de la boutique, sont gens fort aimables.

Comme j'examinais un jour une médaille antique, Zeïtoun tout à coup s'exclama : « Ah! si M. Dufour l'avait vue, quelle joie il eût éprouvée, monsieur! Longtemps, mais en vain, il a cherché la pareille. »

Il me parle longuement de M. Dufour et me dépeint son visage, ses attitudes et ses manières. C'est bien l'ami que j'ai quitté récemment à Paris, chef de bureau arabe autrefois dans la province de Constantine.

Zeïtoun avait enfin trouvé un camarade de M. Dufour; depuis longtemps il rêvait cette rencontre. Dès ce moment il m'adopta et se mit en frais pour m'être agréable. J'en profitai pour connaître le quartier israélite, que je parcourus, dès lors, fréquemment en sa compagnie.

A travers les ruelles il me conduit une après-midi à la synagogue, où va se célébrer un mariage. Charmantes et du plus vif intérêt sont pour moi les promenades dans ce quartier aux blanches demeures, aux fenêtres finement grillagées, où des femmes et des jeunes filles aux grands yeux noirs, vêtues de pourpre, d'azur et d'or, de tous côtés apparaissent. Nous pénétrons au hasard dans des maisons arabes anciennes occupées aujourd'hui par des israélites. Certaines, dont les *patios* de marbre s'entourent de rangées de fines colonnettes, sont de belle architecture. Dans la plupart les murs sont enrichis de faïences vernissées aux motifs polychromes d'une grande richesse de teintes. Au long des arceaux du patio, dans les galeries qui le bordent, courent, comme dans les mosquées, de blanches dentelles ornementales, et à travers quelques niches finement ajourées, où s'enchâssent des verres de couleur, on voit filtrer des lueurs de vitrail très frêles.

Partout nous sommes l'objet du plus gracieux accueil. La vie des femmes s'écoule dans la fraîcheur et le doux crépuscule du patio, partagée entre les soins journaliers du ménage et l'apprêt des costumes de fête. Assises, les jambes croisées, devant des bassines de cuivre, elles égrenaient, de leurs doigts rougis par le henné, une pâte aux tons d'ambre destinée au repas du soir. Ailleurs, car c'était mercredi, jour consacré à la lessive, elles étaient tout entières à cette occupation. Dans le mystère des demeures que baignent les seuls reflets du ciel, que des rayons d'or venus du faîte des murailles irisent, à certaines heures, ces femmes aux costumes chatoyants ne me semblaient point adonnées à des soins domestiques : créatures de rêves, elles trempaient leurs mains en des nacres amollies, en des pâtes neigeuses, tant semblaient de colorations lumineuses et douces les linges qu'elles touchaient.

Parfois, chaussées de hautes soques de bois aux losanges de nacre, qui sonnaient sur les dalles de marbre, elles allaient dans le demi-jour, sereines et toujours souriantes, et s'enfonçaient dans l'ombre des arceaux. De la rue même, je contemplais souvent ces scènes bien simples dont l'idéalité me charmait.

Ainsi entrevues dans la vie familière, ces juives n'ont rien de commun avec les matrones voilées de blanc, coiffées de hauts bonnets en pointe, chaussées d'escarpins d'enfant, qui s'en vont, par les rues de Tunis, lentes et alourdies, balançant leur corps informe. C'était la juive biblique, aux formes pures, évoquant la poésie légendaire de la primitive Judée.

Zeïtoun, que le charme esthétique de ses coreligionnaires laissait indifférent, en revenait toujours à M. Dufour. Les trois mois qu'il avait passés avec lui dans la province de Constantine avaient rempli sa pensée d'attachants souvenirs. Il me racontait par le menu l'existence qu'il avait menée avec mon ami; les belles trouvailles qu'ils avaient faites ensemble de médailles, de pierres gravées romaines, de vases byzantins. Il me parlait de l'Hammam-Grous, près d'Oued-Atmenia, restes d'un ancien établissement thermal romain où ils découvraient des mosaïques. Il se souvenait surtout de Thamugas, dans l'Aurès. Là, disait-il, j'ai vu les rues, les temples, les arcs de triomphe, les marchés et les boutiques avec leurs comptoirs de marbre. Nous avons retrouvé un théâtre avec sept rangs de gradins bien conservés, le forum avec sa colonnade, la curie et le capitole. Il n'y manquait plus que les habitants qui peuplèrent autrefois la ville. Mais c'était la mort, seules les statues brisées encombraient le sol. Et si vous saviez dans quel pays nous étions! C'étaient partout de hautes montagnes, des plateaux que la neige recouvre l'hiver, des forêts de cèdres comme on n'en peut voir de plus belles. » Un regret pourtant se mêlait à ses joies, il n'avait pas assisté M. Dufour dans ses fouilles à Madore, la patrie d'Apulée! Combien il eût été heureux aussi, disait-il, de s'associer au don qu'il m'avait fait d'une pierre gravée trouvée là-bas, dans le tombeau d'un poète.

Partout, dans les ruelles, dans les impasses, sur le seuil des palais et sur les murs des masures branlantes, nous retrouvions les débris de Carthage; tout en haut des souks, près de la Kasbah, scellé à la muraille d'une zaouïa vénérée, un antique tombeau de pierre fait l'office de bassin de fontaine. Ici les colonnes et les chapiteaux puniques ou romains ont servi d'angles dans la construction des maisons; ils soutiennent les passages voûtés, et au besoin forment des marches devant les portes de très misérables demeures.

Nous étions arrivés à la grande synagogue. L'illumination de la salle se préparait, un à un s'allumaient les lampions qui devaient éclairer la cérémonie. Au pourtour de la salle, au long des murailles, sur des banquettes recouvertes de nattes, déjà quelques juifs attendaient, et des enfants, peu respectueux de l'endroit, bavardaient à voix haute. Le monument est simple, presque pauvre ; il n'eut pas toujours la destination actuelle, car sur le linteau de la porte d'entrée et sur les murailles de la salle j'ai vu, gravé en relief sur la pierre, le croissant de Mahomet.

Un vieillard près de nous était plongé dans la lecture d'une bible aux caractères hébraïques. Sa tête était coiffée d'un bonnet rouge qu'entourait un turban. Son nez crochu tombait sur la barbe très blanche, et ses yeux vifs roulaient sous d'épais sourcils noirs en broussaille. « Il est vieux, très vieux, me disait Zeïtoun, je crois que le nombre de ses années a dépassé quatre-vingt-dix. Eh bien, voyez comme il lit aisément sans le secours des lunettes. Croyez-moi, monsieur, nos pères étaient plus sains que nous, ils étaient d'ailleurs plus sobres aussi, ils se laissaient vivre davantage selon la volonté de Dieu. Du temps du vieux on ne connaissait pas le pétrole, le gaz, toutes ces choses nouvelles et coûteuses ; on employait, pour s'éclairer et préparer les aliments, la même qualité d'huile d'olive. Ah ! monsieur, l'huile d'olive ! on dit avec raison qu'elle conserve la vue et aussi la santé ! C'est à l'olivier qu'il doit ses yeux jeunes, le vieillard... »

Cependant la noce se faisait attendre, par moments des enfants quittaient la synagogue et s'avançaient dans la rue pour guetter l'arrivée du cortège. Ils revenaient en disant qu'on ne l'apercevait pas encore.

En attendant, Zeïtoun entrait dans des détails sur les noces juives à Tunis. « Chez nous, disait-il, tout ce qui a trait au mariage prend une extrême importance, nous voulons qu'il soit célébré avec éclat. Les préparatifs en sont longs et marqués par quelques coutumes assez originales.

« La date en étant arrêtée, le futur envoie son cordonnier prendre mesure à la fiancée et aux jeunes filles et jeunes femmes de la famille. Une quinzaine avant sa célébration il fait transporter une grande corbeille contenant des présents. Elle est garnie avec le henné en feuilles, auquel se trouvent mêlées des dragées pour les enfants. Puis viennent le kohl, des flacons de parfums et nombre d'autres menus objets. Le pourtour de la corbeille est formé par les petits souliers bleus, roses et jaunes, brodés d'or et d'argent, pour lesquels le cordonnier du fiancé avait pris mesure, et chacune de ces chaussures contient un paquet de bonbons.

« Il est d'usage que la fiancée, accompagnée de ses parentes et de ses amies, se rende au bain par trois fois avant le mariage. Vous pourrez en rencontrer ainsi dans les rues que des musiciens accompagnent.

« Nous voulons aussi que les cheveux de l'épousée soient noirs et brillants comme le jais, et dans ce but nos matrones composent une pommade, le *sebgha*, qui a la propriété de leur donner ce lustre. »

Il m'en expliquait la composition : noix de galle grillée dans de l'huile avec du sel, cuivre rouge calciné réduit en poudre et clous de girofle, le tout cuisant dans l'eau jusqu'à la consistance voulue.

Que de soins encore pour rendre l'épousée plus belle! Son corps tout entier sera enduit d'une préparation qui entraînera avec elle, en séchant, tout duvet importun ; les paupières soigneusement noircies avec le kohl aviveront l'éclat des yeux, et quelquefois une mixture brune, appliquée au pinceau, renforcera la couleur des sourcils et les reliera même entre eux.

La noce arriva enfin après une grande heure de retard, et son entrée dans le lieu saint fut annoncée par les chants criards d'une bande de gamins qui la précédaient. Le fiancé, accompagné par son père, apparut bientôt, une écharpe de soie brodée jetée sur les épaules. La fiancée était absente : la femme est réputée impure, l'accès des synagogues de Tunis leur est interdit.

Accompagné de ses parents et de ses amis, le fiancé, sans quitter l'écharpe qui ornait ses épaules, est allé s'asseoir sur une banquette réservée, recouverte d'un tapis écarlate, et la cérémonie commence. Deux rabbins montés sur une estrade au centre de la synagogue se prennent à psalmodier à tour de rôle d'une voix nasillarde; la foule par instants répond.

MATRONE JUIVE

Au point de vue pittoresque la scène est fort intéressante avec ces chants hébraïques nasillés, au rythme presque douloureux, sous les lumières jaunes des lampions qui accusent le caractéristique des visages. L'époux maintenant s'est levé, il prie ou se recueille devant une armoire scellée dans la muraille et dont les battants fermés, ornés de sculptures très vieilles, abritent les tables de la loi. Elles sont d'ailleurs gravées en lettres d'or sur fond d'azur les dix paroles, là-bas, sur la paroi opposée de la synagogue. Par trois fois les repons du peuple se font entendre ; ils sont accompagnés d'un sautillement que chacun a fait en se soulevant sur la pointe des pieds, sans quitter terre.

Les psalmodies terminées, le cortège s'est reformé et la noce s'est dirigée vers la maison de la jeune fille. Et tandis que je marchais à sa suite, le soleil, rasant l'horizon flambait rose et doux comme un reflet d'aurore sur des pans de murailles blanches aux ombres mauves. Transparentes à ce point étaient ces ombres, qu'on eût cru aller en une ville neigeuse, aérienne, en une cité de rêve ; çà et là sur des terrasses, des silhouettes de femmes aux corsages d'or ondoyaient. A travers des grilles ténues, au milieu de chatoiements d'étoffes aux vives couleurs, des yeux de jeunes juives curieuses jetaient de noirs éclairs.

Maintenant nous voici dans la demeure de la fiancée : elle est debout dans la cour intérieure, les yeux chastement baissés, en un costume étincelant où courent les broderies d'or, où scintillent dans la chevelure et sur la poitrine les diamants et les pierreries. Elle en est toute constellée. Lui, le fiancé, placé auprès d'elle, n'a pas quitté la grande écharpe de soie qui abrite toujours ses épaules. Mais un grand tulle vient de voiler ensemble leurs têtes, et deux cierges tenus par des jeunes hommes ont été allumés devant le couple. Le rabbin psalmodie je ne sais quels chants liturgiques. La mise au doigt de l'anneau se fait, et aussitôt le rabbin trempe ses lèvres dans un verre de vin qu'il présente aux époux et dont les assistants s'emparent. Il passe de mains en mains, et à tour de rôle tous s'empressent d'y goûter. Puis le verre est lancé sur le sol, il se brise, et les morceaux soigneusement recueillis sont jetés au dehors. L'épousée doit être satisfaite, il s'est mis en débris, ce qui est d'excellent augure pour l'avenir du ménage.

La cérémonie est terminée pour aujourd'hui ; les jeunes époux, suivis de leurs parents et de leurs amis, passent dans une salle voisine, où les liqueurs et les dragées circulent.

« Zeïtoun, disais-je, pourquoi la jeune fille est-elle silencieuse ainsi ? L'usage lui interdit-il de lever les yeux, d'être joyeuse ?

— Non, monsieur, rien ne l'oblige à rester muette, mais elle s'applique à avoir l'aspect timide, à paraître inerte, pour bien témoigner de son innocence, de sa candeur, et de l'abandon qu'elle fait d'elle-même. »

Hier c'était donc la cérémonie religieuse. Aujourd'hui c'est la fête de famille célébrée dans la demeure du jeune homme. Elle bat son plein lorsque, toujours guidé par Zeïtoun, je pénètre dans le patio. La foule encombre la cour intérieure. L'époux et l'épousée sont assis entourés des leurs, et c'est un nouvel éblouissement d'étoffes aux plus riches couleurs. Car, pour honorer l'épousée, chacune des jeunes filles, parentes ou amies, s'est parée de ses plus beaux vêtements. Ce sont des corsages bleu de ciel, roses, jaune citron brodés d'argent ou d'or, des colliers de perles, des bijoux anciens massifs où les diamants enchâssés étincellent. La plupart des jeunes filles ont les lèvres rouges, mais d'autres ont les lèvres jaunes. Ces dernières, par coquetterie, ont mâché de la racine de noyer, ce qui leur donne un aspect singulier. Dominant ce groupe radieux, un frontal de bœuf aux cornes dorées est scellé au mur, au-dessus d'une porte, tandis que près de chaque montant sont plaquées deux mains ouvertes couleur de sang. Les matrones avaient trempé leurs doigts dans les entrailles saignantes d'un mouton, immolé à l'occasion de ce mariage, et, selon l'usage, les avaient appliquées sur le mur. Ces bizarres empreintes sont destinées, de même que le frontal de bœuf, à préserver la maison des maléfices.

De toutes parts, aux fenêtres qui s'ouvrent au rez-de-chaussée, dans le patio, au premier étage, se penchent des grappes humaines, des femmes étincelantes de pierreries, tandis qu'un orchestre composé d'un harmonium, d'une flûte, d'un violon et d'une mandoline à long manche, mène un tapage assourdissant.

De temps à autre les musiciens se prennent à chanter d'une voix nasillarde, et, des terrasses et des demeures, des you-you aigus sont éperdument poussés par les femmes.

L'époux s'est levé, il est venu à moi et m'a tendu la main me souhaitant la bienvenue. L'épousée s'est avancée ensuite, et j'ai pressé ses doigts teints par le henné jusqu'à la deuxième phalange. Puis gravement tous deux ont repris leur place. Sur une table, devant eux, est un gros cierge allumé qu'entourent des assiettes garnies d'olives ou de variantes. On m'offre une liqueur blanche, par politesse j'y trempe mes lèvres.

Le silence s'est fait un instant, chacun est devenu attentif comme si un fait grave, attendu de tous, allait se produire.

Une fillette s'est avancée les yeux modestement baissés. Promenant ensuite un œil langoureux sur les assistants, elle referme à demi les paupières et, lentement, accompagnée par le rythme monotone de l'orchestre et les voix des musiciens, elle s'abandonne à la danse. Et c'était presque douloureux, devant cette assemblée de si beaux et si purs visages, dans cette splendeur de rêve, de voir cette enfant balancer ses hanches en attitudes étranges. — Les femmes dans les profondeurs obscures des salles, sous les arceaux, poussent leur you-you éternel, célébrant l'obscénité de la danse...

Ce fut une ombre au tableau charmant que j'étais venu voir. Pour satisfaire aux convenances il me fallut aussi à trop fréquentes reprises appliquer une pièce d'argent sur le front de la danseuse, qui l'offrait ainsi aux musiciens ; et les mains tendues du garçon de la noce et de bien d'autres encore dans le couloir et à [la] sortie me sollicitèrent avec persistance.

Si mes yeux restaient éblouis par tant de beauté et par tant de richesse[,] j'étais vraiment écœuré par cette mendicité en un tel lieu, en pareil jour.

Comme la veille le soleil du soir bordait de ros[e] le faîte des murailles, et, dans l'ombre des rue[s] aériennes et diaphanes, toujours telles que de[s] visions divines, ondulaient des femme[s] vêtues d'azur, de pourpre et d'o[r.] C'était le rêve des yeux, le se[ul] rêve d'ailleurs que l'humanit[é] puisse donner sans de trop p[é]nibles réveils.

Zeïtoun n'était pas con[ten]t : « C'est honteux, disai[t-]il, de demander l'aumône au[x] étrangers ! »

Je ne pouvais assister [à] un mariage arabe à Tunis, l'en[trée] des maisons musulmane[s] étant rigoureusement fermé[e] aux chrétiens. J'ai pu, il es[t] vrai, enfreindre par deux foi[s] cette loi, pénétrer pour quel[]ques instants dans ces mysté[]rieuses demeures, apercevoi[r] même, par hasard, les femme[s] dévoilées, mais c'est tout. Je n[e] pouvais prétendre à davantage[.]

BARBIER EN PLEIN VENT.

Le mariage chez les musulmans est dégagé de toutes les formalités légale[s] qui dans nos pays l'étreignent ; il implique infiniment moins d'obligations maté[]rielles, et ses principes ne sont point aussi absolus. Le divorce lui-même est rend[u] facile.

Ils se marient fort jeunes, souvent même les familles s'engagent entre elles [à] unir des enfants dès leur puberté, et il est rare que ces projets ne soient pas suivi[s] d'exécution.

JUIVE DE TUNIS

D'habitude les parents échangent des vues, entrent en pourparlers. Cependant, à Tunis, des matrones font métier de servir d'intermédiaires, engagent les négociations et mènent l'affaire jusqu'à l'union finale. Lorsque les parents se réservent ce soin, la mère du fiancé apporte un soin scrupuleux à l'examen préalable de sa future bru. « Elle la fait rire pour voir si le rire est gracieux et les dents blanches, dit M. David, professeur au collège Sadiki. On l'envoie chercher un objet quelconque pour examiner sa démarche ; ses moindres mouvements sont attentivement observés pour voir s'ils ne trahissent pas quelque infirmité ou imperfection.

« Les pères, continue-t-il, traitent entre eux la question de la dot. Quand tout est convenu, on célèbre le *Melak* (fiançailles). Le fiancé prépare pour cela les cadeaux d'usage : coffres plaqués de nacre ou d'argent, bijoux divers, étoffes de soie, henné, parfums, assiettes et couteaux en métal fin pour les broyer, et ajoute une pièce d'or pour le salaire de la femme qui parera sa future le jour de la noce. Tous ces cadeaux sont envoyés chez la fiancée, ainsi qu'une ample provision de fruits, légumes, sucre, viande, bougies, etc...

Détail à noter : une de ces bougies doit être à cinq branches pour représenter la main qui doit préserver du mauvais œil. Les parents, les invités et les notaires se réunissent chez le père de la fiancée ; on mange des sucreries, on boit des sirops, et les notaires prennent acte du consentement réciproque des pères ainsi que du versement d'une partie du douaire fait par celui du fiancé à celui de la future. Le complément n'est exigible qu'après le mariage, dans un délai fixé à l'amiable. Trois jours avant la noce, le fiancé et ses amis font ensemble une petite fête. Chez les Bédouins, toutes ces cérémonies sont accompagnées de fantasias où les cavaliers se surpassent excités par les you-you joyeux et admiratifs des femmes.

« L'ameublement de la chambre à coucher, fourni par la fiancée, est transporté chez son futur, trois jours avant la noce, à dos de mulets ou de chevaux montés par des enfants. Cette caravane burlesque attire l'attention des passants sur tout le parcours de sa marche triomphale. Cet usage est bien dans l'esprit de la loi qui veut que la plus grande publicité possible soit donnée au mariage ; la vanité, si excusable en pareille occurrence, a bien aussi sa petite part dans cette exhibition.

« Le jour du mariage, le rendez-vous a lieu à la maison paternelle du fiancé ; la mariée arrive la première accompagnée de ses parents et de ses amies ; elle est artistement parée, par les soins d'une matrone experte en l'art de préparer et d'appliquer le henné, le fard, le *souak*, d'épiler les membres et les joues, de dessiner les *harkouss*, ligne double et fine de couleur noire tracée au-dessus des sourcils, lesquels sont également peints en noir. Les femmes s'installent dans les chambres, et la fête commence dans la cour : les musiciens jouent de la mandoline, de la guitare et du violon; les almées, généralement choisies parmi les femmes de mœurs légères, dansent et chantent. Les invités du père, assis devant des tables, boivent du café, des sirops, causent et fument. L'époux arrive entouré de ses amis. Il a la tête baissée, recouverte de son burnous; son père lui tend la main au-dessus de la tête et le fait entrer; les invités se retirent, chacun rentre chez soi.

« Pendant les sept jours qui suivent, le marié, par pudeur, ne doit pas se présenter devant son père, il ne rentre à la maison paternelle que la nuit ; pendant cette période il va chaque jour au bain, ses amis y vont avec lui et à ses frais. Ceux-ci, à l'occasion de son mariage, lui font des cadeaux en espèces; quelle que soit sa fortune, il est tenu de les accepter, sauf à leur rendre la même politesse en pareille circonstance. C'est une manière de manifester l'amicale intention de s'aider mutuellement à supporter les charges de la vie. Le septième jour après la noce, invités, parents et amis se réunissent de nouveau et font une petite fête de famille qui clôt la série des réjouissances.

« Le jeune homme marié ne quitte pas la maison paternelle, rien n'est changé dans la manière de vivre de la famille, elle se trouve tout simplement augmentée d'un nouveau membre : l'épousée, qui prend place parmi les autres femmes. Le père, toujours chef, pourvoit aux besoins du jeune ménage, qui se trouve ainsi confondu avec le reste de la famille.

« Les musulmans peuvent avoir jusqu'à quatre femmes légitimes en même temps. A Tunis, il est assez rare qu'un mari ait plus d'une femme ; mais dans les autres villes de l'intérieur, le cas est fréquent. Il l'est surtout chez les Bédouins ; là c'est une sorte de nécessité voulue par les femmes elles-mêmes, à qui incombent les rudes travaux de la vie des champs ; c'est un avantage pour elles d'avoir des compagnes qui partagent leurs peines. La polygamie a été souvent étudiée au point de vue social par des écrivains autorisés : tout ce qu'on peut en dire ici, c'est qu'elle est une source constante de querelles domestiques ; tout d'abord l'entretien de plusieurs femmes occasionne souvent au mari des dépenses excédant ses ressources ou tout au moins des charges lourdes à supporter; d'autre part, malgré la prévoyance et la sagesse de la loi qui a pris soin de tracer au mari sa ligne de conduite envers chacune de ses conjointes, on peut, sans trop s'avancer, le soupçonner de n'être pas toujours impartial...

« La polygamie ou l'incompatibilité de caractère des conjoints qui n'ont pu se connaître avant de s'unir, engendrent souvent des situations insupportables ; mais il y a un remède facile à cet état de choses : le divorce. Les motifs de divorce légalement admis sont nombreux, et il en est d'assez futiles : un mari peut toujours prétendre que sa femme est mauvaise ménagère, paresseuse, malpropre ou grossière, cela suffit ; il suffit également qu'elle soit sortie sans sa permission, qu'il la trouve par hasard à regarder dans la rue par la porte entre-bâillée, ou qu'il la trouve en compagnie de femmes qui lui déplaisent ; enfin il peut invoquer un prétexte quelconque qu'il lui est facile d'occasionner lui-même. La contre-partie existe : une femme peut également demander le divorce, mais cela lui est bien moins facile qu'au mari. Quand le divorce est demandé par l'un des conjoints seulement, pour cause d'incompatibilité d'humeur, le ménage est transféré par ordonnance du cadi dans une des bonnes maisons du quartier (Dar-Jouade), maison de bien ; là ils sont observés, et le témoignage des gens de la maison inspirera le jugement à intervenir. »

Depuis deux jours tous les rémouleurs de Tunis en boutique ou en plein vent aiguisent avec ardeur des coutelas. Comme il est d'usage, à l'occasion de l'*Aïd-es-ghir*, la fête de la rupture du jeûne, le *Beiram* des Turcs, célébré le premier jour du mois après le Rhamadan, chaque famille sacrifie un ou plusieurs moutons, suivant le nombre de ses membres. Partout on voit les pauvres bêtes traînées la corde au cou, et beaucoup sont déjà attachées au seuil des demeures.

Mahmoud m'a dit ce soir qu'on en égorgerait six dans sa maison.

« Mais, me suis-je écrié, il n'est pas possible que vous dévoriez tout en un seul jour !

— Oh ! non, m'a-t-il répondu en souriant, on mettra au saloir, pour les conserver comme provision, les quartiers entiers de ces bêtes. »

Après tout, c'est la fête de famille célébrée dans nos provinces, lorsqu'on tue le porc chaque année. A Minorque, cette fête a une importance autrement grande, elle donne lieu dans toutes les familles à des divertissements sans fin.

Durant l'Aïd-es-ghir on ne voit ici que gens se donnant l'accolade, et c'est vraiment un spectacle patriarcal que ces jeunes hommes et ces enfants s'arrêtant devant les vieillards, se courbant à demi pour recevoir sur la tête ou sur l'épaule le baiser de paix et portant ensuite la main sur leur cœur.

Le lendemain, pour satisfaire à la coutume tunisienne, les jeunes enfants, montés sur des mulets ou sur des ânes, réunis en grappes dans des arabas ou dans des voitures, galopent joyeusement à travers les boulevards extérieurs. Ces chevauchées aux éblouissants costumes sont charmantes, je ne me lassais point de les admirer. Parfois un nègre, serviteur sans doute, auquel on avait confié la marmaille de la maison, dirigeait la bande et la surveillait avec sollicitude.

En dehors de l'Aïd-es-ghir, il est nombre d'autres fêtes religieuses, et d'abord l'*Achoura*, célébrée en souvenir d'événements marquants dans la vie des prophètes. Ensuite le *Mouled*, anniversaire de la naissance de Mahomet, le *Lilet Vassam el Arzach*, célébré le quinzième jour du mois de *chabâne*, jour où Dieu fixe pour l'année le destin de toutes les créatures, le *Mauraj*, ascension du prophète au ciel. C'est enfin l'Aïd-el-kebir, célébrée le jour même où les pèlerins de la Mecque font l'ascension du djebel Arafate. Ce jour-là, chaque famille égorge un mouton par chaque membre, en souvenir du sacrifice d'Abraham.

En ces occasions le quartier d'Halfaouïne se met en grande fête, fête de jour et aussi fête de nuit comme en temps de Rhamadan.

Les conteurs qui, journellement, à l'heure où le soleil décline, charment, amusent ou terrifient leur auditoire par des récits merveilleux, sur quelque place du quartier bab Djedid ou devant les cafés maures, ont alors un plus nombreux auditoire. Mais ils fuient Halfaouïne, de même les charmeurs de serpents, les pitres marocains et les liseurs nocturnes : ils n'y feraient point leurs frais. On se livre là-bas à des amusements et à des spectacles de foire, vous y verrez les chevaux de bois, les escarpolettes et les baraques foraines de nos fêtes de village, et en plus la danse du ventre et les nègres du Soudan, les *Fezzesna* aux contorsions simiesques, dansant au son du tambour et de la *zourna*, musette en peau de gazelle. On y rencontre également un monstre qui effare les passants, le *Bou-Saâdia*, vêtu de peaux de bêtes, un masque velu sur le visage et un bonnet pointu, au cimier de plumes, fait de coquillages, sur la tête.

Je suivais les Fezzesna à travers les ruelles, ils m'amusaient beaucoup avec leur danse qu'accompagnait le rythme monotone du tambour et de la zourna dans laquelle l'un d'eux éperdûment soufflait. Lorsque je les perdais de vue, attiré par quelque nouveau spectacle, le bruit sourd de leur tam-tam que dominait le chant nasillard de la musette me guidait et je les retrouvais soufflant sans trêve, battant et pirouettant toujours.

Ils s'arrêtaient devant chaque boutique, donnaient leur naïve sérénade, attendaient l'obole qui parfois ne venait pas, et reprenaient ensuite le chemin. Leurs figures bonasses ne cessaient de sourire et leurs bouches ouvertes montraient, dans la noirceur de leur teint, les lèvres rouges, les dents très blanches.

Ce n'est pas seulement dans Halfaouïne que je rencontrais des Fezzesna, mais aussi dans le quartier de *bab Djedid*, car plusieurs petites troupes, aux jours de fête, passent leurs journées à quêter. Ces bons nègres alimentent ainsi la caisse d'une œuvre de bienfaisance qu'ils ont créée pour leurs frères du Fezzan et du Soudan arrivant à Tunis. Grâce aux ressources qu'ils se procurent avec leur zourna, leur tam-tam et leur danse, ceux de leur race qui ont traversé le désert trouvent à Tunis protection et asile.

Salem, un grand vieux nègre à barbe grisonnante que vous verrez tous les jours, en beau costume, offrant devant les terrasses des cafés européens des éventails, des tromblons invraisemblables, des poignards et des fusils indigènes aux incrustations de nacre et de corail, s'est mis à la tête de cette œuvre. Bon vieux Salem! aux premiers jours de mon arrivée je regardais avec indifférence les objets de bazar qu'il me présentait, mais lorsque je connus avec quel zèle touchant il se vouait à son œuvre, je ne pouvais m'empêcher de l'accueillir avec intérêt, d'accepter ses offres.

Le cas de Salem n'est point un fait isolé. Les musulmans se livrent aux œuvres de bienfaisance, elles leur sont d'ailleurs recommandées.

Un proverbe arabe dit : Si tu as de nombreuses richesses, donne de ton bien ; si tu possèdes peu, donne de ton cœur.

Si chaque musulman voulait suivre à la lettre les préceptes du Koran, il devrait prélever un pour cent sur sa fortune et le

JEUNE JUIVE SUR UNE TERRASSE

donner aux pauvres. Ce don, que certains n'ont pas hésité à faire, est le *zakate* ou pureté : c'est l'aumône qui purifie les origines profanes de la richesse.

A l'occasion de l'Aïd-es-ghir dont j'ai parlé, chacun doit faire la part des pauvres, il doit leur faire distribuer une certaine quantité de denrée alimentaire, celle dont on fait le plus usage dans la région habitée par le donateur. La quantité en est calculée à raison de un *saa* (mesure de trois litres) par chaque membre de la famille. C'est la *zakate-el-fatr*, la purification de la rupture du jeûne.

Le *kefara*, ou expiation, est un acte de bienfaisance qui consiste à faire une distribution de soixante pains aux pauvres, ou à affranchir un de ses esclaves en vue d'expier quelque infraction aux règles rigoureuses du jeûne.

L'aumône recommandée comme pratique journalière se fait toujours la veille des fêtes religieuses, à la nuit. L'aumône passe pour le meilleur moyen de mériter les faveurs divines.

Il a été écrit :

« L'aumône c'est le réveil de ceux qui sommeillent; celui qui l'aura faite reposera sous son ombrage jusqu'au jugement dernier. »

« L'aumône éteint la colère de Dieu ; elle éteint le péché comme l'eau éteint le feu, elle ferme soixante-dix portes du mal.

« Dieu n'accordera sa miséricorde qu'aux miséricordieux; faites donc l'aumône, ne fût-ce que de la moitié d'une datte. »

Cependant la famille passe avant tout, et un proverbe porte :

« L'aumône ne doit sortir de la maison que lorsque la famille est rassasiée. »

« La constitution *habous* des biens meubles et immeubles, dit M. David, est une des formes habituelles et fréquentes des œuvres charitables. Elle consiste à consacrer l'usufruit de biens devenus inaliénables à une fondation pieuse ou d'utilité publique.

« Le prêt sans intérêt est une autre forme de l'aumône.

« Le « riba », l'intérêt à quelque taux que ce soit, est honteux, il doit être banni de toute transaction sous peine de constituer un vice rédhibitoire infirmant *ipso facto* tout acte onéreux ou gratuit.

« La location n'est pas considérée comme une source d'intérêt, c'est l'échange d'un usufruit contre des espèces. »

Les principes musulmans suppriment donc l'intérêt d'une façon absolue. Un proverbe dit:

« Celui qui te donne son argent à intérêt vaut moins qu'un chien. »

« La location, dit M. David, n'est donc pas considérée comme une source d'intérêt : c'est l'échange d'un usufruit contre des espèces : mais toute augmentation résultant du prêt, en nature ou en espèces, est prohibée et flétrie. On doit être à ce point scrupuleux qu'il ne faut pas recevoir de blé de bonne qualité en restitution d'un prêt de blé de qualité inférieure, ni accepter un avantage quelconque, si minime qu'il soit, s'il résulte d'un prêt, d'un partage à parts égales ou d'un échange d'objets équivalents. »

Mais revenons à Halfaouine. Tandis que, sur la place encombrée par la foule et dans les rues, le plus grand tumulte règne, les cafés maures qui les bordent regorgent de clients ; ceux-ci envahissent les trottoirs et la foule circule avec peine dans l'étroit passage qui lui reste.

Quels spectacles charmants présente Halfaouïne! C'est partout la joie et l'éblouissement des yeux. Mais, lorsque le soleil descend à l'horizon, ces rues ne sont plus qu'en blancheurs de neige, en ombres aériennes d'une transparence idéale, où passent des hommes vêtus les uns comme des rois, les autres comme des apôtres, des nègres aux reflets de bronze, des femmes toutes blanches aux visages voilés de noir. Et ces hommes portent tous une fleur à l'oreille, sous le turban et souvent une fleur à la main. C'est même comme une masse de fleurs vivantes cette coulée humaine qui s'en va jusqu'au loin à travers quelque resplendissante clarté.

Devant les cafés, des hommes en innombrable assemblée sont drapés à l'antique, et coiffés de turbans brodés d'or, de bonnets rouges.

Sur la place la fête bat son plein. Les femmes accompagnées de leurs suivantes, toujours voilées, les fillettes, les enfants portés sur les bras de leurs pères, tous vêtus de choses charmantes et légères, de trames exquises qui flottent au vent, sont là, curieusement penchés sur les objets étalés parfois sur le sol même. Les bébés s'essoufflent à des trompettes, ils prennent les jouets dans leurs doigts potelés et, curieusement, leurs yeux noirs les considèrent. Ils ne veulent plus s'en dessaisir et pleurent... Les mamans et les fillettes marchandent un objet inconnu pour elles, car il y a ici les étalages de nos fêtes foraines. Elles palpent, examinent, vont ailleurs, de toutes parts attirées, et reviennent.

Et par delà ces scènes charmantes, les escarpolettes rayant le ciel bleu et les murailles éclatantes vont et viennent, montant très haut, descendant très bas ; des roues énormes tournent, des tourniquets grincent, des tam-tams résonnent et les nègres passent, dansant la bamboula, silhouettes noires sur les éblouissantes murailles. Du lointain, sourds, des chants nasillés viennent ; c'est la danse du ventre et les incessants appels du barnum devant la porte.

Parfois dans cette rue Halfaouïne pleine de lumière, de gaieté, de confusion et d'assourdissant tumulte, une voix a dominé les voix, les musiques, les bruits de foire, et cette voix a semblé planer dans l'azur du ciel. A cette voix le tumulte a paru s'apaiser, des hommes se sont recueillis et ont discrètement égrené leur chapelet... C'est le chant du muezzin appelant les croyants à la prière.

Mais c'est le soir qu'Halfaouïne, en ses fêtes, prend des allures de bacchanale. Toute la vie populaire de Tunis semble se concentrer là-bas, dans ce quartier. Dans la journée c'est la fête du soleil et des couleurs. La ville, en dehors de l'avenue de France et des voies qui donnent accès aux sorties, est calme, on ne soupçonnerait jamais le tumulte d'Halfaouine en écoutant les voix des minarets qui planent sur les quartiers recueillis. Cinq fois par jour, à l'aube, dans la matinée, à midi, vers quatre heures et au crépuscule ces voix aériennes appellent à la prière que l'iman préside dans la mosquée. Car la présence du fidèle à la mosquée n'est pas indispensable, il peut étendre sur le sol, dans sa demeure ou dans sa boutique, une natte ou un tapis réservés à cet usage, et, tourné vers l'orient, avec les génuflexions prescrites et l'index toujours levé, il récitera les versets du Coran.

La prière est toujours précédée d'ablutions.

A la mosquée le recueillement est grand, la foule s'y tient silencieuse. D'ailleurs, rien n'y vient troubler les regards. En ce lieu la musique est profane, le bruit de la monnaie sacrilège, et l'égalité la plus absolue règne...

L'entrée des mosquées de Tunis est rigoureusement interdite aux chrétiens. On sait cependant que la *djama-ez-zitouna*, la mosquée de l'olivier est une des plus belles et des plus anciennes. — L'intérieur est orné de cent cinquante colonnes provenant de Carthage. C'est à la fois un temple et une université. Elle renferme une bibliothèque renommée à l'usage des tolbas dont l'enseignement se fait dans le temple.

Lorsqu'on traverse le *souk-el-attarin*, ou bazar des parfumeurs, par une des portes de la grande mosquée qui parfois reste ouverte, on aperçoit l'intérieur de l'immense cour entourée de galeries dont les arcades retombent sur des colonnes unies ou cannelées, peintes en rouge et en vert. Et c'est une belle apparition tout embaumée par les parfums de la rose, du géranium, de l'encens et de la cire qui s'exhalent du bazar.

Tous les vendredis matin je gravissais la rue de l'église, je m'engageais sous une longue voûte où s'ouvre la porte de la *deriba*, prison civile, et je débouchais sur une petite place, en face de la grande mosquée.

Le spectacle qui m'attendait m'intéressait toujours. Les fidèles, en grand nombre montaient ou descendaient les marches qui conduisent au temple. Vêtus avec une grande recherche ils allaient graves et pénétrés dans leurs manteaux aux chatoyantes couleurs, et c'étaient parfois les contrastes les plus imprévus et les plus charmants. Le rose y coudoyait le vert pâle, l'orangé violent, le violet éteint, tout cela mêlé de blancs neigeux et de verts tendres d'où surgissaient des visages austères. Sous les grands arceaux d'une colonnade extérieure les croyants passaient calmes, recueillis, le chapelet aux doigts. D'autres accroupis sur les socles des colonnes semblaient pris par des rêves mystiques. Et ces flots de couleurs vivantes, fraîches et claires, étaient du plus grand charme pour les yeux.

La mosquée de *Sidi-ben-ahrouss* fut autrefois une église bâtie par Charles-

Quint. Son minaret octogone est remarquable, nous l'avons vu reproduit à Paris à l'Exposition de 1889.

La *Djama sidi mahrez*, près de Bal Souika est belle à voir, toute blanche, rappelant Sainte-Sophie de Constantinople avec ses huit coupoles blotties autour d'un dôme central. Longtemps elle fut un lieu d'asile pour les créanciers que leurs exigences mettaient en suspicion et aussi pour les débiteurs, leurs victimes. Le marabout dont la dépouille dort sous les dômes immaculés passe pour un des principaux patrons de Tunis.

Par les rues où j'allais à l'aventure à toutes les heures du jour, j'aimais à entendre la voix des muezzins qui jetaient dans les airs leur éternelle invocation. Et ces voix, aux inflexions célestes, dominaient le tumulte des rues, elles s'isolaient et planaient hautes, aériennes... Je voyais les muezzins là-haut, dans ces minarets élancés, montant comme des flèches au-dessus des blanches murailles, tout ciselés d'arabesques ou plaqués de faïences polychromes, et ces figures apparues dans les airs, drapées dans des toges immaculées, toujours me rendaient songeur, et je m'arrêtais écoutant ces grandes voix du vent...

Souvent je l'ai entendue cette prière aux premières clartés de l'aube lorsque les oiseaux s'éveillent, d'autres fois lorsque le soleil brûle et calcine la ville endormie. On la croirait déserte alors et la prière traverse comme un espoir les rues abandonnées.

... Ah! ce soir j'ai erré par les souks; c'est un délicieux refuge aux heures de soleil ardent et aussi aux mauvais jours. Depuis ce matin la pluie n'a pas discontinué. Nous sommes en mai, et Tunis est à ce point sombre qu'on se croirait aux tristes jours d'automne du Nord.

J'ai donc erré sous l'enchevêtrement des voûtes. Je me suis assis chez ben Nice, un des plus gracieux marchands du souk-el-Birka. Je le visite souvent d'ailleurs. Je me suis rendu ensuite dans le souk des femmes. Là, j'ai fait déplier nombre de pièces d'étoffes lamées d'argent ou d'or, car j'éprouve des jouissances infinies à la contemplation de ces merveilles. J'ai vu des trames toutes scintillantes où chantent des guirlandes fleuries, des brocatelles rares, des velours de Gênes chamois ton sur ton, violets et mauves sur fond blanc, des étoffes toutes moirées d'argent ou d'or, que sais-je encore!... Mais il fait noir maintenant, je quitte les voûtes assombries et je gagne les rues hautes.

Le soleil va se coucher, de grandes flammes semblent envahir le ciel, la pluie a cessé, elle s'égoutte des terrasses lentement avec de vagues sonorités de cristal. Au coin d'un carrefour un spectacle nouveau m'arrête et me retient. Le minaret de la grande mosquée Zitouna monte, comme une fusée d'or, sur le ciel indigo, vers l'orient. La rue où le soleil ne pénètre pas est vaporeuse, toute en clartés indécises; seul le minaret de la grande mosquée se dresse flamboyant avec ses enchevêtrements d'arabesques d'un or plus pâle, sa galerie supérieure aux fines colonnettes projetant des ombres fermes, violettes, reflétées d'or. Plus haut encore s'arrondit la toiture verte que surmontent trois boules éclatantes de métal, que couronne le croissant de l'Islam.

A l'autre bout de la rue un minaret aussi s'élève, mais de coloration moins vive, il est d'un blanc rosé et ciselé de fines dentelles et de mosaïques noires. Mais la merveille c'est un double arc-en-ciel encadrant les deux mosquées, immense, lumineux et brillant...

C'est donc deux fusées d'or et d'argent qui surgissant, flamboyantes, aux extrémités de la mystérieuse rue, filent droit au zénith et un arc-en-ciel traversant le ciel indigo de larges sillons de lumière.

Mais la scène magique, inoubliable, fut lorsque le muezzin, dont le manteau flottait au vent, apparut là-haut sur la cime ardente du minaret, comme entouré de flammes et d'arabesques d'or en fusion, et chanta la gloire de Dieu. Sur l'autre minaret plus pâle un muezzin chantait aussi, et ces voix tour à tour s'isolaient ou se mêlaient. Et comme ils chantaient aux quatre points cardinaux, l'une d'elles, par moments, semblait plus rapprochée et l'autre plus lointaine.

Non, jamais je n'oublierai...

Puis les minarets s'éteignirent, quelques lueurs s'allumèrent dans les galeries des souks, et la pluie se reprit à tomber sur les terrasses de la ville silencieuse et blanche...

MATRONE JUIVE ET SES ENFANTS.

UN CONTEUR

CHAPITRE III

Les nuits de Tunis. — Les conteurs. — Les charmeurs de serpents. — Les sorciers.

Le meilleur des amours est celui qui fait grincer les dents...
Chant de razzia.

J'AI rencontré à Tunis des personnes dont la fréquentation assidue a été un des charmes de mon séjour : M. Sadoux, l'aqua-fortiste bien connu à Paris, attaché au service des antiquités et des arts par un administrateur éclairé ; l'architecte Resplandy, dont les créations s'harmonisent admirablement avec le ciel d'Afrique, car elles gardent, dans la mesure qu'il convient, les traditions de l'art mauresque ; puis le docteur Bastide, fixé à Tunis avant l'occupation et qui, dès la première heure, a puissamment servi les intérêts français. Que de bons instants passés en leur société et combien profitables! Dans le jardin du docteur, quelquefois, au milieu des fleurs, nous nous sommes attardés devant le lac El Bahcira étalé devant nous, sous la lune. Que de délicieuses causeries dans la fraîcheur du patio de l'hospitalière maison arabe de Resplandy !

C'est à M. Sadoux que je dois une révélation merveilleuse : Tunis la nuit.

« Dès le printemps et surtout par les nuits d'été, me dit-il, j'aime errer à travers les labyrinthes de la vieille ville qui font tant songer et présentent à chaque pas des aperçus nouveaux. Et si vous saviez quelle fraîcheur j'y trouve par les nuits chaudes ! La plupart des Européens ignorent leur charme et n'oseraient s'y aventurer seuls. Pourtant, malgré des aspects sinistres, on y peut vaguer sans danger. Des heures et des heures, du crépuscule à l'aube même, j'ai parcouru les quartiers juifs, arabes et italiens sans jamais avoir été inquiété. J'ai pour principe d'ailleurs de ne jamais me mêler de près ou de loin aux affaires des habitants, quelle qu'en soit la nature.

« Un soir, dans une ruelle, j'arrivai au milieu d'un groupe menant grand tapage, et comme on s'écartait pour me laisser passer, à la clarté douteuse d'un réverbère, je vis les mains armées. Le silence s'était fait en ma présence, mais bientôt la discussion reprenait de plus belle et les clameurs. Tandis que je m'enfonçais sous les voûtes d'une ruelle latérale, un cri déchirant traversa les airs suivi de pas précipités. Je poursuivis ma route le cœur serré. Le lendemain j'apprenais qu'à cet endroit même un cadavre était allongé ! Les drames de cette espèce ensanglantent souvent les nuits tunisiennes.

« S'il vous plaisait de me suivre, je vous guiderais un de ces soirs à travers ce dédale où seul vous iriez longtemps sans retrouver votre chemin, car vous savez avec quelle peine on s'y reconnait même par le soleil. »

Quelques jours après nous remontions la rue de la Kasbah par un beau clair de lune, et nous ne tardions pas à disparaître dans un sombre couloir. Toute la journée le vent avait soufflé avec une violence extrême, et, le soir encore, dans l'avenue de la Marine et à la porte de France il soulevait des tourbillons de poussière. Dans le quartier où nous étions engagés on n'entendait plus que ses mugissements sourds entrecoupés de temps à autre par de vagues plaintes.

Cependant ces rues peuplées d'Italiens et d'israélites n'étaient pas solitaires, les boutiques et les échoppes de marchands de victuailles sans noms et de boissons fermentées, qui les bordaient, étaient ouvertes. Les consommateurs grouillaient dans la fumée, les exhalaisons lourdes de fritures et d'âcres épices. Au long des murs, dans les boyaux étroits que nous suivions, la foule se pressait, s'enfonçant en des antres interlopes, quittant des portes louches aussitôt refermées par d'invisibles mains. Il s'échappait de ces bouges un grand bruit de voix rauques, et l'on entrevoyait par instants des femmes aux faces congestionnées.

Nul ne prenait garde à nous, à notre gré nous nous arrêtions considérant des empreintes de mains ensanglantées sur les murs, une affiche bizarre au-dessus d'une boutique, un balcon hispano-mauresque dont les grillages, éclairés par des quinquets fumeux, projetaient au long des murs des ombres enchevêtrées. Nous avions bientôt quitté ces parages qui suent le crime et l'abjection pour pénétrer en des quartiers recueillis. C'étaient alors des avenues blanches, profondes, solitaires, dont on ne pouvait à cette heure apprécier la longueur, où, par endroits, des rayons de lune tombaient en nappes pâles.

Les passants devenaient plus rares, les boutiques s'espaçaient. Quelques cafés maures seuls restaient ouverts, et là, dans une clarté jaune, les Arabes silencieux se tenaient accroupis; parfois l'un d'eux psalmodiait en s'accompagnant de la guitare. Par moments devant nous s'allongeaint comme des couloirs sans fin perdus dans l'infini des lueurs sidérales.

Puis des arceaux s'ouvraient, à l'ombre profonde et limpide en ses tons éteints; et toujours s'esquissaient, noblement drapées, quelques figures lointaines entourées comme de transparentes nuées.

L'une d'elles, agrandie par le mystère, apparut devant la coupole d'une zaouïa qui se détachait sur le ciel avec des pâleurs de lune mourante.

Quels tableaux divins à chaque pas nous ravissaient dans ces avenues phosphorescentes où nous allions égarés comme en un rêve, car rien ne prenait corps en la blancheur morte de l'étrange cité.

Parfois près de nous un grillage délicat burinait sa dentelle légère sur le fond lumineux d'une fenêtre. De plus en plus rares étaient les êtres. De loin en loin seulement on entrevoyait des visages de femmes pensives, immobiles, considérant la nuit...

Et nous écoutions les rumeurs lointaines vagues comme des souffles... vagues comme ces blancheurs mortes dans lesquelles nous allions : grondements sourds de tambours de basque, frôlements de guitares, soupirs mélodieux exhalés on ne sait où. Et des senteurs moites et lourdes d'aromates s'alanguissaient, exhalées des murailles et du sol même. Puis le dédale reprenait encore en ruelles sans fin. Subitement un voile d'une blancheur sereine montait, arrêtant le chemin. Où aller maintenant dans ce chaos de formes atténuées sans consistance et presque sans couleur? Alors on découvrait un mince arceau qu'on ne soupçonnait pas ouvert dans les façades latérales, et au fond, bien loin, dans les solitudes célestes, une étoile frêle, une seule clignotait.

Ainsi nous nous perdions dans la ville de songe, sous les larges écharpes argentées qui flottaient au firmament.

Ainsi, il me semblait chaque soir que j'allais à la découverte d'une ville nouvelle, car Tunis le jour et Tunis la nuit sont entièrement différentes. Ceux qui ont vu l'animation des souks obscurs et que les éclaboussements de soleil sur les murailles ont éblouis, ne peuvent soupçonner quel mystère transparent enveloppe la ville quand vient le soir et que les étoiles s'allument. Ce qu'il y a de plus étrange encore, c'est qu'aucune nuit ne se ressemble; chacune tombe avec une poésie nouvelle, avec un rêve nouveau. Avoir vu Tunis le jour n'est point connaître Tunis. Dans cette capitale de l'Islam on dirait que la féerie mystérieuse de l'Orient ne commence qu'avec le croissant des nuits.

Nous reprîmes maintes fois avec M. Sadoux ces promenades nocturnes; je ne m'en serais lassé jamais, c'étaient à chaque soir des sensations qui nous avaient échappé, des tableaux inconnus la veille. Nous nous étions enhardis peu à peu, nous pénétrions partout. Seules les maisons habitées par les Maures restaient pour nous hermétiquement closes, et dans les enchevêtrements de ce quartier nous errions comme à travers une ville de tombeaux. Un soir, comme nous avions commencé notre promenade de très bonne heure, une voix de muezzin traversa lentement les blanches solitudes.

La Allah ill Allah Mohammed rassoul Allah! disait-elle, et du lointain en même temps, comme des échos perdus frissonnant dans les airs, d'autres voix semblaient venir. Puis plus rien, l'aboi de quelque chien sur les terrasses, une plainte d'enfant, le silence... C'était la prière d'*El Acha*, la prière du soir.

Quel charme j'éprouvai un matin en écoutant les phrases rythmées du chant de *El Feedjeur*, de l'aube, passant au-dessus de la ville qui s'éveillait.

> Levez-vous, levez-vous! ne dormez plus,
> C'est le moment de faire le bien.
> La nuit s'est écoulée et les étoiles ont disparu.
> Tous les muezzins appellent à la prière,
> Vous ne vivrez pas éternellement,
> Et celui qui a vécu en impie reconnaîtra son erreur.
> Dieu seul est Dieu, et Mahomet est son prophète!

Quelle grandeur en ce poétique appel, dans les lueurs du jour naissant!

De bonnes heures aussi j'ai vagué, indolent, par des rues à l'ombre diaphane, sous le ciel enflammé du jour...

Comme aux heures de la nuit la ville aimée des musulmans m'a surpris et charmé. Là-bas, dans un poudroiement de lumière monte un éblouissement, c'est la fusée d'un minaret, tandis que près de moi s'ouvre un bazar où des marchands noblement vêtus s'entretiennent à voix basse, en attitudes d'apôtres, tout chatoyants de reflets d'étoffes et d'armes damasquinées.

Ici passe un indigène coiffé du turban, en veste courte, soutachée, les mollets nus; il agite au soleil des étoffes éclatantes : on dirait qu'il brasse les rayons de l'arc-en-ciel. Puis un Arabe vêtu d'un cafetan sombre coupe subitement la lumière et disparaît; aussitôt un autre se dresse tout blanc, il éblouit et passe. Des femmes frôlent les murs, un masque noir sur le visage où cependant luisent les diamants noirs des yeux. Un instant après c'est une porte richement ornée d'arabesques de ferronnerie ou les dômes de la mosquée Sidi-Mahrès agglomérés et flambant en feux pâles sous l'azur.

Et chaque jour j'allais de la marine à la kasbah, m'égarant dans les ruelles, me retrouvant parfois après de longues marches au point de départ. Mais qu'importe, les heures s'écoulent ici sans les compter…

Ce soir j'ai gravi le haut quartier et je suis arrivé sur une petite place voisine de Bab Djedid, au milieu d'un rassemblement.

Ils sont là, formant un grand cercle, jeunes et vieux, fils du désert bruns de visage, Maures à peau blanche, les yeux fixes, écoutant. Au centre du groupe un

BOUTIQUE DE BARBIER

conteur est debout. Sa parole est lente, mesurée, il parle de Si Abdallah et d'Aroun al Raschild, de Mohammed et d'Antar; de temps à autre il montre le ciel, alors l'auditoire tout entier s'incline et chaque assistant pose la main sur son cœur. La déclamation peu à peu devient plus brève, la voix plus chaude, plus sonore : le visage calme d'abord s'est animé. La foule instinctivement se rapproche comme pour ne rien perdre du récit. Je ne comprends que quelques mots, mais la mimique expressive éclaire surtout pour moi les discours du conteur. Voici ce que j'entends :

En avant, enfants du désert, enfants de la poudre, ferrez les chevaux, faites des provisions d'orge, nous allons tirer vengeance d'une tribu. Les balles ne tuent pas, c'est le destin qui fait mourir.

On va partir, c'est un pêle-mêle de guerriers et de chameaux chargés. Les cavaliers s'ébranlent accompagnés de joueurs de flûte. « En amour comme à la guerre, s'écrie un vieux cheick dressé sur ses étriers, la fortune est aux audacieux! »

... On a longtemps marché sous le soleil brûlant, à travers les sables. Le crépuscule tombe dans les solitudes, on va camper en attendant les premières clartés de l'aube. Les chameaux sont entravés, aucun feu ne s'allume, il faut être prudent à l'approche de l'ennemi qu'on veut surprendre.

Le ciel se colore, la marche du second jour va commencer, les éclaireurs s'avancent avec précaution, il en est qui rampent comme des couleuvres, profitant des moindres accidents du terrain.

Puis tout à coup ce sont des hourras sauvages, des cliquetis d'épées, des hennissements de chevaux qui se cabrent, des injures et des blasphèmes que dominent les détonations des armes à feu.

... En avant, enfants du désert, enfants de la poudre, les balles ne tuent pas, c'est le destin qui fait mourir.

Et c'est un vacarme sans nom où se mêlent des chants de guerre, la rumeur des troupeaux, des cris de femmes en détresse, des pleurs d'enfants, des beuglements de chameaux, des imprécations sanglantes, des cris de colère. L'ennemi se défend avec rage, des fantassins désarmés mordent le poitrail des chevaux; des vieilles, édentées, sauvages, défendent avec leurs ongles le sol de la tribu.

Puis le silence, quelques gémissements étouffés... Les vainqueurs chassent les troupeaux devant eux et s'enfoncent dans l'océan des sables, emportant en croupe des femmes évanouies dont les sombres chevelures flottent au vent...

Quel beau jour, par Allah!...

Enfants du désert, disait ensuite le conteur après un long silence, laissez reposer les chevaux, supprimez l'herbe ou la paille, nourrissez-les d'orge seulement. Maintenant, allégez les harnais, prenez des étriers légers, ne laissez dans la bride que l'indispensable, et faites ferrer les chevaux des quatre pieds. Le ciel verse des rayons de feu, l'ombre de l'homme n'est pas plus large qu'une semelle, c'est l'heure propice pour la chasse à laquelle je vous convie. Emplissez d'eau les peaux de bouc, prenez de l'orge pour le cheval, de la farine et des dattes pour nous. Enfin armez-vous d'un bâton d'olivier sauvage et laissez vos fusils et la poudre.

Dans les sables au loin les guetteurs, nus comme des vers, ont rampé, ils ont aperçu les autruches, et les cavaliers qui se sont rapprochés décrivent autour d'elles un cercle immense, car on ne les aperçoit plus. Le cercle se resserre, les autruches affolées cherchent une issue et toujours devant elles se dressent des cavaliers. Voici que la fatigue les gagne, elles ouvrent leurs ailes, éperdues. A l'aide du bâton on vient de les frapper violemment à la tête... les belles toisons de plumes que je vois maintenant étendues sur la croupe des chevaux!... et voici la graisse bouillant dans de grosses marmites, précieux remède contre tant de maladies!...

Puis c'est la chasse à la gazelle, des chevauchées sans fin à travers le désert, les burnous flottant au vent, des courses folles de sloughis à leur poursuite, si rapides qu'ils passent comme l'éclair. On entend au loin des cris plaintifs, la bête est atteinte, le lévrier lui brise les reins d'un coup de dents. Quel beau retour au donar et quels festins! Les cornes seront montées en argent, elles serviront, amincies, à mettre du kohl aux yeux des femmes, et avec sa dépouille on fera des *mezoued* dans lesquels elles enfermeront leurs bijoux et leurs parures.

« Mes amis, les jours de chasse ne sont point comptés parmi les jours de la vie... »

Puis c'est la Mecque, le départ du *maghreb* lointain, les sables et les sables encore, les chameaux beuglant le soir dans les solitudes, devant les étoiles, dans l'infini d'une terre désolée. L'ouragan qui brûle souffle la mort, la route est semée d'ossements desséchés qu'un linceul poudreux vient recouvrir. Maintenant c'est la soif, le puits si longtemps cherché, et au loin la Mecque, but du pèlerinage, où l'on arrive exténué toujours, les yeux brûlés, le chapelet entre les doigts amaigris.

Que disait-il encore? Sa voix s'adoucissait, elle modulait des phrases d'une langueur douce, et un vague sourire ne quittait plus ses lèvres. Il allait dans le crépuscule d'or de palais enchantés où s'enchevêtrent les arabesques, où éternellement les sources s'égouttent en un chant de cristal. Il révélait toutes les splendeurs mystérieuses d'un Orient peuplé d'ondoyantes almées.

Et les auditeurs écoutaient, toujours ravis, ne se lassant jamais de ces contes qui durent quelquefois l'année entière.

Là-bas, par delà ce rivage, sur une autre terre que bercent les mêmes flots, les Arabes autrefois, venus en conquérants, apportèrent leurs lois et leurs coutumes; la Sicile hérita des conteurs; ils s'y sont perpétués. Mais, différents de ceux de Tunis, ils disent à leur peuple les belles légendes des preux, ils leur enseignent la générosité, le courage et la grandeur. Ils élèvent son âme enfin.

Les accents d'une musique bizarre et les accords monotones de tambours de basque me font dresser l'oreille. Ils viennent d'un autre rassemblement dans le voisinage.

C'est la même assistance, mais combien différent le spectacle!

Devant un joueur de flûte qu'accompagne le rythme monotone du tambour, un Arabe au visage émacié, l'œil en feu, gesticule. Il est nu-tête, son front est rasé, seule la touffe mahométane surgit de son crâne et s'agite comme un nœud de serpents noirs. Les mèches aux volutes tourmentées cinglent ses joues, elles entourent son cou comme un sombre ornement et parfois même cachent son visage. De même que le conteur, il invoque à chaque instant Allah, il fait appel à Mohammed, à Sidi-Abdallah, et l'auditoire encore chaque fois s'incline et chacun met la main sur son cœur.

Après force invocations, le voici qui, plongeant son bras nu dans une des outres en peau placées près de lui, en retire à pleine main un énorme serpent de couleur brun fauve qui replie ses anneaux et subitement se dresse sur sa queue, irrité, le cou dilaté et traçant un disque concave, l'œil aigu, sifflant, dardant sa langue fourchue. C'est le redoutable naja, le *bou ftira* des Arabes. Le charmeur a fait un bond de côté comme épouvanté, le serpent le fixe et, rapide comme l'éclair, se jette sur lui. Les accents nasillards de la flûte et l'accompagnement des tambours viennent de cesser sur un signe du charmeur.

Le naja s'est remis en place, rigide sur sa queue à demi enroulée, la tête tendue, le cou toujours dilaté. Les deux ennemis sont en présence ; ils s'observent. L'homme fait un suprême appel à Sidi-Abdallah, il dépeint la férocité du reptile, il raconte combien sont nombreuses ses victimes aux Indes, où il tue des milliers d'hommes, au Maroc, dans les terres désertiques du sud tunisien et algérien.

« Avec la protection de Mohammed et de Sidi-Abdallah j'en serai maître, dit-il, et son venin restera inoffensif. » Et les bras nus il retire d'une seconde outre un second naja, qui vient en rampant se placer près du premier. Alors il se dresse dans une attitude agressive comme l'autre, l'œil fixe, le cou dilaté.

« Je ne crains pas ceux-là, dit le charmeur, mais j'ai dans cette troisième outre le *leffa*, ou vipère à cornes, plus dangereuse encore. Elle vient de la région des chotts, entre le djebel Antar et la frontière marocaine. »

Il se baisse et se relève aussitôt tenant un serpent mince qu'il a saisi par le milieu du corps et qui s'enroule autour de son bras nu. Le reptile en fureur ouvre sa gueule armée de formidables crocs. C'est bien la vipère à cornes, deux appendices pointus surmontent ses arcades sourcilières. L'aspect en est vraiment effrayant de férocité. Mais ce qui me fait courir un frisson c'est de voir le reptile se jeter sur le visage du charmeur et enfoncer ses crocs dans sa chair, d'où le sang s'est mis à jaillir tandis que l'étrange flûte et les éternels tambours ont repris leur rythme monotone. A plusieurs reprises la vipère a mordu le charmeur, dont le visage est inondé de sang.

Quant aux deux najas, debout toujours sur leur queue ils ne perdent pas un de ses gestes, les yeux vers ses yeux, s'approchant ou se reculant, balançant leur tête suivant le rythme des instruments.

Une pluie de gros sous tombe dans le tam-tam que le charmeur ensanglanté présente à la ronde.

On dit que pour rendre les serpents inoffensifs, les charmeurs leur arrachent les crocs. Cependant l'un d'eux a succombé l'an dernier à la morsure d'un naja, et j'ai pu me convaincre ici que la gueule du leffa n'avait pas été désarmée. D'autres prétendent que, comme Mithridate, ils s'habituent au poison et qu'ils arrivent ainsi à être indemnes.

Que d'étrangetés ignorées dans ce Tunis !

J'ai cherché avec persistance à pénétrer dans l'intime de la ville. L'accès des maisons musulmanes est interdit aux chrétiens, et on ne peut se présenter soi-même chez les israélites plus hospitaliers. Il est des choses qu'un guide banal se gardera de vous montrer même si vous en exprimez le désir.

Simon est un pur Tunisien que j'ai rencontré dans une maison amie, il me fait le plaisir de m'accompagner lorsque ses occupations le lui permettent. Après m'avoir introduit dans nombre de maisons juives où il compte des parents et m'avoir fait parcourir le quartier israélite, il me proposa de me montrer une sorcière arabe qu'il était allé consulter quelque temps auparavant. J'acceptai cette offre et nous voilà tous deux traversant les souks et gagnant la rue d'Aïn elma aux maisons à terrasses, hermétiquement closes. Le quartier est passablement désert, je n'aimerais guère m'y égarer seul le soir.

Devant une porte basse, Simon s'arrête et heurte par trois fois ; les coups retentissent dans le silence. Cependant personne ne répond. Il frappe encore, l'oreille collée sur la serrure. « Bah ! lui dis-je, votre sorcière est absente, il est inutile d'attendre, nous reviendrons. — Écoutez, on vient, on vient, » fait-il à voix basse. En effet, on tire discrètement un verrou et la porte s'entr'ouvre. Simon parlemente un instant, la fente de la porte s'élargit et nous pénétrons. C'est d'abord une sorte d'antichambre, puis la cour ordinaire, le patio des maisons arabes.

La femme vivement nous précède, je n'ai pas vu son visage, mais elle est de petite taille, un peu voûtée, fort vieille sans doute.

Un voile soulevé, et nous voici dans le réduit de la sorcière. Il n'y a ici aucune de ces mises en scène de tradition, ni le chat noir hérissé, sombre familier des pythonisses, ni le balai du sabbat, ni la poule déplumée, ni le corbeau, ni les escargots fatidiques. Sur le sol, devant la natte où elle s'assied pour rendre ses oracles, un vieux grimoire ouvert où courent d'un côté des caractères arabes rouges et noirs, cabalistiques par leur forme même, et de l'autre une page sombre, maculée, avec une plume de roseau jetée en travers. C'est tout. Un demi-jour enveloppe la salle aux murs blanchis à la chaux.

La sorcière s'est assise, nous avons pris place près d'elle sur un divan. Elle est fort pâle, ses traits sont tirés, une expression de bonté et de vague souffrance est empreinte sur son visage, ses yeux cernés comme par des insomnies persistantes ont cependant un éclat aigu, presque surnaturel.

Cette pâleur et cet éclat singulier du regard me frappent, ce sont les côtés saillants de la physionomie. Maintenant elle me tend sa plume et m'invite à placer le côté non taillé entre mes lèvres et à penser au sujet qui m'amène et sur lequel je désire être éclairé. Je ne comprends rien bien entendu à ses paroles, Simon traduit...

J'ai donc pensé et j'ai rendu la plume.

Après avoir demandé mon prénom et le prénom de ma mère, voici que sur un bout de papier elle trace huit barres avec cette même plume, puis, au-dessous de cette barre, une ligne de points. Elle se livre d'abord à des calculs sur ce papier, sur le feuillet noir du grimoire ensuite. Elle s'arrête et profondément réfléchit. Tout à coup sa tête se redresse, ses yeux s'illuminent; elle parle longuement, soulignant ses phrases par des gestes. Tantôt sa voix s'attendrit, tantôt elle devient brève et saccadée. Puis elle se tait. Simon me transmet sa réponse.

Je ne suis ni superstitieux ni crédule, je suis toujours demeuré étranger aux sciences occultes, mais j'avoue que les paroles de cette sorcière arabe me frappent de stupéfaction. Elle répond exactement à ma pensée, elle précise, elle détaille, elle ajoute même des faits au sujet desquels je ne la consultais pas.

Comme je ne puis, malgré tout, cacher mon étonnement, Simon m'arrête, il me prie de ne pas trahir mon appréciation par un geste ou une expression de visage. Je m'efforce de demeurer impassible.

Maintenant c'est à son tour. Il est jeune et il me racontait en chemin quelques particularités de sa vie, il me faisait part de ses projets, de ses espérances. La sorcière lui a donné aussi la plume de roseau, il l'a placée comme moi entre ses lèvres. Elle lui a demandé son prénom et celui de sa mère, elle s'est livrée à ses calculs sur la page noircie du grimoire et la voici qui de nouveau s'anime et parle.

Simon pousse un cri. « Qu'y a-t-il? lui dis-je. » — Ah! monsieur, mais elle sait tout cette femme, tout, tout...

— Eh bien, m'écriai-je, où est l'impassibilité que vous me recommandiez tout à l'heure?

— Que voulez-vous? je suis tout bouleversé. Déjà l'autre fois, quand je vins, quelle fut ma surprise! Et il me raconte les réponses faites à sa pensée, elles étaient extraordinaires de précision et de lucidité.

Je raconte ce que j'ai vu, je n'y ajoute rien, je ne diminue rien, je ne fais aucun commentaire.

En Tunisie, comme ailleurs, les sorcières ont leur sabbat : c'est l'*invocation de la chamelle*. A certains jours donc, dans le patio de leur demeure, le corps recouvert de feuilles de palmier, les mains armées de couteaux, elles exécutent une sarabande diabolique devant une grande bassine remplie d'eau et un fourneau garni de braise ardente. Elles bondissent sans trêve, échevelées, hurlant des paroles magiques par-dessus le brasier, brandissant des couteaux, plongeant les lames dans le feu. Une chamelle apparaît enfin sous l'invocation puissante et les sorcières, recueillent la bave de ses lèvres, dont elles composent des philtres d'une vertu extraordinaire.

La bave de la chamelle est d'ailleurs réputée pour ses vertus merveilleuses. Les sorciers l'emploient dans leurs philtres tout aussi fréquemment qu'ils emploient le caméléon. On prétend à Tunis que nombre de femmes ayant épousé par raison des hommes riches ont recours à cette bave pour arriver à s'emparer de la fortune de leurs maris. Le but atteint, elles demandent le divorce et vont en toute célérité rejoindre celui qu'elles aiment.

Demain je verrai un sorcier arabe auquel je poserai les mêmes questions. Mais ce n'est point Simon qui m'accompagnera, et l'expérience sera encore plus concluante.

« Zeïtoun, connaissez-vous un sorcier ? »

— Non, monsieur, mais il en est un dont on m'a indiqué la demeure, on le dit plus clairvoyant que les autres. »

... Nous avions quitté la porte Djedid, traversé l'avenue, et nous nous étions enfoncés dans un labyrinthe de blanches ruelles. Après bien des circuits nous étions arrivés au fond d'un cul-de-sac solitaire, devant une porte basse à l'ogive de Zaouïa peinte en couleur d'arc-en-ciel.

Après quelques coups discrètement frappés, la porte s'était entr'ouverte, et comme la veille, chez la sorcière, des pourparlers s'étaient engagés. Nous pénétrons bientôt à la suite d'un Maure de haute stature dans un jardin. Et c'était un charme, sous le soleil d'orage qui brûlait, de trouver de la fraîcheur, d'aller sous l'ombre épaisse des grenadiers, des abricotiers et des treilles que piquaient les colorations vives des œillets et des roses. Le jardin petit, enclavé de murailles, était un peu livré à l'abandon, et ce désordre lui prêtait un charme de plus. Nous nous étions assis à l'ombre près d'une porte et nous attendions. Le sorcier était occupé, une Mauresque le consultait. Dans le jardin silencieux, de temps à autre seulement, un piaulement d'oiseau s'élevait, puis le silence reprenait bercé par le bourdonnement des mouches. Par instant les paroles murmurées par le sorcier arrivaient jusqu'à nous, et je voyais la Mauresque dévoilée, immobile, écoutant. Je n'apercevais point son visage, elle tournait le dos à la fenêtre; ses colliers, ses boucles d'oreilles vaguement scintillantes, tremblaient, aux battements de son cœur, trahissant son émotion. Elle se releva enfin, ramena son voile sur son visage, glissa comme une ombre blanche sous les arbres fleuris, et disparut, laissant après elle comme un sillage parfumé.

PORTAIL D'UNE MAISON MAURESQUE.

Mon tour était venu.

Le sorcier était assis sur une natte au fond d'un réduit, devant des grimoires entassés.

C'est le même procédé cabalistique que la sorcière de la veille, la même plume qu'il me tend et qu'il faut approcher de mes lèvres, les mêmes calculs sur des grimoires, calculs basés sur les noms de baptême. Puis il se recueille aussi longuement, et tout à coup redressant la tête, le voici qui parle, et parle encore, le visage rayonnant.

« Toi, me disait-il, tu n'habites pas Tunis, tu es un étranger de passage, tes occupations te font voyager beaucoup. Là-bas, au pays d'où tu viens, il a suffi de quelques instants pour décider ton voyage et tu es parti, tu as traversé la mer. Depuis, toujours tu penses, tout ce que tu vois t'occupe, tout ce que tu entends t'intéresse, constamment comme un chasseur tu es à l'affût.

« Donc tes occupations sont constituées par trois choses : l'acceptation du projet vite faite, la route où tu réunis les éléments qui te sont nécessaires, et ensuite l'exécution finale qui est longue et difficile.

« Maintenant tu vas prochainement reprendre la mer. »

PAR LA NUIT...

Je partais le lendemain.

« Cette partie de ton voyage s'accomplira heureusement, tu réussiras en tes projets. »

Et longuement il s'étend sur des questions tout à fait personnelles avec une lucidité et une précision qui me surprennent au plus haut degré.

Ce fut ensuite l'horoscope, la conjuration de certains astres sous l'influence desquels s'écoule ma vie, et dont il apprécie les combinaisons, dont il démêle les arcanes. Et ce fut encore une suite non interrompue de révélations. Je me retirai confondu d'étonnement...

Fréquemment, à la naissance d'un enfant, les familles maures font appel à l'astrologue. Celui-ci, faisant le total de la valeur numérique des lettres contenues dans le nom de l'enfant et dans les noms du père et de la mère et rapprochant ce calcul de nombres astronomiques et des signes du zodiaque, passe pour dévoiler l'avenir du nouveau-né.

Les sorcières n'ont pas toujours recours, pour leurs opérations, à la plume de roseau et au grimoire. Il en est qui réunissent les objets suivants : un petit morceau de charbon, un grain de sel, deux grains d'orge dont un enveloppé de sa balle et l'autre dont la balle est relevée d'un seul côté. Ceci fait, elles prennent le tout dans le creux de leur main, font deux ou trois tours sur l'envers d'un tamis et lâchent ces mêmes objets ensemble. La façon dont ils se trouvent disposés à l'égard les uns des autres servira de base pour la prédiction de l'avenir.

Il est aussi un autre genre de sorciers : les *ramaia khit erramel* ; ceux-là étalent devant eux une nappe de sable fin dans lequel, à l'aide de l'index et du majeur, ils creusent des trous qu'ils barrent ensuite par trois. Les trous qui restent dévoilent, par leur nombre et leur disposition, le passé et l'avenir.

Par la suite à Sfax, devant la grande mosquée, je rencontrai un de ces sorciers et je le consultai, ce qui sembla beaucoup le divertir, ainsi qu'un groupe d'Arabes qui l'entouraient. Soit que la sainteté du lieu lui eût fait trouver la demande du *roumi* déplacée, soit que le fanatisme, si commun à Sfax, l'eût mal disposé à mon égard, ou soit plutôt impuissance de sa part, ses brèves réponses ne m'apportèrent rien de particulier. Bien au contraire il sembla se jouer du sentiment de curiosité qui me faisait avoir recours à lui et qu'il prenait pour une plaisanterie.

Ne sourions pas des pratiques des sorciers arabes. N'en avions-nous pas, au moyen âge, toute une légion autrement dangereuse continuant la magie des druidesses, des enchanteresses et des prophétesses gauloises, et dont l'influence s'étendit jusqu'au seizième siècle? C'était tout un monde d'astrologues, de fées, de magiciens et de prophètes qui épouvantait les masses. Aujourd'hui encore étudiez les populations de nos campagnes, et surtout les montagnards, pénétrez dans certains milieux de nos grandes villes, de Paris même, et vous verrez combien toutes les traditions du monde se perpétuent, toujours vivantes.

CHARMEUR DE SERPENTS

MAURESQUES SE RENDANT AU HAMMAM

CHAPITRE IV

Croyances et superstitions. — Talismans et amulettes. — Le caméléon. — Les arracheurs de cœurs. L'encens de sorcier. — Le marabout de Sidi-Saad. — Les hiboux. — Les scorpions. — Les trésors enchantés. — Un vieux cimetière. — Les potiers troglodytes.

A Giuseppe Pitré.

A voir passer les Maures graves, majestueusement drapés dans des toges magnifiques, on ne soupçonnerait pas leur esprit d'enfant. Tout un monde mystérieux, doux ou cruel, les entoure; pour eux le souffle du vent a un langage; la nuée, les rayons, les étoiles, le crépuscule et la nuit sont peuplés de démons et d'anges dont les quatorze légions, en perpétuelle lutte, tour à tour les meurtrissent ou les protègent. C'est pourquoi vous voyez partout la main tutélaire appliquée sanglante sur les murs, sur les portes des demeures ou sur les colonnades du patio, la coquille d'œuf et le morceau de charbon, le frontal de bœuf fatidique, accrochés triomphants au-dessus de l'arceau des entrées. Si vous pouviez soulever le manteau d'un Maure, entr'ouvrir son gilet de soie soutaché d'or, vous y trouveriez, à côté du chapelet, des amulettes renfermant des versets du Coran, des mots magiques, des talismans, protégeant contre les maladies, inspirant l'amour, neutralisant la haine.

Des gens du peuple, des enfants portent des sachets sur leur bonnet même, en évidence. Les Maures se pourvoient non seulement de mots cabalistiques, mais aussi d'objets matériels enfermés dans des sachets ou montés comme des bijoux, qu'ils cachent aussi sous leurs vêtements : têtes de caméléons, branches de corail, coquillages, mains en métal découpé de formes hiératiques, œils de chameaux momifiés ; ce dernier objet préserve celui qui le porte de l'ensorcellement.

Les sorciers font un constant usage du caméléon, tant comme médicament que comme préservatif contre les puissances occultes pernicieuses. La conformation bizarre de l'animal, ses inexplicables changements de couleur parlent vivement à l'imagination des Arabes. Les herboristes du Souk-el-Belat, à Tunis, vendent couramment des caméléons vivants. Le caméléon est un animal bienfaisant ; les Bédouins des terres désertiques de l'Arad affirment que, durant la sieste en plein air, cet animal a la précaution de décrire autour d'eux, dans le sable, un grand cercle que ni la vipère cornue ni le naja ne pourront franchir. Ils échappent ainsi, grâce à la protection de ces animaux, aux morsures venimeuses.

Et les sachets, les talismans, vous les verrez aussi pendus au cou des chevaux et des bêtes de somme. Ils consistent en versets du Coran ou en dessins bizarres composés de caractères arabes écrits par des marabouts et renfermés dans de petits sacs en cuir.

Étudier à fond les croyances et superstitions des Tunisiens, en établir les rapports, en démêler l'origine, serait une œuvre considérable analogue à celle de Giuseppe Pitré sur les *usi e costumi credenze e pregiudizi* de la Sicile.

Les superstitions, de même que les pratiques médicales, sont chez les peuples primitifs un amalgame complexe. Elles nous apparaissent comme des aberrations humaines, mais elles sont probablement les restes de civilisations, de croyances et de cultes disparus. De ce que leur sens au premier abord n'est pas intelligible, il ne s'ensuit pas que nous devions les traiter avec dédain ; tout au contraire, ces croyances et ces pratiques s'imposent à la méditation des penseurs, car elles transmettent une parcelle de l'histoire de l'humanité. Il est à souhaiter qu'un jour quelque savant démêle ce chaos et nous découvre dans ces éléments disparates les restes de cérémonies oubliées, depuis la métempsycose et les thérapeutiques

CROYANCES ET SUPERSTITIONS

primitives, depuis le serpent sacré d'Esculape jusqu'aux vertus de certaines plantes tombées dans l'oubli.

Je me bornerai à signaler dans ce chapitre les superstitions et les médications que j'ai pu recueillir grâce au concours de M. Vaudaine, professeur au collège Sadiki, qui s'est associé à mes recherches avec la plus grande ardeur. Mais combien de choses omises et des plus intéressantes sans doute! car si l'Arabe laisse volontairement dans l'ombre tout ce qui a trait à sa vie familiale, à son intérieur, il apporte également un soin jaloux à ne rien dévoiler de son état d'âme, de ses aspirations, des joies qui traversent sa vie ou des terreurs qui la troublent. Il se montre à nous toujours grave ; si nous l'interrogeons, il sourit, détourne la conversation ou ne répond pas.

Longtemps encore les *Sellal el Kloub*, ou arracheurs de cœurs, seront l'effroi des mères sur la côte africaine, de Tabarca à Bengazi. Ces Sellal el Kloub seraient, d'après la croyance, une secte de Tripolitains qui ravissent de jeunes enfants pour leur arracher le cœur, dont ils composent des philtres tout-puissants pour inspirer l'amour aux femmes. Les lames des sabres et des poignards frottés avec la salive des petites victimes passent pour acquérir une trempe extraordinaire. L'an dernier, à Sfax ou à Sousse, je ne sais plus, une fillette disparut subitement. Une heure après, son cadavre fut retrouvé en un lieu désert, pantelant, la poitrine ouverte, le cœur arraché. La rumeur publique accusa les Sellal el Kloub de ce crime abominable. De même pour un crime identique perpétré récemment à Tripoli.

Ici, comme en Sicile, des *obitza* ou feux follets s'exhalent du sang de la victime, flottent sur le lieu du crime, empruntant des formes effrayantes, heurtant aux portes, remuant les meubles, s'acharnant après les passants jusqu'à leur faire perdre la raison. Le son du métal seul a la propriété de les mettre en fuite.

Si vous errez par les rues du quartier arabe de Tunis, si, dissimulé dans l'ombre, vos pas sont muets et surtout si une chance rare vous favorise, vous pourrez voir, à l'heure de minuit, quelque femme, en plus que simple appareil, sortant de sa maison. Sur le seuil elle écoutera, elle observera les moindres ombres de la rue. Si rien d'insolite ne vient la troubler, elle s'avancera, portant dans les mains un fourneau allumé qu'elle déposera à terre. Vous la verrez danser comme une folle autour du feu, jeter sur les charbons ardents un *bek-hour*, sorte d'encens composé de onze espèces de plantes odorantes, parmi lesquelles le coriandre et le cumin, et vous l'entendrez répéter en dansant une étrange invocation arabe qui signifie : O coriandre, ramène le fou, ô cumin, fais revenir le possédé des mauvais génies, etc.

Chaque plante dont est composé le sortilège aura son invocation spéciale. Puis elle reprendra son fourneau, la porte se refermera et la rue retombera dans le silence. Cette femme, pudique d'ordinaire, s'est décidée à faire cette invocation infernale pour ramener vers elle son mari infidèle. Certains marchands des souks de Tunis vendent, sous le nom de *bek-hour es saher*, encens de sorcier, le mélange des plantes odorantes destiné à ces incantations.

Il est d'autres moyens pour ramener l'infidèle. Le couscous roulé avec la main coupée d'une morte est d'une efficacité certaine; mais la pratique en est difficile, cela se conçoit.

Lorsque la femme trompée aspire à la vengeance, elle a simplement recours à une sorcière qui prépare un mets spécial, l'*osban*, avec des ingrédients dont elle a le secret et où doit entrer un morceau de cœur d'hyène. Servi dans le couscous, ce mets a la propriété d'inspirer au mari une grande lâcheté. Désormais un homme pourra pénétrer dans le harem, l'époux le verra passer sans émotion, il considérera impassible son déshonneur. Il n'est efficace d'ailleurs qu'à la condition d'être préparé et absorbé dans le courant du mois de mai arabe et surtout dans la première quinzaine. Je connais un jeune nègre qui

DANS UNE RUE DU QUARTIER MAURE.

surveille ses aliments à cette saison de l'année; il est obsédé par la peur d'avaler du cœur d'hyène. Et pourtant je soupçonne sa mère de lui avoir fait manger du cœur de chacal, lequel a la propriété de donner de l'esprit.

Les Tunisiens disent à celui qui subit la volonté de sa femme : « Elle t'a fait manger l'osbtan de mai! »

Le mois de mai est fatidique. Les Arabes sont persuadés que le soleil du

LA SORCIÈRE.

premier jour de ce mois est dangereux pour les jeunes enfants. Aussi, pour les empêcher de sortir, on prépare dans la maison une sorte de petite cabane à la partie supérieure de laquelle des rameaux d'orangers et de citronniers chargés de fruits sont accrochés, entremêlés de petits drapeaux et de menus objets. Les enfants ravis et amusés n'éprouvent point ainsi la tentation de sortir et ne se trouvent pas exposés aux rayons solaires.

Si, par suite de circonstances imprévues, un enfant est dans la nécessité d'aller dehors ce jour-là, on prendra la précaution de barbouiller le bout de son nez avec du goudron dont les émanations passent pour neutraliser l'influence pernicieuse du soleil de mai.

Les fruitiers préparent d'habitude ces petites cabanes ornées, et, durant la première quinzaine de ce mois, on peut voir dans leurs boutiques celles qui n'ont pas été vendues. Il est d'usage chez les Arabes de Tunis de s'offrir au premier jour de mai des corbeilles pleines de rameaux chargés de fruits.

Les Arabes d'Algérie mangent la chair de l'hyène pour se guérir du mal de ventre, mais ils prétendent que celui qui se nourrirait avec la cervelle de cet animal deviendrait fou.

D'après Kiva, la queue du lièvre est une amulette infaillible pour se faire aimer. D'après lui encore, rencontrer le matin, avant tout autre animal et personne, un chacal qui ne fuit pas est de bon augure, alors qu'au contraire la vue d'un lièvre porte malheur. Aussi, tout indigène sortant de sa tente et apercevant un lièvre s'empresse-t-il de cracher plusieurs fois dans sa direction en disant : *Tsabek fi Kaabek!* Que la fatigue te tombe dans les chevilles!

Un dicton arabe a trait aux animaux dont la rencontre est fatale : *Zoudj ghorban, dib herban, Koud rozlan!* Deux corbeaux, un chacal fuyant, une gazelle isolée, mauvais présage! J'ai entendu, dit-il, un cheik, homme intelligent, dont le cheval était mort subitement, m'affirmer que c'était parce qu'il avait marché sur un djin, démon, et je pourrais raconter cent histoires du même genre.

Les Arabes croient aux génies mâles et femelles. Ils les font descendre d'Adam, et une légende explique leur naissance.

Coïncidence curieuse, selon Paracelse, les esprits élémentaires sont les enfants de la solitude d'Adam, nés de ses rêves.

On redoute en Tunisie celui dont les sourcils sont épais et rapprochés; il a l'œil néfaste, c'est le *jettatore* de Sicile. S'il vous adresse un compliment, méfiez-vous, écartez aussitôt les cinq doigts de votre main, vous conjurerez le mauvais sort. Les Arabes n'aiment pas les complimenteurs. Si vous le pouvez aussi, appliquez votre main sur la poussière qu'il a foulée et touchez ensuite ses vêtements, vous serez préservé. Mais rien ne vaut l'efficacité des amulettes.

Si vous voulez vous mettre à l'abri de bien des malheurs en Tunisie, observez les recommandations suivantes :

Ne vous avisez jamais de marcher sur un papier quelconque ni sur une miette de pain, ce serait une profanation. Le papier peut porter le nom de Dieu ou du Prophète, et le pain est sacré. Vous ne verrez jamais un jeune musulman gaspiller un morceau de pain, si petit qu'il soit; il ramasse les miettes tombées, les introduit dans les trous du mur pour les mettre à l'abri des souillures.

Ne visitez jamais un malade le mercredi, après l'*acer*, prière de la troisième heure, sous peine d'aggraver son mal.

Après cette prière, quel jour que ce soit, ne prêtez jamais ni une échelle, ni un tamis de crin, ni du sel, et ne donnez pas de l'eau de puits: contentez-vous d'offrir celle de la citerne.

Gardez-vous de présenter à qui que ce soit un brin de la plante nommée *fijel*.

Ne coupez jamais vos ongles le dimanche soir, faites cette opération dans la journée et enterrez soigneusement les rognures.

Ne vous regardez jamais la nuit dans un miroir.

Ne vous faites point raser le mercredi, à la quarantième fois vous mourriez assassiné.

Si vous balayez votre maison après le coucher du soleil, ou si vous cousez le jeudi, vous amenez fatalement la ruine.

Le levain ne se prête jamais.

Ne sifflez pas, vous appelez le diable.

Ne vous asseyez jamais au nombre de neuf autour d'une table : le malheur fondra sur la réunion, l'un des convives succombera dans l'année ; le nombre neuf correspond au nombre des vices qui perdent les hommes.

Ne tendez jamais un couteau tenu dans vos doigts, ce serait méprisant, posez-le sur le dos de la main.

Ne faites jamais de lessive le lundi et le vendredi : le lavage du lundi amène les dettes et celui du vendredi rend les femmes stériles.

La nuit, ne jetez jamais de l'eau au dehors sans vous écrier : *Besmallah!* au nom de Dieu! Vous risqueriez de mouiller un djin, qui se vengerait en vous infligeant une longue et cruelle maladie.

Ne répandez jamais d'eau bouillante la nuit.

Ne pénétrez jamais vivement sans lumière dans une chambre sans crier : *Besmallah!* Vous pourriez piétiner des djins; entrez lentement, avec précaution.

Ne frappez jamais une chatte le soir, souvent les djins empruntent cette forme pour se montrer à nous.

Ils se transforment aussi en grenouilles ; ne tuez jamais ces animaux.

Si vous trouvez un serpent dans votre maison, épargnez-le, c'est un djin qui partage avec vous la propriété du local.

L'épilepsie et les crises nerveuses sont dues à des djins qui hantent le corps. Les personnes atteintes de ces maladies sont amenées de très loin au tombeau du marabout *Sidi-Saad* près de Mornag. Là elles gesticulent, balancent la tête dans le mode des Aïssaouas jusqu'à complet étourdissement. L'esprit parle alors au malade, il lui demande le sacrifice d'une poule noire, d'un mouton, d'une chèvre ou d'un taureau : le malade trempera ses mains dans le sang des victimes, s'en abreuvera, et s'il renouvelle chaque année ce sacrifice, les djins le laisseront en paix.

Les négresses du voisinage du marabout nourrissent avec du pain les serpents et les tortues qui habitent les cavernes creusées dans les berges de l'Oued Miliane qui coule près de là.

Le cri du hibou est un signe de mort.

Si l'un d'eux passe au-dessus de votre demeure en faisant entendre son hululement, projetez vivement de l'eau dans sa direction en vous écriant par trois fois : *Ennar koura!* le feu est derrière toi !

Si un enfant est malade du *Kraf*, odeur du hibou, vous verrez le blanc de ses yeux devenir couleur de safran, il sera pris de dysenterie et ira s'affaiblissant : une douche d'urine de chameau le guérira.

Si vous vous emparez d'un hibou vivant, vous lui direz : « *Ahedni!* promets-moi. » Vous sous-entendrez : « de ne pas faire de mal à mes enfants. » Si à ce moment le hibou étend ses ailes, ce sera signe d'assentiment. Alors vous enduirez sa tête d'huile et vous lui rendrez la liberté. Si l'animal reste impassible, mettez-le à mort.

Pour empêcher les hiboux d'approcher de votre maison, placez sur votre terrasse des marmites renversées dont le fond sera chargé de suie.

Lorsqu'une personne tombe du mal caduc, faites venir une femme qui poussera des you you de joie à ses oreilles, le malade se relèvera. Si ce moyen n'est pas efficace, placez-lui dans la main une clef de forme particulière, c'est-à-dire non percée de trou, et elle guérira sûrement.

Rapprochement singulier, cette même clef jouit d'une grande faveur en Sicile.

Lorsque quelqu'un est ensorcelé, ses parents et ses amis s'en aperçoivent vite. Il peut être délivré par trois moyens. Le premier est simple, il consiste à lui faire absorber du *fessoukh elma* dissous dans de la vase. Le second est beaucoup plus compliqué. Au moment où le muezzin appelle à la prière d'*el dohor*, de midi, il faut jeter dans un fourneau, au-dessus du regard d'une citerne, un paquet renfermant onze ingrédients parmi lesquels des grains de *haberchad*, de *guebbaha*, des fruits de thuya, du *fessouk elma*, de l'encens *bayemeni*, des racines spéciales et un caméléon vivant. Sous l'action de la chaleur, les aromates s'exhalent et le caméléon éclate. C'est l'instant précis où la sorcellerie est conjurée. Le troisième moyen consiste à enduire de savon mélangé à des graines de haberchad le fond de la marmite dans laquelle on prépare les repas de l'ensorcelé. Aucun sortilège ne saurait résister à ces trois pratiques.

Dans les cas de dérangement cérébral, il est d'usage constant chez les musulmans de Tunisie, aussi bien que chez les israélites, de conjurer la démonialité en appelant dans la maison un orchestre où domine le *rebab*, sorte de violon à long manche. Cet orchestre est appelé *r'bebia*.

Le scorpion n'est pas en odeur de sainteté. Il alla trouver le prophète un jour de premier mai et lui dit : « O Mohammed, tu es tout-puissant, donne-moi des yeux plus vifs, des reins plus solides, et avant la fin du mois j'aurai détruit la race humaine ! » Le prophète courroucé lui répondit : « Désormais, tu seras aveugle et tu auras les reins brisés. »

Pour éloigner les scorpions des demeures, les sorciers écrivent sur un papier une sorte d'invocation sans points ni voyelles qu'il faut coller sur les portes et sur les croisées : Que Dieu soit bon pour nous et nous préserve des tortures et des poisons !...

Cette invocation est suivie des lettres isolées : o-u-l-a-s-k-m-o-u-h-a. Elles n'offrent réunies aucun sens connu.

Lorsqu'une personne a été piquée par un scorpion, on appelle un Aïssaoua, qui se met en catalepsie, fait des entailles autour de la piqûre à l'aide d'un rasoir et suce la plaie. En l'absence d'un Aïssaoua, on a recours aux ventouses, ou bien on partage en deux un pigeon vivant et on applique les chairs pantelantes sur la partie piquée.

La graisse de l'autruche est une sorte de panacée. Mélangée à de la mie de pain et réduite à la consistance de pâte, elle est employée pour combattre les fièvres. Ce sera l'aliment du malade qui ne boira pas de la journée en en faisant usage.

Pour le rhumatisme et le lumbago, on frictionnera d'abord les parties douloureuses avec de la graisse pure, après quoi le malade se couchera dans le sable brûlant. Pris d'une forte transpiration, il guérira.

La graisse légèrement chauffée est avalée comme potion pour combattre les maladies de foie. C'est un purgatif énergique qui a, de plus, l'avantage de fortifier la vue. On trouve de la graisse d'autruche en vente dans les marchés, et les familles riches en conservent une provision pour distribuer aux pauvres comme remède.

Les gazelles vivantes passent pour avoir une vertu singulière. La beauté de leurs yeux, la blancheur de leurs dents ont toujours frappé d'admiration les Arabes, et les femmes enceintes leur lèchent les paupières, persuadées que l'enfant qu'elles portent dans leur sein leur ressemblera.

Les yeux des femmes arabes sont, en effet, comparables à ceux de la gazelle par leur douceur et leur humide éclat.

Ces mêmes femmes introduisent leur doigt dans la bouche des gazelles, frottent leurs dents et se font ensuite la même opération.

Combien de médications encore et de pratiques qu'il serait trop long d'énumérer !

On connaît l'importance des bains maures dans tout l'Orient. A Tunis ces établissements ont tous leur légende. Voici, selon la tradition, les origines de l'*Hammam ed dehel* ou le Bain d'or :

Une maison était habitée autrefois par une pauvre famille composée de trois personnes, le père, la mère et la fille. Celle-ci était d'une merveilleuse beauté. Or un jour le père revenant du marché déposa les provisions sur une table et pressa la jeune fille de préparer les aliments. Elle prit un couteau et, aidée par sa mère, se mit aussitôt à la besogne. Mais dans sa hâte elle se blessa avec la lame très affilée, et son sang coula sur le sol qui s'entr'ouvrit. Au fond de l'ouverture les deux femmes aperçurent un trésor.

« Dieu soit loué, s'écria la mère, de nous envoyer ces richesses! Descends vite dans ce trou, ma fille, et retire tout ce que tu pourras de ces pièces d'or. »

La fille descendit et jeta durant plusieurs heures sur les bords de l'ouverture des poignées d'or dont la mère s'emparait. Mais à mesure que le trou se vidait, la terre se resserrait autour d'elle. « Mère, disait-elle, la terre m'étouffe, elle se referme autour de moi ! » « Encore, encore, » criait la mère, et la fille haletante obéissait. Bientôt elle était ensevelie, et sa chevelure seule, noire comme l'aile du corbeau, émergeait du sol. Et de sous terre sa voix monta sourde faisant à sa mère une recommandation dernière : celle de bâtir à la place où elle était morte un bain qui purifierait leur souillure. La mère se souvint, et ce hammam prit pour toujours le nom de Bain d'or.

Le hammam *Belaa el araïs*, ou bain qui absorbe les fiancées, passe pour avoir englouti, sans que jamais on ait retrouvé leurs traces, celles qui autrefois tentèrent de s'y plonger avant la célébration de leur mariage. On n'y verra plus jamais de jeunes filles.

Au hammam *Erremini*, les femmes ne vont jamais isolément de peur d'être enlevées par les djins dont il est peuplé. Elles s'y rendent par groupes.

Les sorciers marocains ont la spécialité de veiller à la garde des trésors en même temps qu'ils passent pour avoir le privilège de les découvrir.

La ponctualité avec laquelle les Marocains exécutent une consigne, leur mutisme et leur fidélité ont pu faire naître ces sortes de légendes. A Tunis, ils sont gardiens des maisons. Vous les verrez accroupis devant les portes, silencieux et graves, presque farouches, et s'ils ont reçu le mot pour ne laisser pénétrer personne, ne vous avisez pas de forcer la consigne, vous seriez tout simplement exécuté. Véritables chiens de garde, ils n'admettent ni discussion ni réplique.

On prétend que jadis, lorsqu'un riche vieillard, sans enfants, sentait approcher sa fin, il déposait sa fortune dans de grandes jarres, faisait creuser des trous dans le sol de sa maison et les y enfouissait. Il était d'usage de charger des Marocains de cette opération, et ceux-ci, d'après la tradition, égorgeaient sur le lieu même quarante esclaves noirs, ce qui rendait impossible la découverte du trésor. Ce sacrifice indispensable était fait dans des conditions particulières, avec une mise en scène lugubre et des conjurations cabalistiques.

Les gens du peuple sont convaincus que le marabout de *Sidi bel Hassan* renferme un trésor, qu'ils désignent sous le nom de trésor des sabres. Une roue en mouvement constant de rotation, armée de lames de yatagan, larde celui qui s'approche du trésor qu'on voit briller de l'autre côté.

Chaque année, durant quatre heures, la roue s'arrête. On n'en connaît ni le mois ni le jour ni le moment exact, et ceux qui ont voulu attendre devant la roue en mouvement ont été pris de vertige et atteints de folie.

Bien des coutumes de Sicile se retrouvent en Tunisie; il y aurait pour un folkloriste une série d'études à ce sujet, du plus haut intérêt. Ici, comme dans la vieille Trinacria, lorsqu'un décès survient dans une maison, la famille ne prépare aucun aliment pendant trois jours. Les parents et les amis se chargent de pourvoir à sa subsistance.

La femme, devenue veuve, portera le deuil durant une année; si un de ses parents ou alliés succombe, elle proscrira de sa toilette le jaune et l'orange, mais elle pourra se vêtir de bleu et de blanc. Lorsqu'une d'elles avorte, on combat cette prédisposition en lui mettant au pied un *Kholkhal* ou anneau en fer.

Il est des usages plus singuliers encore.

Une femme, par exemple, aura vu mourir les uns après les autres ses jeunes enfants. Dès la naissance elle vendra un nouveau venu contre espèces à un de ses oncles ou à une de ses tantes. Cette vente aura pour effet de conjurer le mauvais sort qui pèse sur la lignée. Cette coutume est très pratiquée.

On a parfois recours aussi à un étrange moyen. La femme enveloppée d'un burnous d'homme sera menée aux enchères publiques, et le burnous en question sera vendu sur son dos même.

Lorsqu'une femme est devenue veuve plusieurs fois, des tatouages aux pieds et aux mains, faits dans certaines formes, préserveront du décès son dernier époux.

Les tatouages fantaisistes sont défendus par la religion musulmane ; mais, exécutés comme pratique médicale, ils sont autorisés. Dessinés sur la poitrine, ils combattent certaines maladies internes ; au poignet et à la cheville, ils passent pour guérir les luxations et les foulures.

On prétend que ceux qui se font tatouer par pur caprice, gens de basse condition généralement, verront au jour de la résurrection la place de leur tatouage toute brûlée.

Les Bédouins sont tous tatoués et chaque tribu a adopté pour les siens un dessin particulier très apparent, soit au milieu du front, par exemple, soit au menton. On peut au simple aspect d'un individu déterminer immédiatement son pays d'origine.

Sauf dans les cas de maladie les Tunisiens de Tunis ne se tatouent pas. Les employés du gouvernement chargés de recouvrer les impôts de capitation (mejba) reconnaissent au tatouage les individus venus de l'intérieur dans la ville et qui essayent de se soustraire à cet impôt que les habitants de Tunis ne paient pas.

Les recherches qui précèdent sur les croyances et les superstitions des Tunisiens étaient pour moi mêlées de repos et d'enseignements.

En m'entretenant avec des personnes autorisées, j'apprenais que le résultat acquis pour nous en Tunisie avait été précédé d'un plan politique mené de longue main, avec un tact et une fermeté qui font honneur à notre diplomatie. Nous avions à lutter à la fois contre des influences ethniques et des interventions étrangères occultes.

Sans remonter à la constitution de la société musulmane qui date de huit siècles, laissant de côté la persistance des traditions gouvernementales, nous prendrons la Tunisie à l'époque où elle échappera au monde oriental.

Nous étions maîtres d'Alger. Ce voisinage, les rapports économiques des deux pays, nous indiquaient de veiller à l'indépendance des Beys et à la bonne administration de leur État. Les Beys de Tunis, peu à peu, se rapprochèrent de nous ; Ahmed surtout fut le premier novateur : il chercha à s'approprier nos idées, notre organisation militaire et nos procédés administratifs.

Plus tard, la liberté individuelle et l'égalité des citoyens furent proclamées. Des lois furent promulguées, inspirées par le code civil et criminel, administratif et militaire.

Mais ces tentatives furent impopulaires et le poids des impôts, les récoltes mauvaises, les ravages exercés par la famine et le choléra firent éclater, en 1867, une insurrection. Le gouvernement tunisien fut obligé de reprendre ses anciennes traditions. Mais les ressources de l'avenir étaient engagées : on avait eu recours aux banques locales et à l'étranger. C'était la banqueroute et bientôt l'intervention des puissances qui avaient à sauvegarder les intérêts de leurs nationaux. Une commission internationale fut chargée, en 1869, de liquider la dette publique.

Le général Khéredine, président de la commission, restaura tous les services désorganisés et, sous cette administration remarquable, s'ouvrit, pour la Tunisie, une ère d'ordre et de justice.

Des intrigues de cour renversent cet homme d'État qui avait su approprier la législation aux besoins immédiats de la société musulmane. Avec lui tombent les institutions qu'il a fondées.

Il succombe en 1874, et aussitôt les intérêts les plus graves de nos nationaux, la sécurité de notre frontière sont compromis par l'hostilité de son successeur. Une intervention armée s'impose. Nos troupes châtient les Kroumirs et viennent camper auprès de Tunis. Le traité du 12 mai 1881 assure la sécurité de notre frontière et sanctionne l'établissement du protectorat. Depuis, l'œuvre de réorganisation s'est poursuivie, et la Tunisie voit sa prospérité s'accroître de jour en jour.

Mais revenons à Tunis.

Je faisais aussi des promenades charmantes dans cette ville, où je découvrais toujours de nouveaux horizons, où des coins inconnus se révélaient sans cesse.

Dans la rue Bab Souïka toute grouillante de foule, retentissante des appels aigus de marchands ambulants de toute sorte, sillonnée par des tramways à l'allure rapide, s'ouvre un grand arceau béant. Et là, chaque jour, sur les marches d'un escalier de pierre, des gerbes de fleurs flambaient dans l'ombre discrète, attendant les acheteurs. Invité par le marchand, je me hasardai dans l'escalier pratiqué dans l'épaisseur de la muraille, et après avoir gravi de hautes marches je débouchai sur une vaste terrasse et je m'arrêtai ébloui. C'était de toutes parts des massifs de verdure et des champs de fleurs d'où s'exhalaient des aromes en même temps que des chants d'oiseaux peuplaient la feuillée. Tout un monde nouveau délicieusement se recueillait sous l'azur du ciel en ses parfums et en ses mélodies, enveloppé du mystère ombreux des feuilles, près de l'ardent soleil qui éblouissait sur les murailles d'alentour et ruisselait en pluie d'or sur les minarets.

Doucement je m'avançais de peur de troubler les symphonies, savourant ce charme qui autour de moi s'exhalait.

Mais quoi? on ne peut donc, où que l'on soit, goûter une joie sans mélange! Là sous ces branches, au milieu des daturas en fleurs, des jasmins, des géraniums arborescents et des roses, sous les guirlandes d'héliotropes, de larges pierres tombales s'allongeaient toutes grises, des colonnes montaient supportant des vases funéraires. Ce n'était point un jardin que j'étais venu voir, mais un cimetière abandonné, et pourtant les dates de certaines sépultures étaient récentes.

C'était un champ funéraire protestant, et partout, jusque dans les angles de cette étrange terrasse, sous le soleil et sous les branches, parmi les œillets rouges comme le sang des veines, des tombes et des tombes encore... Des caractères d'or à demi effacés retraçaient les noms illustres de ceux qui dormaient là, venus au grand soleil d'Afrique de bien loin, des brouillards du nord, grands dignitaires la plupart, jeunes femmes enlevées dans la fleur... Quelques regrets çà et là se lisaient, phrases poignantes dans leur simplicité lapidaire. Et les oiseaux doucement gazouillaient, et les fleurs sous une brise tiède balançaient leurs ombres légères, caressant les grandes dalles, encensant les morts de leur calice, apportant un frisson de joyeuse vie dans la silencieuse tristesse de l'abandon. Car les pierres étaient descellées, les colonnes branlantes, et tout un peuple de lézards sortait de l'ombre des caveaux. De la rue populeuse un grondement continu montait venant d'un rivage, il me semblait, éternelle rumeur de marée lointaine, que par instants le fracas d'une charrette sur les pavés, le cri d'un ânier, l'appel d'un marchand, le sourd roulement d'un tramway dominaient. Puis le silence tombait avec l'accompagnement vague du dehors, et le gazouillement des oiseaux se reprenait à envahir la solitude. Les morts ici, comme les vivants de la rue, ne reposent complètement que lorsque les étoiles s'allument.

En continuant Bab Souïka dans la direction de la place Halfaouïne, et en s'enfonçant à droite dans une anguleuse ruelle, on arrive sur un grand espace dénudé au sol cahoteux, bouleversé, creusé de fondrières, d'antres noirs d'où s'échappent d'épaisses fumées. Là sont les potiers troglodytes de Tunis, car ils vivent dans des labyrinthes obscurs, dans de sombres cavernes. Au ras du sol s'ouvrent des soupiraux qui leur donnent un peu d'air et de lumière et des ouvertures qui sont les cheminées des fours et d'où, parfois, surgissent des flammes.

Alentour, les murailles qui circonscrivent cette étrange place sont noircies par les fumées anciennes.

Je descendis dans la cité obscure habitée par les potiers et je m'égarai dans le jour crépusculaire des galeries souterraines, encombrées d'argile demi-liquide dans laquelle je m'enfonçais parfois au milieu des vases et des poteries de toutes sortes empilées dans les couloirs. Les formes des poteries m'étaient connues, je les voyais chaque jour dans les boutiques de la ville et leur aspect, à l'encontre de celles de Nebeul, observées plus tard, ne m'apporta aucune révélation. Mais le décor me captivait; il y avait là des Arabes demi-nus, accroupis dans l'obscurité devant les bouches des fours, qu'ils alimentaient de broussailles crépitantes aux senteurs fortes, et dont les visages et les poitrines s'accusaient en reflets de feu. On eût dit parfois des divinités infernales tant les lueurs de la fournaise ciselaient en traits ardents l'ossature de leur face, tant leurs profils solitaires devenaient aigus, dans cette ombre, près de ce foyer dont le ronflement continu assourdissait. Ils étaient maigres, car le métier est dur. Le four est allumé, et toute la nuit jusqu'au lendemain il faudra l'alimenter sans quitter l'orifice brûlant, il faudra respirer la chaleur desséchante, vivre dans une température très élevée, sans repos possible, toujours veiller au bûcher dévorant.

BÉDOUINE

LES CITERNES DE BORDJ DJEDID

CHAPITRE V

A Carthage. — L'étendue. — Souvenirs et tombeaux. — Mégara. — Tragédies du passé. — La Malga et les citernes. — Le cardinal Lavigerie, primat d'Afrique. — Salammbô.

> *Giace l'alta Carthago; appena i segni
> dell' alte sue ruine, il lido serba...*
>
> Le Tasse.

Pour un jour j'ai quitté *Medina*, manteau du prophète, Tunis la blanche, qu'une vie nouvelle enfièvre, et j'ai gravi les hauteurs de Carthage, pèlerinage des vieux souvenirs.

Là-bas, au promontoire punique, les grandes houles humaines n'ont laissé que des épaves. La ville de Didon et d'Annibal ne se survit même pas, comme la plupart des antiques capitales, en des monuments mutilés et fiers encore. Plus rien ne subsiste de sa primitive splendeur ; seuls, tels que des ossements blanchis par les âges, quelques pans de murailles percent çà et là les pentes maigres des collines et rompent l'harmonie des plaines. L'enceinte, pleine de scorpions et de lézards, n'est plus qu'un désert brûlé par le soleil, dont les souffles du large et l'éternel chant du flot psalmodient l'abandon.

De la Malga à l'antique citadelle, des vestiges des quais au forum et au temple de Tanit s'ouvrent des citernes vides, des tombeaux et encore des tombeaux.

Cependant les reliefs du sol laissent deviner comme le squelette de l'antique capitale ensevelie. Se dégagera-t-elle complètement un jour du suaire qui depuis tant de siècles voile sa dépouille, du linceul de cendres qui étouffa sa dernière agonie?.. Lorsque les tempêtes battent le rivage, on croit entendre les frémissements de ses entrailles de pierre...

...Las de parcourir, sous le soleil et dans le vent cette terre morte, je me suis reposé sous le portique de marbre d'une construction moderne dressée sur le sommet où fut l'acropole. L'espace s'étale devant moi, noyé de brumes légères, et les teintes sont tellement douces en leurs modulations infinies de vague azur et de lilas pâle, qu'on croit mêler ses regards et ses rêves à des mirages naissants.

Vers l'horizon si délicatement nuancé, par delà les mouvantes moires du golfe, une ligne de monts bleus ondule et s'évanouit au *Beau promontoire* des anciens, dernier soulèvement de l'Atlas abaissé dans la plaine où scintille le village arabe de Soliman. Dans l'azur de la mer, près de la côte, pointent deux crêtes rougeâtres : ce sont les antiques rocs des Egimures, les Djamour des Arabes, Zembra et Zembretta pour nous. De fréquents désastres maritimes firent autrefois une triste célébrité à ces écueils. On dit que les Romains et les Carthaginois conclurent là le traité qui fixait les limites de leur domination respective.

Le Bou-Kornaïn, la montagne aux deux cornes où s'élevait le temple de Saturne *Balcaranensis*, dresse toujours, derrière le *Stagnum* de Tite-Live, où depuis tant de siècles Tunis mire sa blancheur, ses cimes fatidiques, comme au temps des sanglantes luttes de Carthage avec Rome et avec les Barbares.

Dans le songe de la vie nous associons souvent la nature à nos joies, à nos douleurs, à nos espérances même. Mais la grande impassible toujours contemple l'éternité. La montagne, déchirée par le vent, couturée par les orages, brûlée par le soleil, resplendit et monte sereine à travers les nues ; la plante s'endort à l'automne et refleurit à chaque printemps ; mais l'homme toujours fait place à un autre homme, il ne revient pas.

Et alors devant ces monts et ces plaines où se déroulèrent tant de drames, une grande pitié me prenait pour l'être humain si frêle, qui, depuis les origines du monde, passe son existence éphémère dans la haine et la destruction. Et pourtant les brises, les plages, les oiseaux et les sources chantent, il est des bois et des fleurs et le ciel verse la lumière. C'est partout une éternelle harmonie et une éternelle beauté même aux rivages où gémit la vague solitaire, aux champs pierreux des villes mortes.

Que reste-t-il des œuvres humaines? Ce sol, mieux que tout autre, nous le dira. Au temps de Boabdil, la grande Carthage n'était déjà plus qu'une bourgade oubliée. Depuis un siècle à peine on connaît son véritable emplacement. Chateaubriand, qui visita le cap en 1807, reconnut l'endroit qu'occupèrent la citadelle de Byrsa et les ports. Depuis, les fouilles ont révélé, dit-on, sa topographie exacte. Mais il a fallu creuser le sol pour retrouver les vestiges des palais et des citernes, recourir aux textes anciens pour la délimiter et comprendre son importance.

Quelques pans de murailles à demi recouverts de sable, un sol désolé, voilà les souvenirs d'un peuple dont la splendeur étonna le monde ancien ! On connaît ses comptoirs, ses conquêtes, sa fin, le plus grand drame de l'histoire ; mais qu'ont laissé les Carthaginois?... Rien... le silence, quelques pierres, à peine des ossements.

Je suis donc sur le sommet où s'éleva l'acropole; le soleil brille toujours dans un ciel d'une pureté incomparable, il étincelle sur la mer, il resplendit sur le rivage. La brise marine a des haleines caressantes, les visions changeantes de l'espace charment les yeux, mais tant de gloires éteintes, tant d'humanités à tout jamais disparues font tristement songer. En Grèce, en Sicile, dans la contemplation de monuments superbes, on oublie la sombre destinée. Aucun édifice ne nous éblouit à Carthage, rien de matériel, on peut dire, ne rappelle le passé, rien n'évoque la grande ville punique qui mesurait cinq lieues de tour et renfermait plus d'un demi-million d'habitants.

Ses temples, d'après la belle évocation de Flaubert, montraient aux Barbares leurs colonnes torses avec des chapiteaux de bronze et des chaînes de métal, des cônes en pierres sèches à bandes d'azur, des coupoles de cuivre, des architraves de marbre, des contreforts babyloniens, des obélisques posant sur leurs pointes comme des flambeaux renversés. « Les péristyles atteignaient aux frontons ; les volutes se déroulaient entre les colonnades; des murailles de granit supportaient des cloisons de tuile ; tout cela montait l'un sur l'autre en se cachant à demi, d'une façon merveilleuse et incompréhensible. Celui de Khamon, en face des Syssites, avait des tuiles d'or. Melkarth, à la gauche d'Eschmoûn, portait sur sa toiture des branches de corail ; Tanit, au delà, arrondissait dans les palmiers sa coupole de cuivre ; le noir Moloch était au bas des citernes, du côté du phare. L'on voyait à l'angle des frontons, sur le sommet des murs, au coin des places, partout, des divinités à tête hideuse, colossales ou trapues, avec des ventres énormes ou démesurément aplaties, ouvrant la gueule, écartant les bras, tenant à la main des fourches, des chaînes ou des javelots. »

Le culte, à Carthage, était polythéiste. Ses dieux principaux étaient Baal Ammon, « Baal le brûlant » ou Moloch, le Saturne des Romains, Tanit, la vierge lunaire, l'Astarté des Phéniciens, la Junon *cœlestis* romaine, et enfin Eschmoûn, un dieu enfant, un dieu pygmée, monstre difforme dont l'image sculptée à la proue des navires effrayait l'ennemi. « A partir du IVe siècle, dit M. Babelon, les rapports constants des Carthaginois avec les Grecs de Sicile introduisirent certains éléments helléniques dans leur culte. Apollon eut, sur le forum de Carthage, un temple dont la statue colossale fut transportée à Rome après le siège de l'an 146. Les Carthaginois envoyèrent, une fois au moins, des offrandes à Delphes, et Tanit fut assimilée à Déméter, Perséphone ou Cérès. Voilà pourquoi la tête de Tanit ou de l'Astarté punique paraît couronnée d'épis sur les monnaies de Carthage imitées de celles des colonies grecques de Sicile.

LES ANCIENS PORTS DE CARTHAGE

« Tanit ou Astarté, la Vénus des Sémites, est la divinité poliade de Carthage, et elle tient le premier rang, passant même avant Baal Ammon. Elle a pour symbole le croissant lunaire; on conservait dans son temple son fameux voile ou péplos que les Carthaginois considéraient et vénéraient comme le *palladium* de leur ville.

« Baal Ammon ou Moloch, le grand dieu de toute la Lybie, est représenté sous l'aspect d'un vieillard dont le front est muni de cornes de bélier, et cet animal accompagne souvent la statue du dieu; on le représentait aussi avec une faulx à la main (*falcem ferens senex pingitur*).

A Carthage, ce dieu sanguinaire, auquel on immolait des enfants, avait dans son temple une colossale statue de bronze avec les bras étendus et abaissés; « ses mains, dit Diodore, étaient inclinées vers la terre, la paume tournée en dessus, pour que les enfants qu'on y plaçait tombassent plus facilement dans la fournaise. » Ces immolations barbares, qui suffiraient, à elles seules, pour faire maudire Car-

BÉDOUINE DE LA MALGA

thage, se renouvelaient chaque année ; mais on les multipliait lors des dangers publics. Les bras étendus de Moloch, « l'horrible roi, » comme le qualifie Milton, recevaient, l'un après l'autre, des centaines de ces tendres victimes, qu'elle laissait glisser dans un gouffre de feu, aux applaudissements frénétiques d'une foule en démence, et les mères devaient, sous peine de châtiment, assister, sans verser une larme, à ces atrocités qui se prolongèrent même sous la domination romaine et ne disparurent définitivement que sous l'action du christianisme. Tertullien en raconte l'abolition en ces termes. « En Afrique, dit-il, on immola publiquement des enfants à Saturne, jusqu'au proconsulat de Tibère, qui fit attacher les prêtres de ce dieu aux arbres mêmes du temple dont l'ombre abritait ces affreux sacrifices, comme à autant de croix votives : j'en prends à témoin les soldats de mon pays qui assistèrent le proconsul dans ces exécutions. Et malgré cela, ces détestables sacrifices se continuent encore en secret. » Saint Augustin ajoute que les Carthaginois redoutaient tellement leur dieu Moloch qu'ils n'osaient prononcer son nom ; ils se contentaient de l'appeler le *Vieux*, et le quartier de son temple, situé non loin du temple d'Eschmoûn et du sanctuaire de Tanit, était dénommé le quartier du Vieux, *vicus Senis*.

Les sacrifices humains avaient encore lieu à l'occasion du lancement d'un nouveau navire. Après avoir rappelé la férocité des Carthaginois envers leur prisonnier Régulus, Valère Maxime ajoute que ces immolations, sorte de baptême des vaisseaux, s'accomplissaient en faisant écraser des prisonniers de guerre entre la carène du navire et la jetée du port. »

Depuis ces âges lointains une grande détresse s'est emparée de ce sol si tristement glorieux.

Mais comme ce désert est solennel et combien le silence parle ici !

Je domine le *Sinus uticensis*, le grand golfe, et, vers la haute mer, en lignes indécises, je distingue les promontoires d'Apollon et de Mercure qui marquent à l'est et à l'ouest ses extrêmes limites.

Devant ces collines et ces plaines que hérissent de maigres cactus, où tremblent des oliviers pâles, où les fouilles s'ouvrent saignantes cherchant aujourd'hui encore le cœur de Carthage trois fois anéantie, une invincible mélancolie nous saisit.

La pensée remontant le cours des âges s'égare dans l'aube des premiers jours. On entrevoit la Lybie bien avant l'arrivée des Phéniciens, puis la côte jalonnée par eux d'établissements où s'accumulaient les richesses asiatiques et les produits apportés par les caravanes venues du sud. C'est ensuite l'infortunée reine de Tyr, sœur de Pygmalion, fuyant un frère assassin et achetant l'emplacement de la ville nouvelle *Kart-Khadeschath* ou la forteresse de la mer : *Kart-Ago*, Carthage. Pour y faire reposer ses compagnons, elle acquit, dit la légende, autant de terrain qu'en peut entourer la peau d'un bœuf; mais cette peau découpée, en minces lanières, embrassa une grande étendue. On assure qu'en creusant les fondements de la ville on trouva un frontal de bœuf, présage de la fécondité du terrain, mais d'un éternel asservissement. Les travaux furent poussés ailleurs, et la découverte d'une tête de cheval consacra l'emplacement de la cité nouvelle, cette tête étant le symbole d'un peuple belliqueux et puissant.

Fondée vers l'an 800 avant notre ère, rapidement la ville se développe. Dès le ve siècle elle règne sur les colonies liby-phéniciennes du littoral. D'après la légende, « deux frères carthaginois consentirent à se laisser enterrer vivants pour étendre son domaine, contesté par les Grecs de Cyrène, jusqu'au fond de la grande Syrte, à l'endroit appelé depuis, en l'honneur de ces martyrs du patriotisme, *autels des Philènes*. »

Deux cents ans se sont à peine écoulés depuis sa fondation que Carthage s'empare des îles Baléares et fonde une colonie à Ibitza; un siècle plus tard elle pénètre en Corse. Le pavillon punique flotte bientôt sur tout le bassin de la Méditerranée. Asdrubal et Amilcar fondent Cagliari (Caralis) et Sulci. Hannon double le nord de l'Afrique, établit des comptoirs à Djijelli, à Bougie, à Ténès, à Cherchell et à Tanger. Il reconnaît les côtes de l'Atlantique et borne ses établissements au 25e de latitude nord, c'est-à-dire 3° au sud des îles Canaries. Il dépose 30000 colons sur cette côte, durant vingt-six jours navigue vers le sud, et un volcan dont il fait la description paraît être le pic de Ténériffe. Il est à présumer qu'il passe l'équateur et touche à la Guinée. Un récit traduit en grec, le *Périple d'Hannon*, raconte ce voyage.

La fortune sourit encore à Carthage. Menacée par Cambyse, les sables soulevés par le siroco ensevelissent dans le désert les armées ennemies.

Mais le malheur l'attendait en Sicile. 300000 Carthaginois l'avaient envahie. Gélon, roi de Syracuse, écrase Amilcar à Himère, lui tue 50000 hommes le jour même où Léonidas et ses 300 héros tombent si glorieusement aux Thermopyles.

La guerre de Sicile continuait depuis 409 avec des alternatives de succès et de revers, lorsqu'en 340 Timoléon infligea un tel échec à l'armée carthaginoise, sur les lignes de la Crémise, que Carthage se décida à demander la paix.

Seize années plus tard, Agathocle battu dans les plaines d'Himère gagne la haute mer, débarque au Beau Promontoire et fait une promenade triomphale à travers des villes fatiguées du despotisme punique.

Carthage n'avait plus qu'une seule possession en Sicile : Lilybée, la Marsala moderne.

C'est alors qu'à propos des Mamertins, la guerre colossale entre Rome et Carthage se déclare ; elle dure un siècle et demi et se termine par l'anéantissement de la ville punique.

Ici, on songe malgré soi à tant de grandeur disparue, à tant de douleurs oubliées. On voit les marbres des palais, les pierres des édifices, les dalles même des tombeaux dispersées et transportées au loin pour édifier des temples nouveaux. Deux figures de femmes planent encore sur les origines de Carthage et sur la détresse de son dernier jour. Par une singulière coïncidence elles eurent le même destin, car toutes deux furent dévorées par les flammes. Le roi de Gétulie, peu de temps après l'établissement des Phéniciens, demande la main de Didon. La reine répond qu'elle ira où l'appellent les destins de Carthage. Sous prétexte d'apaiser les mânes de son époux elle fait dresser un bûcher aux portes de la ville, se perce d'un glaive et se précipite aussitôt dans le brasier.

Durant la prise de Carthage par Scipion Émilien, alors que la ville s'était rendue, que la citadelle même avait succombé, le temple d'Esculape, entouré d'une forte enceinte, seul résistait. Asdrubal, qui le commandait, veut sauver sa vie et se rend secrètement vers Scipion un rameau d'olivier à la main et se jette à ses pieds. Scipion le montre aux transfuges, et ceux-ci en proie à la fureur mettent le feu au temple. La femme d'Asdrubal, à la nouvelle de l'infamie de son époux, monte sur le rempart avec ses enfants, et s'adressant à Scipion : « Je n'invoque pas contre toi, ô Romain, la vengeance des dieux, car tu ne fais qu'user des droits de la guerre ; mais puissent les divinités de Carthage et toi, d'accord avec elles, punir comme il l'a mérité celui qui vient de trahir sa patrie, ses dieux, sa femme et ses enfants ! » « Pour toi, fit-elle ensuite, s'adressant à Asdrubal, indigne capitaine de Carthage, va orner le triomphe de ton vainqueur et subir devant Rome le supplice dû à tes crimes ! » Puis, saisissant ses enfants, elle les égorge l'un après l'autre, jette leurs cadavres dans les flammes et se précipite aussitôt elle-même dans le brasier. Les transfuges l'imitèrent. On dit que Scipion, impassible d'ordinaire, fut vivement émotionné par cette scène d'une horreur inouïe.

Le plateau de Byrsa est plein de souvenirs.

Sur ce promontoire, devant l'infini de l'azur et des ruines, l'infini des choses éteintes me domine toujours, et les peuples vaguement s'agitent sur le sable du rivage, sur les pentes de la colline, dans les champs étoilés d'asphodèles.

Voisine de la montagne aux deux cornes et de la plage où sommeille Radès, l'antique Maxula, monte le djebel Ressas, aux mines de plomb argentifère et, plus loin, très pâle, dans les vapeurs de l'horizon, pointe le Zaghouan à la silhouette pâle et fière.

Près de nous Tunis s'étale en masse éblouissante au bord du grand lac bleu. Plus près encore j'aperçois l'Ariana aux champs de roses et la *Tænia* ou *Ligula* des anciens qui sépare El Baheira de la mer. Et sais-je encore ce que je vois de bois d'oliviers, de blanches demeures perdues dans le feuillage, de flots endormis et de plaines !... C'étaient autrefois les faubourgs de Carthage et ses jardins. A mes pieds sur la côte, autour de moi sur les pentes, sont les débris de la ville punique, ses citernes, ses ports miroitants.

C'est le Cothon, port militaire, c'est le port marchand comblé aujourd'hui et qui a fait place à des jardins. Du temps de Carthage ils communiquaient entre eux. D'après Beulé, ce dernier offrait une surface de 23 hectares 16 ares, presque l'étendue du vieux port de Marseille qui peut contenir 1100 bateaux de commerce. L'aspect du rivage a beaucoup changé depuis les époques puniques, les sables ont envahi le lac de Tunis, et la rade d'Utique s'est transformée en marécage.

C'est entre Byrsa et la plage que se trouvaient, dit-on, la maison d'Annibal, le théâtre, le gymnase, les bains de Didon et les citernes. Ces citernes de Bordj-Djedid ont été utilisées, elles alimentent la Marsa et la Goulette. Ce sont les monuments les plus curieux qu'offre le sol de Carthage. Elles se composent, dit M. Babelon, de dix-huit grands réservoirs voûtés et parallèles, larges de 7^m 50 et profonds de 9 mètres, depuis le sommet de la voûte qui est percée d'un orifice circulaire. En outre, deux bassins latéraux, larges de 2^m 50 et longs de 145 mètres, s'ouvrent sur chacun des réservoirs, de même que six chambres circulaires à coupoles, qui servaient de filtres. En les vidant pour les utiliser de nouveau et les faire servir à l'alimentation de la région, on y a découvert des lampes chrétiennes, des seaux en bronze, un pied et un bras d'une statue colossale en marbre (le bras a 1^m 68 de tour), une inscription en l'honneur de Septime Sévère. En novembre 1888, on a retiré du béton formant le radier du neuvième réservoir, au cours des travaux de restauration, une brique romaine avec marque de fabrique. « Tout le radier était formé d'un béton uniforme, ajoute le P. Delattre, cette brique fournit la preuve de l'origine romaine et non punique de ces vastes citernes. » Sous le fortin turc voisin des citernes et converti récemment en batterie, on a découvert un autre groupe de citernes formé de réservoirs analogues à ceux que nous venons de décrire. Les citernes de Bordj-Djedid sont signalées, comme il suit, au xie siècle par El-Bekri : « Une grande voûte, dont l'extrémité échappe aux regards, renferme sept vastes réservoirs nommés *Monadjel-Escheiatin*, « les citernes des démons » ; ils contiennent une eau très ancienne qui y est restée de temps immémorial. Dans le voisinage du château de Dermèche, est une prison obscure formée de voûtes posées les unes sur les autres et dont l'entrée inspire l'effroi. On y trouve des cadavres qui conservent encore leur forme primitive, mais qui tombent en poussière aussitôt qu'on les touche. »

De Byrsa mes regards montent maintenant au cap Carthage, le Djebel-el-Manar des Arabes, élevé de 130 mètres au-dessus du niveau des flots et que domine le pittoresque village de Sidi-bou-Saïd. Ses habitants étaient si fanatiques naguère que les Européens n'osaient s'y risquer. Par delà le cap, est la Marsa, l'ancien quartier Megara de la Carthage punique, où les riches patriciens avaient élevé de somptueuses villas entourées de jardins.

C'est aujourd'hui encore une agglomération de maisons de campagne aux bosquets fleuris. Son Altesse le bey, de même la plupart des hauts fonctionnaires et des riches Arabes de Tunis, possèdent là de belles résidences où ils passent l'été. On y remarque aussi l'ancien palais, de construction sarrazine, du bey Abdelia, et la *Camilla*, habitation d'été du ministre français, entourée d'une merveilleuse végétation. On a trouvé à la Marsa les ruines d'une vaste basilique. La légende prétend que saint Cyprien, sainte Félicité et sainte Perpétue prièrent dans ce temple. Il reste de la somptueuse basilique quelques fragments de colonnes et des chapiteaux épars.

Et partout sur ce sol trainent les souvenirs de drames sanglants, et des échos séculaires de fêtes traversent la pensée. A la Malga, le sifflet des locomotives et le roulement des wagons ébranlent les assises de l'ancien amphithéâtre de Carthage. Les pans de murailles qui jonchent le sol ont conservé la forme elliptique de l'ancien monument. Au centre de ces ruines le cardinal Lavigerie a fait ériger une colonne surmontée d'une croix en mémoire des saintes martyres qui sont mortes dans l'amphithéâtre : sainte Perpétue et sainte Félicité.

Tout auprès, dans les antiques citernes de la Malga, où aboutit l'aqueduc géant qui traverse toute la presqu'île carthaginoise pour aller jusqu'à 100 kilomètres prendre les eaux du mont Zaghouan, un pauvre village arabe s'est établi. Les citernes puniques furent réparées et reconstruites même, en grande partie, sous la domination romaine. Il est vraiment étrange le spectacle qu'offre cette population grouillant sous les voûtes souterraines, pêle-mêle avec les animaux domestiques. Auprès des grandes citernes est le monticule nommé Koudiat Sousou. C'est alentour, d'après le P. Delattre, qu'on doit chercher la propriété du procurateur Macrobius Candidianus, dans laquelle fut mis en terre le corps de saint Cyprien supplicié et où, plus tard, fut érigée une basilique en son honneur. Les actes des martyrs nous apprennent, en effet, que le corps du saint fut déposé dans la villa de Macrobe située *juxta piscinas*, près des citernes, sur la colline et près de la voie des Mappales.

Que de choses à citer encore dans les ruines presque informes, en apparence, de Carthage : les bains de Didon, les anciens remparts et surtout la basilique de Damous el Karita, une des vingt-deux basiliques de l'époque chrétienne de Carthage. Elle se composait, d'après la reconstitution qu'en ont faite les archéologues les plus autorisés, d'un atrium à ciel ouvert entouré d'une colonnade, de la basilique proprement dite dont la longueur était de 65 mètres sur 45 de largeur. Elle était divisée en neuf nefs. C'était enfin la basilique du baptistère, attenante à la première et de dimensions moindres. Le bas-relief de la Vierge, qu'on admire au musée Saint-Louis, provient des fouilles faites dans cette basilique. Quelques-unes, comme celle d'Enchir-Rhiria, ont conservé encore une grande partie de leurs murailles.

VICTOIRE ROMAINE DE CARTHAGE

D'après M. Babelon qui a écrit avec l'autorité que l'on connaît un beau livre sur Carthage, les nécropoles puniques, romaines païennes et romaines chrétiennes dont on a reconnu l'emplacement fixent d'une façon précise le cadre dans lequel il faut rechercher les principaux monuments de chaque grande période de l'histoire de Carthage.

On peut, dit-il, avec l'aide des auteurs anciens et à l'inspection du sol, désigner à peu près l'emplacement de Byrsa, de Megara, d'une partie des murailles, de l'Agora, des ports, des quais, de la digue de Scipion, des temples d'Eschmoûn et d'Apollon. Quant aux temples de Tanit, de Baal, de Jupiter, de Moloch, de Kronos, de Melkart, de Cérès et de Proserpine, quant au palais de Didon, aux maisons

LE CARDINAL LAVIGERIE, PRIMAT D'AFRIQUE

d'Annibal, d'Amilcar, d'Hannon et d'Asdrubal, on ne peut exactement leur assigner une place sur le plan de Carthage.

…… Et qu'importe, d'ailleurs! quelques fondements épars d'édifices ajouteraient-ils à la grandeur des souvenirs, à l'émotion des penseurs, à ceux qui voient l'inanité des plus grandes choses humaines?

Maintenant mes regards ont quitté l'espace, ils sont fixés très près de moi sur la chapelle de Saint-Louis, bâtie sur les ruines du temple d'Esculape au sommet du plateau de Byrsa. L'emplacement de la chapelle fut le premier lambeau de terre que la France posséda en Tunisie, présent du bey Ahmed à Louis-Philippe. On lit au-dessus de la porte d'entrée de la chapelle, l'inscription suivante :

Louis-Philippe Ier, roi des Français
a érigé ce monument
en l'an 1841
sur la place où expira le roi Saint Louis
son aïeul.

Le monument est simple, et sa décoration intérieure, en dehors de quelques stucs et de la statue de saint Louis avec le sceptre et la couronne, est d'un médiocre intérêt.

Le roi serait mort de la peste à cet endroit même à son retour des croisades. Les musulmans vénèrent encore la mémoire du roi franc. Ils confondent saint Louis et Bou Saïd, le père du bonheur, marabout enterré dans le voisinage. Ils sont persuadés que Sidi bou Saïd n'est autre que saint Louis converti à l'islamisme avant de mourir.

Derrière la chapelle est situé le grand séminaire des Pères blancs, le musée et la salle des Croisades. C'est là que je me rends après ma longue rêverie devant la mer et les côtes. Je pénètre dans un jardin et j'erre sous l'ombre mouvante de pins d'Alep au feuillage léger, embaumé par le parfum des géraniums et des roses. Mais ce qui ajoute encore au charme de cet enclos, ce sont les fragments antiques alignés au long des murs. Et c'est un doux langage d'art que parlent sous les feuilles les épitaphes romaines, chrétiennes ou païennes, les têtes puniques, les vœux à Tanit, les frises, les débris de mosaïques, et tous ces fragments de statues ou de colonnes en marbre, en porphyre et en granit tout enguirlandés de fleurs. C'est toujours la vie s'éveillant dans la mort, la joie des choses traversant les deuils anciens comme les deuils nouveaux, l'impassible nature éternellement rajeunie sous le soleil et sous les étoiles. Et toute cette chatoyante féerie de lumière et de couleurs rayonne sur les substructions du temple d'Eschmoûn qui dominait Carthage.

Au fond du jardin, du côté opposé à la mer, est situé le grand séminaire des Pères blancs, aux galeries mauresques à colonnes torses en marbre blanc. Au rez-de-chaussée s'ouvrent les salles du musée Saint-Louis, organisé par le P. Delattre. Elles réunissent les richesses archéologiques recueillies en Tunisie et surtout celles qui proviennent des fouilles faites sous sa direction dans l'emplacement de l'antique Carthage.

Mais le P. Delattre avait été précédé dans les fouilles par M. de Sainte-Marie, M. Beulé et par MM. Salomon Reinach et Babelon, qui, en 1884, avaient découvert 330 stèles puniques à Tanit et à Baal Ammon, une citerne punique dont l'entrée ayant la forme d'une caverne sépulcrale était protégée par d'énormes dalles appuyées en angle aigu l'une contre l'autre. En creusant le sol jusqu'à une profondeur de 15 mètres, ils avaient trouvé, superposés les uns sur les autres, d'abord les murs des habitations de l'époque romaine, puis ceux de la période phénicienne.

Le musée de Byrsa fut fondé par le cardinal Lavigerie. Il offre le plus haut intérêt : la Carthage chrétienne montre ses mosaïques, ses lampes, ses croix, ses épitaphes ; la Carthage punique, ses vases funéraires, ses scarabées, ses colliers, ses poignards et ses masques ; la Carthage romaine, ses bustes, ses amphores, ses monnaies et ses camées.

Je remarque dans la salle principale un bas-relief de la Vierge remontant au IVe siècle, le sacrifice d'Abraham, Jonas, une tête d'Auguste jeune, des vases et des figurines de la Carthage punique, de belles statues romaines. Au hasard, je signale encore des armes carthaginoises, des textes puniques, des lamelles de plomb armées d'inscriptions bizarres, un bas-relief représentant des génies ailés. Et les belles mosaïques décorant les murs ! Longue serait l'énumération des richesses archéologiques du musée, de ces mille objets qui sont des souvenirs palpables de l'art ou de la vie matérielle d'un grand peuple disparu depuis tant de siècles.

Les objets de l'époque punique, poteries, stèles votives, bijoux ou pierres gravées, sont ornés de hiéroglyphes de caractère égyptien. Parmi les nombreuses pièces de la Carthage romaine, j'admirai une statue de trois mètres représentant la Victoire ; elle porte un trophée d'armes. Cette belle sculpture remonte au commencement de la Carthage romaine, c'est le plus bel ornement du musée Saint-Louis. Elle provient d'un édifice considérable qui pouvait être le Capitole romain ou un temple dédié à la Victoire.

Je n'oublierai pas deux statuettes d'Isis allaitant Horus et une belle mosaïque représentant l'hiver trouvée dans la villa de Scorpianus.

En dehors de l'enclos des Pères blancs, la cathédrale primatiale d'Afrique se dresse solitaire sur les ruines désertes. De loin, sa masse lumineuse produit grand effet, mais il est difficile, en l'observant de près, d'admirer sa conception architecturale et surtout la décoration polychrome de la nef exécutée par des indigènes. La basilique Saint-Louis fut consacrée solennellement le 15 mai 1890 par le cardinal Lavigerie, primat d'Afrique.

Si nous avons été saisi au Cap punique par les grands drames du passé, la vue de cette basilique nous ramène à quelques années en arrière et fait revivre la belle figure du cardinal qui a tant fait pour l'Afrique française. On connaît les glorieuses traditions qui le guidèrent dans son œuvre, on sait

BASILIQUE D'ENCHIR-KHIRA

qu'il rêva de ressusciter à Carthage la grandeur des diocèses des premiers siècles, de faire de ce plateau fécondé par le sang des martyrs un centre dont la civilisation et la foi devaient rayonner jusqu'aux profondeurs du continent noir.

Il repose dans la basilique qu'il a fondée. Lorsque son corps apporté d'Alger en grande pompe entre une croix et un drapeau arriva sur la côte tunisienne, les Arabes déposèrent des suppliques sur son cercueil de velours rouge. Beaucoup de ces lettres s'adressaient à l'âme du défunt, lui demandant des faveurs.

C'est que l'illustre archevêque jouissait chez les musulmans d'un extraordinaire prestige.

Ce que l'on ne sait pas assez c'est que sa charité ne connaissait pas les limites étroites d'une race ou d'un culte; il aimait les pauvres et les malheureux, et sa charité s'exerçait aussi bien sur les musulmans et les israélites.

Nommé administrateur apostolique de la Tunisie, sa première tournée l'amena à Sfax, qui venait d'être condamné à payer, sans retard, une amende de dix millions de piastres. A la nouvelle de son arrivée, une foule de musulmans, dirigés par les notables, accourent à lui. La maison du curé de Sfax était trop étroite pour les recevoir; il propose une réunion à l'église. Bientôt on put voir un spectacle d'une grandeur inouïe : l'archevêque revêtu de ses habits pontificaux traversant la nef au milieu des musulmans et gravissant les marches de l'autel. Les notables lui adressent leur requête. L'échéance de la contribution de guerre tombe le surlendemain, il est impossible d'y faire face, on supplie le grand marabout français d'obtenir des délais. Ils se repentent tous, ils seront fidèles à l'avenir. L'archevêque promet alors sa bienveillante intervention, et la foule se retire lentement, pleine de joie et de reconnaissance.

Cependant le crépuscule tombait sur les solitudes où s'éleva la grande Carthage, les premières étoiles s'allumaient au ciel, et quelques lueurs tremblottaient dans l'espace. Je reprenais le chemin de Tunis, je foulais un sentier qui, des pentes de Byrsa, se dirige vers l'emplacement de Megara, ancien faubourg de la cité punique. La lune très pâle montait à l'horizon, et ses rayons vaguement éclairaient la coupole d'un couvent de carmélites qui a remplacé le temple de Junon céleste, l'Astarté, la Tanit des Carthaginois. Et comme au soir de *Salammbô*, où « la lune se levait au ras des flots sur la ville encore couverte de ténèbres », la brise lourde apportait avec des parfums d'aromates les senteurs de la mer et l'exhalaison des vieilles murailles. Je vis l'esclave allumer des parfums, la prêtresse regarder l'étoile polaire, saluer les quatre points du ciel et s'agenouiller sur le sol parmi la poudre d'azur qui était semée d'étoiles d'or, à l'imitation du firmament.

LA CATHÉDRALE DE CARTHAGE.

SUR LA ROUTE DU BARDO

CHAPITRE VI

La Mauresque. Le Bardo. Au Musée Alaoui. La Manouba. Les Habous. La Goulette.
Un jour à Bizerte.

> Retirez-vous, souvenirs de ce monde !
> Le plus puissant n'en a jamais emporté qu'un linceul..
> (Chant arabe.)

Cependant les pluies printanières qui, cette année, se sont prolongées jusqu'au commencement de l'été, viennent de cesser.

Maintenant, sous un ciel flamboyant, des rayons de feu incendient tout le jour la ville haletante, et chaque soir enfin, comme un disque rouge, le soleil tombe à l'horizon.

Et des nuits bénies arrivent, nuits fraîches, constellées, aussi claires que des aubes.

Souvent alors je parcours les ruelles dont l'étrangeté me fut révélée un soir. Quelquefois, suivant jusqu'au bout l'avenue de la Marine, j'arrive sur les bords du lac, rêvant de Carthage si grande autrefois où seul, le vent, en ses longs murmures, évoque aujourd'hui l'âme des ruines. Tunis nocturne vient mêler ses lointaines rumeurs aux soupirs du flot; on dirait les sons frêles de la flûte de roseau, les bourdonnements du tambour de basque, des chants maltais au rythme liturgique et je ne sais plus, dans les vagues harmonies du silence, si c'est le vent qui doucement murmure, une chanson lointaine qui passe, ou si l'écho de choses anciennes depuis longtemps oubliées s'éveille et vient bruire dans mon souvenir.

J'aime errer ainsi par ces nuits pures, heureux de revivre après l'écrasante chaleur du jour. Je déserte l'hôtel qu'emplissent les refrains des cafés concerts voisins à la banalité bruyante. Vers la rue de Constantine on aperçoit, par les fenêtres ouvertes, des femmes hurlant les nouveautés des barrières de Paris. Des Arabes, blancs comme des marbres, drapés à l'antique, regardent un instant, avec une curiosité inquiète, ces Européennes qui s'agitent comme des possédées.

Combien je préfère le recueillement des anciens quartiers!

Là, réfugié au fond d'une ruelle, devant un café maure, j'écoute un musicien s'accompagnant de la *guzla* en écaille de tortue. Des heures et des heures, frôlant les cordes il berce lentement ses rêves. Les accords sont voilés comme un adieu, le chant est aussi vague qu'un souvenir. Et alors ma pensée vagabonde, elle va vers ces femmes qui, à travers des grilles, contemplaient la nuit, immobiles, hantées peut-être par l'idée d'un éternel abandon. On eût dit des divinités inconnues dans une cité de tombeaux.

Et ces femmes apparues aux heures nocturnes résumaient bien pour moi l'image de la musulmane dont la vie s'écoule dans le crépuscule, qui n'a, dans son existence cloîtrée, que des devoirs et des douleurs.

On la dit belle, mais sa beauté est éphémère; presque enfant elle est femme déjà. Par les rues elle passe, impénétrable, fantôme errant sous le soleil.

L'éclair furtif qui, dans l'hiatus du voile, allume tout à coup le diamant obscur de ses yeux m'a toujours fait longuement songer.

Les femmes de condition modeste sortent un peu, les Mauresques riches rarement. Lorsque ces dernières quittent le harem pour aller au bain ou à la campagne, une voiture hermétiquement close attend devant la porte et des serviteurs les abritent des regards indiscrets au moyen de tapis tendus. C'est à peine si l'on entrevoit quelquefois une cheville chargée de lourds bracelets d'argent ou d'or; puis on entend un bruit de pas, un froissement de soies, une portière qui se ferme brusquement et le mystérieux véhicule s'en va...

Les haïks qui les enveloppent comme un blanc suaire cachent, dit-on, de merveilleux corsages aux broderies d'or, des basquines de soie, des bijoux pompeux aux dessins archaïques.

On prétend que la jeune fille est engraissée en un lieu obscur avec du couscoussou, du foie de cheval et de la viande de jeunes chiens. J'ignore si le fait est exact. Je sais que cette créature est unie, encore enfant, à un homme qu'elle ne connaît pas et que son existence s'écoule dans l'épaisseur des murailles en compagnie d'esclaves. Elle voit peu son maître. Vieillie, plus tard, elle sera répudiée, peut-être, ou deviendra la servante d'une jeune épouse qui la remplacera.

Ce sont bien les divinités de l'éternelle douleur que j'entrevis un soir derrière les grilles de demeures aussi sourdes que des tombeaux. Et toujours, avec les mélopées interminables du joueur de guitare en écaille de tortue, revenaient, comme une douloureuse obsession, ces pâles images de recluses.

Je n'étais pas toujours seul ; souvent je passais mes soirées avec M. Sadoux. Nous éprouvions d'ailleurs la même répulsion pour les chants de bas étage venus d'Europe. Comme lui, je préférais entendre les mélodies du vent dans les palmes, le chant du flot sur le rivage, les harmonies qui s'éveillent dans la ville qui s'endort.

Donc mon compagnon avait pris la musique d'Europe en horreur; au moindre accord de piano, de flûte ou de guitare, il fuyait. Je le suivais à regret quelquefois, j'aurais voulu, moins intransigeant, écouter un instant quelque refrain dont le prélude me charmait ou évoquait en moi un souvenir lointain. Lorsque le cher ami m'eut fait ses confidences, lorsqu'il m'eut expliqué par quelle série de circonstances il en était arrivé à ne pouvoir supporter la musique banale et surtout le piano, je le plaignis sincèrement.

C'était tout de même amusant de l'entendre ! car il mêlait, en exquis conteur qu'il est, une pointe d'ironie à ses fâcheuses aventures et des soirées entières je l'aurais écouté sans me lasser.

Il m'offrit un jour de m'accompagner au Bardo que je n'avais pas eu encore le loisir de visiter. Je fus enchanté de sa proposition.

« Il fera un peu chaud à l'aller, me dit-il, mais nous mettrons nos casques, nous aurons une calèche munie d'une tente et nous attendrons au soir pour revenir. »

Nous partons au gros de la chaleur, à travers des rues solitaires que le soleil brûle et nous sortons de Tunis par Bab Saadoun. Nous voici sur une route poudreuse d'une aveuglante blancheur qui file droit, s'amincit et se fond au loin dans un flamboiement de lumière. Les passants sont rares, seuls quelques âniers vont, indolents, enveloppés dans leurs burnous.

Puis un aqueduc découpe ses hautes arches sur le ciel. Ce n'est point la beauté même du monument qui sollicite l'attention, mais on ne saurait voir dans le paysage rien de plus décoratif que cette succession d'arceaux et de piliers fauves à la régularité classique. Ainsi j'imagine la campagne de Rome où revivent tant de grands et vieux souvenirs.

Tout d'abord je crus voir l'aqueduc romain, conduisant les eaux à Carthage. Erreur, du reste partagée par tous jusqu'au jour où furent découvertes au djebel Ahmar les sources que cet aqueduc, construit par les Espagnols, conduisait à Tunis. Le service des antiquités et des arts estima le monument digne d'être conservé au seul point de vue décoratif et arrêta les démolisseurs qui s'en étaient déjà emparés.

En effet, les hautes arches, sur la gauche, sont mutilées, des blocs gisent épars sur la pente d'une colline.

Nous arrivons au Bardo. Je rêvais d'un palais superbe orné d'une profusion de stucs et de faïences, avec des carrosses d'or dans les cours, des cavaliers aux costumes éclatants sous la haute ogive des portes. Je croyais entendre déjà les musiques languissantes, accompagnant les danses des almées dans le mystère du harem. Mais devant moi s'étendait un chaos de ruines aux murailles branlantes, percées de trous béants. Et partout, des ouvriers armés du pic et de la pioche s'acharnaient! De ces décombres une poussière blanche montait qui pâlissait le ciel. A travers la poussière, sur des murailles à demi écroulées, des fragments de stucs burinaient leurs fines dentelles, des grilles délicates en fer forgé pendaient toutes bossuées, lamentables, des débris de faïences vernissées couvraient le sol. Les restes du Bardo étaient chargés sur des wagonnets et transportés, comme remblai, sur les quais de Tunis. Je n'en pouvais croire mes yeux... mon compagnon détournait la tête.

Je devinais bien ce qu'il pensait.

Certainement à certains égards la réputation du Bardo a été surfaite, certainement les salles aux pendules sans nombre, d'un style déplorable, ont prêté au sourire, et le fameux escalier des lions lui-même en dehors de ses arabesques pourrait être d'un goût plus pur. Il était utile, j'en conviens, de déblayer un peu les alentours du palais, de démolir des bâtiments abandonnés qui menaçaient ruine. Mais il convenait surtout de recueillir avec soin les merveilles de l'art arabe et d'en assurer la conservation.

Tandis que l'œuvre de vandalisme s'accomplit, ne respectant ni ces trésors inestimables ni les souvenirs, une autre œuvre pieusement recueille ce qui reste en Tunisie de la glorieuse antiquité. Et c'est au milieu des ruines mêmes du Bardo que se dresse comme en un sanctuaire, un autel aux arts évanouis. Je veux parler du musée Alaoui créé par la mission archéologique française dirigée par M. Xavier Charmes, membre de l'Institut, directeur du secrétariat au ministère de l'instruction publique.

Le premier fonds d'installation du musée Alaoui se compose des antiquités réunies au contrôle civil du kef par M. Roy, aujourd'hui Secrétaire général du Gouvernement, à la résidence générale de Tunis par M. Cagnat, par le directeur de la Compagnie du chemin de fer de Bône-Guelma et à la Manouba par Kheredine.

Il fut solennellement inauguré en 1888 en présence de S. A. Ali Bey et le résident général et s'accrut rapidement, alimenté par les recherches faites sur tous les points du territoire, à Tabarka, à Bulla-Regia, à Carthage, à Aïn-Tounga, à Zaghouan, à Sousse et à Gafsa.

La suppression à partir de 1871 de toute subvention régulière du ministère de l'Instruction publique a réduit le service beylical des antiquités et des arts à des ressources insuffisantes au moment même où ses frais s'accroissaient des dépenses que nécessitent le classement des monuments historiques et la formation des collections photographiques d'archéologie et d'art arabe qu'il a entrepris. Ces dernières collections comprennent plus de 3000 clichés; leur nombre s'accroît de jour en jour.

Le musée du Bardo a reçu, dans ces dernières années, les pièces les plus remarquables et les plus précieuses que renferment ses collections ; les séries de sculptures, de mosaïques, d'antiquités punico-romaines ont doublé d'importance et se sont enrichies du produit des fouilles entreprises par le service à Kourba, Dougga, Oudna, Aïn-Barchouck, et par divers à Hadjeb-el-Aïoun, Lemta et Bizerte.

Le Gouvernement tunisien, sur la proposition du résident général, dresse l'inventaire des trésors archéologiques et artistiques de la régence. On prépare la publication d'un grand ouvrage d'ensemble avec planches, plans et dessins où seront décrits tous les monuments historiques de la Tunisie depuis l'antiquité la plus reculée jusqu'à nos jours.

Je ne pouvais avoir au Bardo de meilleur guide que M. Sadoux. Il m'expliquait que les plans du palais avaient été dressés par des architectes tunisiens et que la décoration intérieure avait été exécutée par des artistes indigènes sous la direction du bey Mohammed lui-même qui avait commencé l'œuvre il y a une quarantaine d'années, œuvre achevée par son successeur le bey Mohammed-es-Sadok.

Il me montrait l'immense salle des fêtes et son plafond en bois découpé, chef-d'œuvre éblouissant, unique dans l'Afrique française.

C'est une coupole à seize pans, avec une queue de voûte en stalactite au centre, couverte d'un réseau polygonal de nervures en relief, délicat lacis d'or qui le divise en caissons étoilés, colorés d'un glacis transparent aux vives couleurs sur fond d'or.

Mon aimable guide, après m'avoir ébloui de tout l'éclat d'un art prestigieux, m'entraîne vers des fragments devant lesquels l'esprit se recueille. Tout un passé lointain, mystérieux et grand s'éveille devant des cippes funéraires de Bulla-Regia, une cuve baptismale cruciforme de l'ancienne Meninx dans l'île de Djerba, une épitaphe du prêtre chrétien Jobianus provenant de la basilique de Maktar, des mosaïques absidiales à figures symboliques.

Dans le patio il m'arrête devant le plus beau spécimen connu de l'art mosaïste de l'Afrique romaine.

Cette mosaïque représente Dionysos, entouré de vingt-huit amours, faisant don de la vigne au roi Ikarios.

Il appelle mon attention sur des panneaux d'inscriptions chrétiennes dont l'un décrit le monument de trois saintes : Maxima, Donatilla et Secunda. Et ce sont partout des souvenirs sacrés mêlés aux souvenirs profanes, des stèles découvertes dans le sanctuaire de Saturne Balcaranensis, au sommet du Bou Kornaïn, des stèles d'Aïn Tunga, l'image de Tanit, le soleil radié, les colombes, les poissons, la corne d'abondance, le caducée, les palmes et les pavots ; que sais-je encore tout ce qui sollicitait nos regards !

La salle des fêtes renferme un grand nombre de mosaïques. L'une d'elles, découverte à Hadrumète, nous montre Neptune sur un char attelé de chevaux

ORNEMENTATIONS EN STUC AU BARDO

L'ESCALIER DES LIONS AU BARDO

marins, escorté de sirènes, de tritons et de néréides, d'autres représentent un bateau déchargeant des marchandises sur le rivage, un molosse assaillant un sanglier.

Les mosaïques provenant de Tabarka nous révèlent toute une exploitation agricole vers le iv° siècle; c'est l'habitation du maître avec la pièce d'eau où s'ébattent des canards; on voit le parc qui l'entoure, puis la ferme avec un vignoble planté d'oliviers, les écuries et les étables, un troupeau de moutons gardé par une fileuse.

Dans cette salle sont exposées aussi des mosaïques de l'époque chrétienne qui recouvraient des tombeaux. La plus curieuse est celle d'un Christ nimbé avec deux personnages en prière. Les autres font passer sous nos yeux toute la société chrétienne d'Afrique aux iv° et v° siècles. Il y a là des portraits de défunts en prière, debout entre deux cierges, tels qu'on les vend aujourd'hui encore à Tunis au souk des parfums (1).

Et de toutes parts je vois des inscriptions, des dalles funéraires. Ce sont ensuite des statues colossales d'un empereur et d'une impératrice, des hommes en costume barbare, des femmes drapées, une tête de Minerve casquée, un bas-relief punique. C'est enfin une importante collection de lampes païennes et de lampes chrétiennes, de poteries puniques et néo-puniques, d'urnes funéraires, de jarres, d'ossuaires en plomb, de figurines en terre cuite provenant de la nécropole de Sousse, l'antique Hadrumète.

La salle des femmes est réservée à la sculpture. J'y remarque un torse de satyre, un amour sur un dauphin, une bacchante, une Vénus, une prêtresse de Cœlestis, des empereurs romains, les portraits d'une femme, d'un vieillard, et dans une chambre voisine une remarquable collection de photographies des monuments antiques de la Tunisie.

La salle à manger est occupée par de fort belles mosaïques provenant des fouilles dirigées ou exécutées par le service beylical des antiquités.

Au milieu de la salle s'étale une merveilleuse pièce d'orfèvrerie alexandrine en argent massif, incrustée plaquée et damasquinée d'or. C'est la Patère de Bizerte. Elle porte en relief la lutte d'Apollon et de Marsyas, un sacrifice à Dyonisos et une scène bachique. Cette salle est vraiment privilégiée, car elle renferme entre autres raretés un buste d'homme en marbre, le meilleur morceau de sculpture du musée Alaoui et le trésor de Bordj-Djedid. Ce trésor, découvert à Carthage, consiste en un diadème d'or massif orné de cabochons en émeraude, rubis et cristal de roche et en deux bracelets à chatons.

1) Gauckler, guide du visiteur au musée du Bardo.

Mais on n'en finirait pas s'il fallait dire tout ce que ce musée recèle de choses intéressantes ou belles dont la collection est due en grande partie aux recherches de M. Gauckler, directeur du service des antiquités et des arts, et à mon modeste ami M. Sadoux, inspecteur de ce service.

En quittant le musée Alaoui j'emportais comme une vision nébuleuse d'époques à jamais évanouies. Quelques détails seuls se précisaient dans mon souvenir. Ainsi un rayon de soleil filtrant à travers les nuées met en saillie quelques coins du paysage tandis que l'ensemble demeure voilé.

A la porte M. Sadoux m'arrêta : « J'ai autre chose encore à vous montrer, » fit-il, en m'entraînant vers une muraille percée d'une ouverture béante récemment faite à l'aide de la pioche.

« Encore l'œuvre de destruction, lui dis-je, sortant malgré moi de la réserve que je m'étais imposée vis-à-vis de lui ! » Il sourit, et me faisant signe de le suivre il s'engagea en se courbant dans le mur éventré.

Nous voici dans une salle un peu sombre, mais lorsque mes yeux furent faits à cette lumière crépusculaire, je vis les murs scintiller autour de moi du reflet des faïences rares dont ils sont revêtus, des arceaux d'une extrême élégance se courber au-dessus de ma tête. Et quelle harmonie dans les proportions, quelle délicatesse dans les détails ! Plus loin, nous débouchions dans un patio entouré d'une colonnade en marbre d'une belle ordonnance.

« Quel est donc ce palais abandonné ? » Mon guide souriait toujours : « Nous avons découvert cette merveille fortuitement, dit-il, on allait le démolir, transporter ses débris sur les quais de Tunis, comme le reste, mais le service des antiquités s'y est opposé. Il a obtenu gain de cause malgré de sérieuses résistances. Le palais sera donc conservé et deviendra une dépendance du musée. »

Nous passerons rapidement sur les salles du Bardo où le bey vient rarement, elles n'ont rien à nous révéler, si ce n'est une superbe tapisserie des Gobelins représentant Louis-Philippe. C'est dans la salle de justice que le bey reçoit le condamné à mort avant l'exécution qui a lieu sur une place tout auprès du palais.

. . . .

Au dehors, toujours le pic et la pioche s'acharnaient et la poussière comme une grande nuée voilait le soleil à son déclin.

Nous rentrâmes à Tunis sans qu'il fût question entre nous des actes de vandalisme perpétrés au Bardo. Par une discrétion que commandait la situation officielle de mon ami je devais, en sa présence, éviter tout commentaire.

. . . .

Mahmoud m'a dit ce soir : « Si tu veux je t'amènerai demain à la Manoubia.

dans ma maison de campagne. Je serai content de te sentir un peu dans ma maison avant que tu ne nous quittes pour toujours peut-être. Sait-on jamais si on se reverra ! »

Blottie sous les arceaux d'une rue étroite, avec sa porte haute, massive, décorée d'une profusion de clous en fer forgé, la demeure a grand aspect.

Je heurtais timidement le lendemain chez Mahmoud et une négresse vint m'ouvrir. « Entre, dit-elle, le maître va venir. » Et du doigt elle me désigna dans le vestibule un banc sur lequel elle m'invitait à m'asseoir.

L'attente me paraît un peu longue dans ces murailles blanchies, aux clartés crépusculaires. Quelques faïences polychromes décorent les murs. Leurs hiéroglyphes sont mystérieux comme la vie

PANNEAU DÉCORATIF EN FAÏENCES MAURESQUES

musulmane. Au-dessus des linteaux, dans les arcatures, s'enchevêtrent des dessins formés de lettres arabes à la forme ornementale. Les portes sont peintes d'un ton vert d'eau avec des ornements lilas, et cette demeure où j'ai pénétré est pleine de silence et de recueillement. Seules, par instant, quelques voix de femmes arrivent du patio.

Mahmoud vient enfin, il s'excuse, j'étais en avance. Nous prenons place dans une calèche et nous partons pour la Manoubia à travers un quartier très animé, que domine une mosquée aux formes élégantes, entourée de boutiques. Il m'était inconnu. Nous voici dans la campagne.

La Manoubia est toute voisine de Tunis. Sa vieille forteresse dont il ne reste que des ruines informes et sa Zaouïa, entourée de blanches maisons, couronnent une haute colline entre le lac Sedjoumi et la ville. La montée est rapide. La voiture n'a pu gravir jusqu'au bout la pente escarpée de la colline. On la quitte et on arrive à pied jusqu'à la maison de Mahmoud.

Le coup d'œil dont on jouit de là-haut est vraiment superbe. On plonge dans l'immense dépression où dort le Sedjoumi, par delà s'étale la plaine du Sahel au fond de laquelle le Zaghouan et la montagne de plomb se lèvent sur l'horizon. En se retournant vers la mer c'est la ville qu'on domine avec ses terrasses et ses minarets, le lac, Carthage, la mer et le cap Bon.

Nous nous sommes assis devant la porte de la maison, sur un banc de pierre recouvert de tapis et une négresse nous apporte du café. Je ne puis détacher mes yeux du merveilleux panorama qui se déroule à l'infini.

Près de nous c'est une fête, le tam-tam assourdissant résonne, on entend les « you you » joyeux des femmes, et une foule se presse devant une porte à laquelle on accède par un haut escalier de pierre.

« Tu entends, disait Mahmoud, la Zaouïa de la Manoubia est en fête. C'était une sainte Lalla Manoubia. Les femmes de Tunis chaque semaine viennent ici en pèlerinage; c'est aujourd'hui le jour. Écoute les cris de joie, vois ces drapeaux, surmontés du croissant de l'Islam sur les hautes murailles et devant cette porte cet homme tout vêtu de vert : c'est un marabout. »

Combien la scène était charmante. Le vent soufflait, le soleil brillait et sur les marches les femmes vêtues de rose, de bleu et de blanc allaient et venaient toujours comme des fleurs effeuillées et le vent faisait flotter en larges plis leurs haïks éclatants.

« Vois-tu, continuait Mahmoud, notre maison est à nous sans nous appartenir tout à fait, elle est *habous*. Toutes celles qui entourent la Zaouïa sont habous aussi et elles sont même en communication avec le patio du sanctuaire. Toi tu n'y peux venir. D'ailleurs à quoi bon ? C'est simple, vois-tu, on y chante et on y prie. »

Je voulus me renseigner au sujet de ces biens habous dont il est question à tout propos en Tunisie, grande entrave, dit-on, à certaines transactions. Voici ce que m'en apprit mon hôte tandis que je contemplais toujours l'espace :

« Un verset du Koran porte :

« Faites le bien, car Dieu aime ceux qui font le bien.

« Un autre dit :

« Des choses qui restent, les bonnes œuvres, valent mieux auprès de ton Seigneur pour procurer une récompense et une bonne fin. »

« Le savant El Bokhari raconte que Omar-Ben-Elkhettab était devenu propriétaire d'un terrain à Khaïber. Il vint un jour trouver le Prophète (que Dieu répande sur lui ses bénédictions et lui accorde le salut !) pour lui demander conseil au sujet de ce terrain. « Envoyé du Seigneur, lui dit-il, je possède un terrain à « Khaïber et je n'ai pas de propriété qui me soit plus chère. Que faut-il que j'en fasse ?

« Si vous le voulez, répondit Mahomet, vous pourrez en immobiliser le fonds et en dépenser les revenus en bonnes œuvres. »

« Omar suivit ce conseil. Il déclara que cette terre ne pourrait faire l'objet, à l'avenir, ni d'une vente ni d'une donation ; qu'elle ne pourrait pas être transmise en héritage et que ses revenus seraient employés à secourir les pauvres, les voyageurs et les hôtes.

« Voilà l'origine de l'institution des Habous, continua Mahmoud, de cette faculté de se déposséder de ses biens en faveur d'une œuvre religieuse, d'un puits ou d'une fontaine, d'un mausolée ou d'un cimetière, d'un hôpital, etc., etc.

« Non seulement on peut se déposséder ainsi, mais désigner des usufruitiers successifs avant que la propriété ainsi constituée ne revienne à l'œuvre bénéficiaire.

« Et ce ne sont pas seulement les immeubles qu'on peut constituer, mais des meubles, des livres, des animaux et des esclaves, tout enfin.

« Vois-tu, en consacrant ses biens à une œuvre de bienfaisance on est agréable à Dieu, on empêche ses descendants de tomber dans la misère puisqu'ils peuvent conserver l'usufruit et on s'affranchit de la loi successorale établie par le Koran.

« Ainsi la maison où nous sommes m'appartient, mais je n'en puis disposer, elle reviendra un jour à la Zaouïa de la Manoubia ainsi que toutes celles qui entourent le sanctuaire.

Mahmoud me fit savoir que les immeubles habous pouvaient faire l'objet d'un échange, il me dit bien d'autres choses encore, mais leur explication nous entraînerait trop loin.

Je ne pouvais quitter Tunis sans revoir la Goulette. Naguère j'y passai quelques heures et je me souviens de l'impression charmante que me fit cette petite ville italienne et arabe à la fois. Sur la place, devant une fontaine entourée de cafés, des officiers tunisiens, des Arabes drapés dans leurs burnous, fumaient silencieusement leurs chibouques. Je revois encore les peupliers argentés, dont les feuilles palpitent au vent de mer projetant des ombres mouvantes et très bleues sur le sol éblouissant. Dans un canal qui remonte, dit-on, aux Phéniciens, dorment des balancelles, des mahonnes ornées d'images saintes naïvement coloriées. Il en est qui ont quitté le bord, on dirait qu'elles s'envolent frôlant les eaux de leurs blanches voiles, s'inclinant gracieuses sous la brise, glissant dans l'azur avec de doux battements d'ailes.

La rencontre de quelques forçats enchaînés me ramena brutalement à la vie réelle, je quittai les songes bleus et les visions d'or et un nuage voila un instant pour moi la terre lumineuse.

La Goulette fut autrefois le port et l'arsenal principal de la Tunisie. C'est l'*oppidum Ligula* des Romains, la *Galabras* des Byzantins.

L'histoire ne fait guère mention de cette ville bâtie avec des matériaux provenant de Carthage.

A l'entrée du canal est une forteresse assiégée et prise par Charles-Quint en 1535 malgré l'énergique résistance de Barberousse, ancien pacha d'Alger. Elle fut reprise en 1584 par Sinan-Pacha qui passa la garnison espagnole au fil de l'épée.

Je remarquai près de la forteresse un canon de fabrique vénitienne dont l'énorme culasse représente la tête de saint Pierre ciselée avec art. Une partie de la forteresse est affectée au logement des galériens. C'est là que saint Vincent de Paul exerça sa charité parmi les esclaves dont les pirates arabes s'étaient emparés.

Depuis que Tunis est devenu le point d'attache des paquebots qui relient la Tunisie à la France et à l'Europe, la Goulette a beaucoup perdu de son importance. C'est aujourd'hui une sorte de station balnéaire où les familles indigènes, fuyant les chaleurs estivales, vont chercher un peu de fraîcheur.

J'étais à Tunis lorsque les cuirassés le *Brennus* et le *Redoutable* franchissant la passe, impraticable jusqu'alors à des navires de fort tirant d'eau, ont mouillé dans le port de Bizerte.

On se souvient de l'émotion que cet événement souleva dans certains cercles politiques.

Bizerte, dont on paraît seulement découvrir l'importance, joua un rôle dans l'histoire africaine depuis sa fondation par les habitants de Tyr sous le nom d'Hippo-Zarytus, jusqu'à notre occupation. Diodore de Sicile la désigne sous le nom d'*Hippone Akra*. Le magnifique lac *Sisara Lacu* était renommé dans l'antiquité. Agathocle agrandit et fortifia la ville. Bizerte fut surtout en évidence pendant les guerres puniques et l'avenir le mettra en lumière encore. Occupé par les Arabes au viie siècle, il resta en leur pouvoir malgré toutes les tentatives qui furent faites et notamment celles du redoutable amiral vénitien Emo.

La région qui entoure Bizerte a été le théâtre de sanglantes luttes dans l'antiquité entre les Carthaginois et les Romains. C'est sur les bords du Bagradas des Romains, le Macar de Polybe, la Medjerdah actuelle que, d'après les historiens, l'armée de Régulus se trouva aux prises avec un serpent monstrueux.

Non loin de la Medjerdah est le misérable hameau de Bou-Chateur qui survit seul à Utique, la célèbre cité, sœur aînée de Carthage. Fondée douze siècles avant Jésus-Christ, elle dépassait la ville punique en magnificence et en étendue.

Utique se divisait en deux quartiers dont l'un occupait une série de collines que séparaient des ravins. On y retrouve encore des restes d'aqueducs, de citernes et d'un amphithéâtre. De l'Acropole, il n'est plus que des vestiges.

Le golfe dans lequel Scipion l'Africain vint abriter sa flotte avant de prendre ses quartiers d'hiver, est maintenant la plaine. Le déplacement du lit de la Medjerdah a modifié depuis longtemps la configuration du sol. Les canaux et les ports d'Utique sont enfouis dans le sol.

La vieille Bizerte aux canaux endormis reflétant comme un miroir la blancheur des maisons mauresques, les feuilles vertes des figuiers, les antennes, les vergues, les cordages et les voiles d'une flottille de barques aux formes originales, les vieux ponts, les lourds créneaux et les murailles de la kasbah, n'existe plus... Un des canaux, le plus charmant, est comblé.

La ville y gagne en salubrité, dit-on, mais son caractère et sa grâce ont presque disparu.

Cependant il est intéressant encore de s'égarer dans le labyrinthe des étroites ruelles de *Medeina*, petite ville enserrée dans la ville proprement dite, de contempler le beau minaret de la grande mosquée, de suivre les quais tronqués où se presse une foule bariolée.

J'ai traversé la ville et j'ai gravi le sommet où se dresse le fort d'Espagne. De ce point le panorama qui se déroule est superbe. C'est devant soi la mer immense, la ville toute blanche étalée sur le rivage avec sa ceinture de dunes d'or. Vers la droite, on distingue la ville nouvelle qui dessine ses rues et par delà, entre des collines, miroite le grand lac.

A mes pieds, sur le rivage, séparé de la ville, est un pittoresque amas de blanches terrasses. C'est le *Houmt Andless*, le quartier des Andalous, où se réfugièrent autrefois des Maures chassés d'Espagne. Leurs descendants vivent là, comme autrefois leurs ancêtres, isolés de leurs congénères.

M. Advier, directeur des travaux du port, auquel j'étais chaudement recommandé par un ami, fit chauffer une chaloupe à vapeur et, guidé par M. Couvreux, ingénieur, je passai quelques heures dans les eaux du lac où je visitai d'intéressantes pêcheries.

Cette promenade me suggéra de cruelles réflexions car il me fut aisé de voir dans quel état d'abandon on laisse un tel port, le plus vaste de la Méditerranée, dans lequel toutes les escadres européennes pourraient se réunir et qui est appelé sans doute à jouer un rôle considérable.

Par leur entrée même nos cuirassés en ont pris possession. Mais cela ne suffit pas, ce n'est qu'une promesse pour nous, une démonstration pour les autres. Il manque ici un arsenal formidable. Bizerte couvre Marseille, Toulon et Alger. La France, a dit avec raison Lucien Millevoye, est, à Bizerte, comme l'Angleterre est à Malte libre de pourvoir aux mesures que nécessite son salut. Il serait coupable de l'oublier.

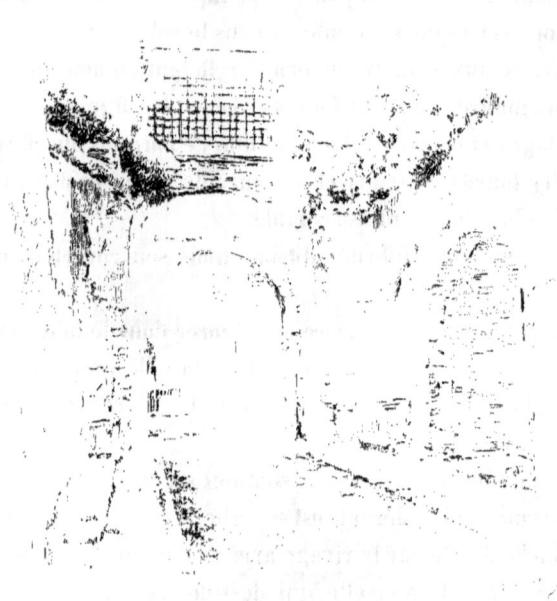

PORTE RUINÉE AU BARDO

ENTRÉE DES SOUKS A NEBEUL.

CHAPITRE VII

Hammam-Lif. — Nebeul. — Les potiers. — Beni-Khiar. — Un soir sur la plage. — Hammamet, la cité des colombes.

> La terre est vaste; adieu.
> *Chant arabe.*

Lorsqu'on suit la route de Tunis à Nebeul, les yeux se reposent sur une nature apaisée. Les lignes du paysage sont molles; c'est une succession de plans larges et simples avec des échappées sur le lac El-Baheira ensommeillé, sur le cap Carthage lointain, sur Sidi-Bou-Saïd palpitant dans l'azur du ciel comme un vol de blanches ailes.

On frôle bientôt une agglomération de demeures que dominent la Zaouïa et la Koubba d'un marabout vénéré : Sidi-Fetalhalla. Le saint, renommé de son vivant, passe encore pour un grand faiseur de miracles. Près de la Koubba est un rocher en pente sur lequel les femmes stériles, qui s'y rendent en pèlerinage, se laissent glisser. La toute-puissance du marabout et le pieux exercice aidant, le vœu qu'elles forment sera peut-être exaucé.

Nous traversons l'Oued Miliane, le *Catada* de Ptolémée, qui flue dans le golfe de Tunis près du pittoresque village arabe de Radès. C'est ici un des théâtres de la lutte séculaire de Carthage et de Rome. Régulus a débarqué au cap Bon, il marche sur la cité punique. Les Carthaginois commandés par le suffète Hannon vont à sa rencontre et livrent une bataille qui se termine par leur défaite.

Après Radès se montrent des étendues couvertes de bois d'oliviers et d'orangers, des solitudes où croissent le myrte, l'arbousier et le lentisque. Un éperon rocheux tailladé d'une fente profonde s'avance tout à coup dans la plaine. C'est là, suivant une légende, que Ali, lieutenant de Mahomet, acculé par une armée chrétienne, s'ouvrit un passage d'un grand coup de son cimeterre. Nous sommes au pied du *djebel bou-Kornéin*, près de la mer, à la station balnéo-thermale d'Hammam-Lif, dont les eaux sont très estimées.

Les deux sources qui jaillissent des flancs de la montagne furent en grand honneur chez les Romains et des ruines éparses dans les environs attestent l'importance des constructions d'autrefois. Lorsqu'une des piscines du palais Khérédine, qui s'élève sur l'emplacement des thermes romains, fut aménagée, on découvrit une large pierre qu'on suppose avoir décoré le fronton du monument. Elle porte l'inscription suivante :

AESCULAPIO
F. IVLIVS PERSEVS COND. III. P. C.

Sur les pentes du mont qui l'abrite des vents du sud, les palais, les blanches demeures d'Hammam-Lif, émergeant de la verdure, forment les plus gracieux tableaux. Vers la plage c'est une toute petite ville naissante, dominée déjà par un casino !

Des plantations d'arbres commencent à velouter d'un fin duvet les pentes du Bou-Kornéin.

Après Hammam-Lif le paysage reprend ses grandes lignes ; à travers les vignobles, çà et là, blanchissent des fermes. A gauche c'est toujours le rivage et la mer très bleue. A perte de vue, étalés sous le ciel, quels champs de fleurs sans fin : coquelicots, marguerites jaunes et je ne sais quelle autre fleur encore à la corolle délicate couleur de lin ! Vraiment les tapissiers de Kairouan ont dû s'inspirer des colorations si harmonieuses et si vives à la fois de ces prairies.

MARCHAND DE POTERIES A NEFTA.

Sur la gauche, dans les fonds vaporeux du ciel, courent les collines de la presqu'île du cap Bon et, près de nous, des ruines romaines de couleur ardente couronnent un monticule. De toutes parts c'est maintenant une nature désolée, des terrains pierreux où, à travers les asphodèles, vaguent tristement quelques pâtres solitaires. L'asphodèle aime les terres maigres, ses fleurs étoilent les ruines. Ainsi la nature fleurit sur les débris des œuvres humaines si fragiles, elle s'exhale en sourires de fleurs des tombeaux entr'ouverts, elle nous parle avec les lèvres des roses et c'est poignant et doux à la fois de songer à ces floraisons éternelles de la mort.

Un jeune architecte, Resplandy et notre ami Sadoux, m'accompagnaient dans cette excursion et combien le plaisir du voyage s'augmentait pour moi de cette société intelligente et amicale !

En considérant ce désert, disait M. Sadoux, il semblerait qu'il fut toujours frappé de stérilité. Lorsque le hasard de mes études me fit fouler ce sol pour la première fois je me demandai à quel but avaient répondu des constructions d'une telle importance éloignées de tout cours d'eau. La première condition d'établissement ici est en effet de s'assurer l'eau, elle est la vie et la fécondité, et je n'en voyais aucune trace. Cependant un examen attentif me fit découvrir, au-dessus des ruines, dans les ronces et les pierres, les restes d'un nymphœum. Je découvris aussi des canaux qui, par trois grandes bouches, avaient dû amener une masse d'eau dans un réservoir auquel ils aboutissaient. Poursuivant mes investigations je gravis les hauteurs voisines où se dessinait vaguement, à travers la broussaille, tout un système de captation et d'aménagement. C'était un réseau de murailles basses qui, profitant des pentes, dirigeaient les eaux pluviales vers les citernes qui alimentaient la ville. A ces eaux, dont le débit devait être considérable à certaines saisons, venait s'ajouter celui des sources captées dans le flanc des collines.

Depuis ces temps lointains lentement les sables ont recouvert les ruines de la ville, les Arabes ont détruit les forêts environnantes, un silence de mort est tombé sur ces solitudes que peuplaient le chant des oiseaux sous des bosquets verts et le murmure des sources. L'Arabe a brûlé les forêts pour faire des pâturages en même temps que pour éviter l'impôt. Il payait d'énormes redevances pour les forêts et le terrain vague lui suffisait !

Nous avions quitté le bord de la mer depuis assez longtemps lorsqu'elle nous apparut tout à coup, à travers les bois d'oliviers, en immense ceinture d'azur.

Le golfe d'Hammamet était devant nous, entouré de forêts d'oliviers dont le feuillage d'argent scintillait dans la lumière. La côte lointaine fuyait très douce vers l'horizon et, dans cette symphonie lumineuse à la gamme atténuée, la couleur seule de la mer s'affirmait en son azur aux reflets chatoyants.

Le peintre nous quitte à Hammamet et nous poursuivons notre route jusqu'à Nebeul.

Les poètes arabes ont chanté Nebeul et ses jardins fleuris, ils ont célébré son air pur, ses oueds aux lits tout empourprés de lauriers-roses. Et vraiment aussi l'aspect de la petite ville, assise dans un océan de verdure, est gracieux avec sa ceinture de blanches murailles d'où s'élèvent d'élégants minarets, où se balancent les hauts panaches des palmiers.

La ville a été bâtie avec des matériaux empruntés à l'antique Neapolis dont les ruines gisent dans le voisinage. Elle s'étend sur une plaine voisine de la mer, dans une sorte de cirque formé par une enceinte de collines basses. La population de Nebeul se compose, pour un bon tiers d'israelites, de cinq à six mille indigènes et de deux cents Européens français, italiens et maltais.

C'est un charme de suivre les rues baignées de lumière, bordées de demeures basses dont les proportions déconcertent la perspective. Tout est grand d'aspect à première vue, mais dès qu'une figure apparaît, donnant l'échelle exacte, les maisons subitement se rapetissent et deviennent minuscules.

Resplandy était un guide précieux. Il appelait mon attention sur des détails de la vieille architecture arabe, linteaux de portes finement ouvragés, motifs d'un art exquis dans leur simplicité même, bandeaux de faïence d'un dessin délicat et d'une grande richesse de coloration.

Nebeul est renommé non seulement dans toute la régence mais sur toute la côte d'Afrique pour ses poteries vernissées. De loin, à travers ses éblouissantes murailles, on voit s'échapper et monter vers le ciel les sombres volutes de fumée d'une cinquantaine de fours qui entourent la ville d'un cercle de feu.

Les potiers sont d'une habileté extrême et je me plaisais à voir les paquets d'argile se transformer rapidement sous leurs doigts en amphores, en coupes, et en vases antiques aux courbures élégantes.

Cependant la tradition tend à s'égarer, ces potiers s'adonnent depuis quelque temps à des recherches étroites, à des formes tourmentées, à des ornementations sans logique. Il serait utile de les ramener aux pures traditions de l'antiquité. C'est une intéressante industrie artistique en décadence qu'il serait fâcheux de ne pas remettre dans la voie et de voir disparaître.

A en croire les potiers de Nebeul leur industrie remonterait aux origines du monde. Sans accepter comme article de foi une telle légende, je ne partagerai point non plus l'avis de M. Debon, directeur de l'école franco-arabe de cette ville, qui assigne trois ou quatre cents ans seulement à l'établissement des premiers potiers à Nebeul. Les dessins mêmes des poteries révèlent leur origine antique, car les indigènes reproduisent encore des formes ayant la plus grande analogie avec celles datant des époques primitives. A Djerba on fait de nos jours d'immenses *pithoi* comparables à ceux trouvés à Troie ; à Sousse, à Nebeul, des vases divers, des gargoulettes, des récipients en formes soit de gourdes, soit d'oiseaux, identiques à ceux qui proviennent des fouilles en pays Égéens. Les marchands d'huile se servent toujours de grands vases en forme de coupes, aux pieds coniques, du même type. Enfin les motifs d'ornementation généralement géométriques sont restés les mêmes ; des animaux dessinés sur ces vases, oiseaux, lions, poissons, ressemblent à s'y méprendre aux figurations archaïques de la Grèce et de l'Asie-Mineure, notamment de la Carie.

Il se peut que cette industrie ait été d'abord exercée à Djerba et ce qui tendrait à le prouver c'est le nom de *zereba*, c'est-à-dire djerbiens donné aux fabricants de poteries de Nebeul même.

M. Debon, que j'avais eu le plaisir de rencontrer et auquel l'industrie des potiers de Nebeul est familière, me renseignait sur les nombreuses carrières d'argile qui se trouvent au nord de la ville. La plus importante, celle de R'ar ekfel, est perdue en un bois d'oliviers chétifs. Des sentiers tortueux y donnent accès.

« L'exploitation de ces carrières, disait M. Debon, s'arrête d'habitude à la saison des pluies. Des effondrements se produisent alors fréquemment dans les galeries car le fatalisme des indigènes ne leur fait prendre aucune précaution pour les prévenir. Il n'existe d'ailleurs ici ni syndicats ni sociétés de prévoyance d'aucune sorte.

« Vous avez vu défiler par la ville de longues caravanes d'âniers arrivant des carrières, les montures étaient chargées d'argile ou revenaient à vide, et ce spectacle original vous a captivé. Mais combien il serait intéressant pour vous, au point de vue humain, de voir de près le carrier dans son labeur. A l'aide du pic, au fond d'une galerie, il arrache sans trêve ni repos, des quantités d'argile. De père en fils ils se succèdent dans leur profession et quand par malheur une galerie s'effondre et en engloutit quelques-uns, cas assez fréquent, les autres se contentent de murmurer : *mektoub*, c'était écrit.

« On raconte un fait singulier arrivé il y a quelques années à l'un d'eux. Très fatigué du labeur de la journée il dormait dans une galerie. La nuit était très avancée lorsque les grondements d'une bête féroce, qui s'était introduite dans la carrière, le réveillèrent en sursaut. Il fut pris de frayeur mais comme l'animal avait fui il se réfugia dans une autre galerie pour achever en paix le reste de la nuit. Il venait à peine de fermer les paupières qu'un grand bruit se fit entendre, la voûte sous laquelle il venait de reposer en premier lieu s'écroulait et il aurait été infailliblement écrasé, disait-il, sans l'intervention divine. Car il attribuait au ciel l'arrivée de la bête sauvage dont les grondements l'avaient averti.

« Le métier de carrier n'est guère lucratif ; la charge d'argile d'un âne rendue à la poterie n'est payée qu'une demi-piastre. Autrefois les anciennes poteries se trouvaient à proximité des carrières ; on en voit encore les ruines.

« Les poteries ont chacune des modèles différents à Nebeul, les unes fabriquent des ustensiles usuels et courants : plats à couscous, tasses, gobelets, pots à beurre, d'autres ont la spécialité des gargoulettes mates ou vernissées, des cuvettes, des jarres de moyenne grandeur, d'autres enfin s'adonnent à la poterie plus fine et plus artistique.

« Une grande partie de la population de Nebeul vit de cette industrie. Rares sont les familles qui ne comptent point parmi les leurs un potier, un tisserand, un fabricant de nattes ou un fellah. Souvent même, selon les saisons ou les besoins, le **potier devient tisserand ou commerçant.** »

Nous allions à travers la ville et nous visitions quelques poteries :

« Voyez, continuait M. Debon, l'argile est entassée sur l'aire, on écrase les mottes au moyen de massettes en bois, on en écarte les parties pierreuses ou trop dures et le tout est arrosé d'eau saumâtre. Mais il faut éviter l'excès d'eau, il nuit à la qualité de la pâte. Amollie à point, l'argile est ensuite pétrie sous les pieds par les apprentis. Un ouvrier plus habile en découpe les morceaux qu'il transporte sur une large pierre plate. Là il la repétrit à l'aide de ses mains et enlève soigneusement les moindres parties dures ou caillouteuses. Le voici qui la roule en blocs cylindriques pour la livrer à l'artiste.

« Comme vous le constatez vous-même le *tour* du potier est un appareil des plus primitifs. »

En effet, un axe simplement fixé en terre supportait deux disques superposés. L'ouvrier, pieds nus, appuyait tantôt son pied droit, tantôt son pied gauche sur le disque inférieur imprimant à son appareil un mouvement de rotation assez rapide. Il donnait au paquet d'argile la forme et les proportions qu'il jugeait nécessaires et appliquant contre la pâte l'extrémité de son outil, un simple morceau de roseau, il enlevait de la surface tout ce qui dépassait de façon que le bloc était modelé avec une régularité parfaite. Après avoir découpé avec un fil l'excédent inutile, il plaçait sa main au-dessus de l'objet et c'était merveille de le voir se transformer en se creusant soit en gargoulette de forme élégante, soit en un récipient quelconque.

M. Debon m'apprenait que l'argile dont se servent les potiers de Nebeul est imprégnée de sels ferrugineux et peu riche en silice. Je ne savais pas ces poteries aussi recherchées. Non seulement les potiers fournissent toute la régence, mais ils exportent en Algérie et au Maroc, en Tripolitaine et leurs produits arrivent même en Égypte. Il me faisait remarquer qu'aucun des objets qu'ils fabriquent ne porte une marque quelconque indiquant l'atelier d'où il est sorti.

Certaines poteries sont enduites d'un vernis jaune ou vert d'une grande richesse de coloration et d'un bel émail. Pour l'obtenir, si c'est le jaune qu'ils désirent, ils triturent dans un mortier, et en proportions voulues, du sulfate et de l'oxyde de plomb et du sable siliceux. Pour le vernis vert, ils recouvrent leurs poteries d'un mélange composé de sulfate de cuivre, d'oxyde de plomb et de sable.

Une visite aux fours creusés dans le sol ne manqua pas de m'intéresser vivement. Le foyer en est central et M. Debon me faisait remarquer que la chaleur et la fumée y sont en contact direct avec les objets que l'on fait cuire. « Voyez, me disait-il, combien la disposition des poteries à cuire dans l'intérieur du four est œuvre de routine invétérée! Vous n'avez ici ni cloisons, ni casettes pour les protéger; elles sont à la poussière, à la chaleur intense et à la fumée. La chaleur est obtenue tout d'abord à l'aide de grosses bûches d'olivier et le foyer est activé par l'adjonction de branches plus fines et plus sèches. »

« J'ai aperçu de loin, au-dessus de Nebeul, lui dis-je, des sombres colonnes de fumée qui montaient dans le ciel et je croyais à un incendie. C'étaient les fours en pleine activité.

« Ce que vous n'avez pas vu, me dit-il, et le hasard seul peut vous le montrer, c'est le potier penché sur l'ouverture du four qui donne passage à la fumée, inspectant la cuisson de ses modèles. Sa silhouette noire apparaît alors dans la fumée, telle qu'une divinité infernale, tandis que d'autres fois elle surgit tout éclairée de reflets de feu.

« Lorsqu'il a bien examiné l'intérieur de son four, qu'il s'est rendu compte du degré de cuisson, il bouche certains orifices avec de l'argile et il modère la chaleur en fermant de la même façon les portes intérieures qui s'ouvrent sur la fournaise. Mais la cheminée centrale, la *koubba*, comme ils l'appellent, reste toujours libre.

« La plupart des potiers de Nebeul ne livrent au commerce que de la poterie vernissée, mais il en est qui s'adonnent à la fabrication de la *chamatte* ou poterie ordinaire. »

M. Debon appelait mon attention sur les *zir leben* ou barattes. Ces barattes ont la forme de jarres de petite dimension, on en bouche l'orifice avec de la peau de chèvre. Après les avoir remplies de lait les ménagères arabes les agitent et les secouent en tous sens jusqu'à ce que le beurre se soit produit. « Cet ustensile primitif, me disait mon aimable compagnon, n'est employé que chez l'Arabe sédentaire, vous savez que le nomade se sert pour la même opération d'une peau de chèvre ou de bouc cousue, ce qui donne au beurre arabe un arome qu'on n'oublie pas. »

Pauvres potiers! Comme les malheureux abandonnés, là-bas dans les sombres solfatares de Sicile et comme tant d'autres ailleurs, ils sont frappés par des maladies cruelles et la plupart du temps incurables. Ici, ces travailleurs ignorés, dont le pénible labeur entretient à peine une misérable existence, sont la proie du *merdz-el-berd*. Sept à huit années de travail suffisent pour leur faire contracter cette maladie. Chez le tourneur l'index gauche devient calleux, l'épiderme des mains et des pieds prend une teinte rouge, il s'épaissit et devient douloureux.

Par tous les temps et dévêtu, il brasse des matières irritantes ou corrosives, le froid le cingle, l'air frappe ses membres en transpiration, le résultat fatal est prévu d'avance. Ce n'est pas tout : au contact habituel de l'argile humide, les ongles s'usent et des raideurs prennent les articulations. C'est l'arthrite sèche déformante. Et lorsque la qualité alcaline de l'argile et la rugosité du sable ont usé les ongles de ces malheureux, tout travail leur devient impossible. Les voici vieillis, traînant leur mal, en murmurant comme toujours : *mektoub*, c'était écrit.

C'est donc partout chez les pauvres la détresse physique ou morale, la douleur prenant l'être à son berceau et ne lui donnant à peine en échange qu'un morceau de pain amer!...

Allons voir le soleil et les fleurs, ce soleil, ami des pauvres gens, éclairant toutes choses, les douleurs et les joies. Allons voir ces fleurs qui embaument les tombeaux et les sentiers charmants. Me voici sur un chemin clair entre des haies d'opuntias dont les fleurs rouges, orangées, ou couleur de soufre naissent ou s'entr'ouvrent. Et tandis que nous marchons insouciants dans un bien-être physique exquis, l'oreille pleine de chants d'oiseaux et les yeux remplis de soleil, la voiture s'est tout à coup ensablée. Il faut mettre pied à terre et abandonner l'attelage. Il nous rejoindra à Beni-Khiar, où nous nous rendons.

Maintenant un chemin creux ombragé par les figuiers et une sorte d'églantier fleuri que je ne connaissais pas, nous accompagne jusqu'à Beni-Khiar. C'est le chemin des roses.

Beni-Khiar est un village aux maisons de neige, aux éblouissantes façades caressées par l'ombre douce des palmiers. Ici le peintre oubliera toute formule d'école, il verra des ombres bleues plaquées sur le ciel bleu, il se demandera si la terre est devenue le ciel, car c'est l'épaisse muraille qui aura parfois des légèretés et des profondeurs d'espace. Il sera surpris de se trouver devant des maisons si translucides qu'il les croira éclairées par des feux intérieurs. Tout cela troublera ses yeux, car c'est souvent le rebours de la vision habituelle des choses. Une coupole toute voisine de nous était diaphane et à ce point légère, ténue et sans consistance presque, en sa blancheur légèrement nuancée de lilas, qu'elle s'enfonçait dans l'espace très loin, plus loin que les montagnes lointaines, faisant comme une trouée sur l'horizon. Pourtant elle était bien là, devant nous, à quelques mètres à peine.

Dans la rue principale de cet étrange et gracieux village, s'ouvrent deux cafés maures que précèdent d'élégants péristyles. Je n'en ai jamais vu, en pays arabe, de plus charmante conception. Entre leurs délicates colonnettes, sur des banquettes en maçonnerie massive recouvertes de nattes, se mêlaient en une confusion originale, des hommes revêtus de costumes aux couleurs vives. Une treille enguirlandait de son tronc capricieusement contourné, de ses grappes d'or et de ses feuilles vertes, une des jolies entrées et j'y remarquai trois Maures humant lentement le moka dans des tasses en filigrane d'argent. C'étaient de vénérables vieillards aux longues barbes blanches assis côte à côte. Chacun d'eux tenait un bouquet de roses à la main et c'était séduisant et curieux de voir éclater les pétales

CHEZ UN POTIER DE NEBEUL.

rouges des fleurs sur ces visages et sur ces manteaux de neige. J'y voyais, dans la paix du soir, comme un souvenir biblique. Comme à Tunis certains consommateurs avaient piqué sous leur turban, juste au-dessus de l'oreille des géraniums et des œillets. Ces gens sont de mœurs très douces, ils aiment les étoffes soyeuses, les fleurs, la musique, les parfums et les oiseaux. Comme les Maures de Tunis, ils aiment aussi les longs récits merveilleux, les histoires d'amour ou de guerre.

L'intérieur du café, au point de vue architectural était un bijou. C'était léger, simple, d'une jolie ordonnance de temple antique. Au milieu de la salle, sur une large estrade recouverte de nattes, entourée de colonnettes, comme un sanctuaire, se tenaient des consommateurs. Le fourneau du Kaouadjy s'ornait de bois découpés et peints et l'alchimiste en bonnet rouge attisait les cendres et préparait avec soin l'odorante liqueur.

C'est le soir, le soleil se traîne à l'horizon. Tandis que nous quittons Beni-Khiar, des lueurs de fournaises emplissent le ciel et les maisons semblent faites de gaze bleuâtre. Seules les feuilles des palmiers et des platanes découpent sur le firmament des silhouettes précises et il passe dans l'air doré, avec de vagues odeurs d'aromates, le parfum capiteux des fleurs qui tombe des grands lilas du Japon.

CAFÉ MAURE A BENI-BOUAR.

Nous avons retrouvé le sentier sablonneux qui assourdit le bruit des pas et nous allons en silence sous un berceau de feuilles, à travers les roses pâles, presque aussi pâles que les étoiles qui s'allument, frêles et tremblantes au-dessus de nos têtes.

M. Debon, que nous retrouvons à Nebeul, nous conduit en promenade jusqu'à la mer, distante de deux kilomètres à peine. Nous n'avons pas voulu profiter des carrioles qui font le service de la ville au rivage où elles transportent nombre de gens qui, fatigués par l'ardente chaleur du jour, vont se retremper à la fraîcheur de la brise marine.

La nuit est bleue et un croissant de lune nous éclaire. Cet emblème de l'Islam rayonnant doucement dans le ciel amène tout naturellement une causerie sur le Rhamadan. Je fais part des observations que j'ai recueillies à Tunis à l'occasion du grand jeûne.

En devisant nous étions arrivés sur la plage. La mer venait en soupirs réguliers, s'évanouir sur le sable, et la lune, plus lumineuse encore, jetait sur les larges ondulations des flots, les reflets frissonnants d'une moire argentée.

Des échos de psalmodies arabes arrivaient jusqu'à nous et bientôt la prière du muezzin, comme un chant de rêve tombé des nues, se mêla aux voix des chanteurs lointains, aux soupirs de la mer immense. Et ces accords mêlés étaient vraiment impressionnants sur le rivage où nous restions muets, tous les trois, écoutant....

Nous reprenons le chemin de la ville, chemin bordé de champs de coriandre à la senteur violente. De la plaine, çà et là se lèvent, en sombres silhouettes sans nombre, comme les antennes desséchées de scarabées gigantesques. Ce sont des troncs d'arbres morts inclinés deux par deux sur l'orifice des citernes pour aider à puiser l'eau. Maintenant des cris sauvages traversent la nuit, qui donnent le frisson... C'est le grincement des rouages des norias en mouvement dans la plaine.

Hammamet, la cité des colombes! Quels bons souvenirs ce nom évoque pour moi! La journée que j'ai passée dans ses murailles démantelées, sur les dunes qui bordent la mer et même à travers les tombeaux qui l'entourent d'une écharpe de deuil, comptera parmi les meilleures que j'ai vécues en Tunisie, en dépit d'un ciel devenu subitement sombre après avoir illuminé les remparts et la mer aux premières heures du matin.

Nous avions quitté Nebeul de très bonne heure et, aux approches d'Hammamet, nous descendions un chemin aux talus rouges, bordé de grands oliviers et de hautes palmes. La vieille cité, dressée sur un promontoire, nous apparut comme une morte ensevelie à demi dans un linceul de sable. Et des dunes amoncelées au pied de ses murailles que le vent avait modelées comme des vagues, pointaient, tels que des épaves, les créneaux d'une forteresse flanquée de tourelles. Par delà ces lignes sévères, de couleur ardente, quelques dômes d'une éblouissante blancheur s'arrondissaient et un clair minaret s'élançait dans le ciel. Dans une crique, au pied des murs ensablés, la mer, d'une transparence d'émeraude, reflétait la pâle cité à peine entrevue, les créneaux, et les voiles de barques tirées pêle-mêle sur le rivage.

Nous considérions, Resplandy et moi, ce féerique tableau, lorsqu'une personne d'allure inquiète s'avança vers nous. Elle cheminait péniblement dans le sable : c'était M. Sadoux. Quelle joie de nous retrouver là devant ces remparts, sous le soleil clair, caressés par la brise marine ! La marche était difficile en dehors de la ville, nous enfoncions jusqu'aux genoux dans le sable mouvant lorsque nous quittions les jalons de pierre qui indiquent la piste, comme cela se fait dans nos montagnes en temps de neige.

M. Sadoux nous guidait. A sa suite nous pénétrons sous le pesant arceau d'une haute porte fortifiée et enfin dans les galeries obscures d'un marché couvert qui lui faisait suite. Mais ce qu'il voulait nous montrer surtout, c'était la Kasbah, l'antique forteresse démantelée et bientôt nous nous trouvons assis tout en haut des remparts.

Il est des heures qui restent dans le souvenir comme des tendresses inassouvies. Elles nous reviennent, ces heures, en des lueurs très douces, en des parfums aimés, comme des sons restés dans l'oreille, échos très lointains que la pensée ne ressuscite pas en leur entier. Mais tout cela se fond en je ne sais quel songe vague et charmant qui n'est plus l'impression première, mais en quelque sorte son reflet.

Là, à Hammamet, sur ce haut rempart en ruine, nous plongions sur la mer comme à l'avant d'un navire. Elle était en bas, au-dessous de nous, très claire et la nappe verte, d'une transparence idéale, laissait voir nettement les bancs de roche et les sables du fond. Un battement musical, léger, régulièrement montait : c'était comme la respiration de la mer frôlant les murailles.

L'immense golfe d'Hammamet s'ouvrait jusqu'à l'infini et la côte, toute de sable près de nous, se nuançait, dans sa prodigieuse courbe, de forêts d'oliviers qui se dégradaient et s'estompaient jusqu'à s'évanouir. Au loin sur le rivage, qu'on devinait à peine, couraient de longues lueurs roses qui se mêlaient à des violets pâles, à des bleus indéfinis et se fondaient dans les poudroiements lumineux de l'horizon. Par endroits, des scintillements clairs indiquaient des habitations, un village, que sais-je ce qu'on devinait dans ces vapeurs aériennes qui n'étaient plus la terre et n'étaient pas encore le ciel ! A l'infini, vers l'extrémité de la grande courbe, on crut apercevoir les murailles blanches de Sousse. M. Sadoux prétendit que c'était un vol de mouettes ; n'était-ce pas un vol de pigeons, les colombes légendaires d'Hammamet fuyant à tire d'aile ?...

On errait sur le chemin de ronde. Le long des meurtrières, gisaient des canons rouillés. Voici des siècles qu'ils ont quitté les embrasures et ne guettent plus les flottes ennemies. Ainsi toujours partout le souvenir des guerres et des atrocités humaines !...

Puis on considérait la ville que nous dominions de là-haut, masse crayeuse d'une blancheur de neige d'où s'exhalait, comme d'un gigantesque encensoir, le parfum des buissons aromatiques que les femmes brûlaient dans leurs demeures.

Autour d'Hammamet le calme de la mer s'accentuait : c'était maintenant une moire sans fin reflétant les ailes lumineuses des mouettes et l'azur brillant du ciel. Mais je ne sais quel voile indécis pâlissait peu à peu les rayons du soleil. Il montait de l'horizon et lentement gagnait le zénith.

Vers midi l'immensité tout entière s'enveloppa d'un crêpe, l'astre, sans rayons, à travers la nue flottait comme un grand disque d'argent. Puis il disparut et une pluie fine, serrée, se prit à descendre, silencieuse, interminable...

Sur la recommandation de M. Sadoux qui nous quittait, le Kalife nous avait cédé son bureau à la porte du rempart car il n'existe aucune auberge dans la ville et sans son intervention nous étions condamnés à errer au dehors.

Assis sur des nattes, mis en féroce appétit par nos longues courses de la matinée, nous ouvrons avec empressement le panier dans lequel l'hôtesse de Nebeul avait placé la veille nos provisions pour la journée. Hélas ! les fourmis avaient fait là élection de domicile et avaient tout dévoré !... Il fallut se contenter d'un peu de pain. Plus tard, lorsque nous voulions rappeler ce déjeuner si maigre, nous l'appelions en riant : le festin d'Hammamet ! Sans être un stoïcien, ce sont là des détails qui n'ont jamais influencé mon humeur et, ce jour-là, comme la pluie venait enfin de cesser, nous reprîmes notre promenade interrompue avec autant de plaisir que si nous étions sortis du meilleur restaurant. Je fumai une cigarette en me figurant avoir très bien dîné.

En dehors des murailles crénelées, je l'ai dit, est un grand cimetière. Les dernières demeures sont au hasard, dans le sable mouvant, auprès de blanches koubbas ombragées par des caroubiers au feuillage épais et noir. Et ce cimetière étale ses interminables pierres funéraires jusque sur le rivage.

Nous avons remarqué que l'asphodèle aime les ruines ; elle aime aussi les tombeaux, tout ce qui est triste, tout ce qui ne vit plus. De toutes parts ici ses tiges hautes balancent leurs blanches étoiles et c'est comme une éternité fleurie, un firmament nouveau descendu près de la mort, éclairant encore le perpétuel sommeil de lueurs célestes.

Ce qui donne à cette nécropole un aspect d'abandon, c'est le sable qui chaque jour l'envahit, car les Arabes d'Hammamet n'oublient pas ceux qu'ils ont aimés ; des femmes voilées çà et là étaient penchées sur des sépultures. Au-dessus de celles que la dune avait recouvertes, des mains pieuses en avaient délimité la place en indiquant la forme du tombeau sur le sable même. Par endroits, toutes étaient ainsi dessinées avec la main. Au premier abord, j'avais cru à des jeux d'enfants, mais une femme, à genoux, nettoyait la place d'une tombe enfouie, dont une pierre de chevet émergeait, et j'avais compris.

Mais il n'y avait pas que l'asphodèle dans ces champs funèbres, et sur bien des sépultures s'élevaient les scilles aux longues et larges feuilles traînantes, et une sorte de douce-amère à grandes fleurs violettes, au cœur jaune.

Près du rivage, des bergers faisaient paître des troupeaux de chèvres et les bêtes broutaient les fleurs tremblantes des morts tandis que des femmes pensaient à eux.....

PORTE D'HAMMAMET.

L'AQUEDUC D'ADRIEN.

CHAPITRE VIII

La Mohammedia. — L'aqueduc d'Adrien. — Oudna, Zaghouan. — Étonnantes aventures
d'une calèche à conviction. — Le Nymphéum.

Les eaux de l'oued Miliane endurcissent le cœur.....
(Dicton arabe).

Quelle joie, ami, de vous voir joyeux ! Votre visage, toujours empreint de bonté, est cependant voilé de mélancolie et j'ai souvent songé qu'une douleur vous suivait toujours attachée à vos pas. Mais voici, ce matin, le nuage dissipé, c'est la première fois que je vous vois la figure sereine...

« C'est que, fit-il avec douceur, je suis heureux de fuir la ville, d'aller avec vous, par la fraîcheur du matin. Peut-on demeurer insensible à ce jeune soleil ?

Il se glisse, souriant, à travers le feuillage frêle des poivriers, on les dirait tremblants sous ses caresses, et sur la route claire, là-bas, la poussière soulevée par la brise s'élève en flocons roses. L'aspect de ce chemin, baigné par de grandes ombres d'un bleu de nacre où flottent ces nuées légères, évoque le souvenir de certains ciels de printemps. Voyez là-haut les grands vols de flamants traversant l'espace, ils sont roses aussi. Ils émigrent, ils quittent le lac El-Baheira dont les sirènes des navires troublent la paix séculaire pour se réfugier au Sedjoumi plus tranquille. Nous apercevrons bientôt ce lac où se mirent les crêtes de la Kasbah de Tunis.

« Ces flamants qui s'éloignent comme des pétales de roses emportés par le vent me font penser au vieux monde qui s'en va avec ses fraîcheurs, ses croyances et l'idéalité de son art. L'oiseau du lac était l'image de l'éternel rêve, il apparaissait comme un témoin hiératique de l'antiquité en son attitude rigide; tel l'ibis sacré d'Egypte. Il m'a semblé tout à l'heure voir s'enfuir aussi le seul souvenir resté vivant de la vieille Carthage.

« Enfin, tant que seront encore des solitudes, des sources harmonieuses, des bois inviolés où sommeillent les mousses, l'artiste et le penseur pourront se recueillir et vivre. Mais je redoute pour eux l'avenir; ils s'envoleront aussi peut-être à tout jamais, comme les oiseaux du lac. »

Et les paroles de M. Sadoux éveillaient en moi des pensées...

Nous gravissions une côte, c'étaient maintenant aux alentours, sous le soleil plus haut, le ruissellement d'or des moissons, les grands frissons d'argent de bois d'oliviers auxquels des collines jaunes, dénudées, couturées de ravines, couronnées par de vieilles forteresses sarrazines, faisaient un violent contraste.

En détournant la tête, Tunis apparaissait au loin comme une grande lueur avec ses minarets, ses dômes, ses clochetons et ses terrasses. Des collines bleuâtres ceignaient la ville qui reflétait sa blancheur dans son grand lac bleu aux moires soyeuses; plus loin encore une ligne lumineuse, dentelée suivait l'horizon, c'étaient toujours la Goulette, Carthage et Sidi-bou-Saïd...

Nous descendons. Le féerique décor vient de s'évanouir. Devant nous se déroule l'interminable ruban de la route que bordent toujours des oliviers et des moissons. Nous arrivons dans la plaine de l'oued Miliane. Entre l'or sans fin des épis et l'éblouissement du ciel montent les silhouettes du Bou-Kornein, de la montagne de plomb et du mont vers lequel nous nous rendons, le Zaghouan, indécis comme une nuée. Sous la brise, partout, des champs d'épis frissonnent, des cavaliers maures passent, beaux et fiers, des nègres du Soudan aux membres de bronze, accroupis dans les fossés, cassent les cailloux...

Cependant nous avons quitté la route pour suivre une piste qui serpente dans la plaine, traversant le Sedjoumi en grande partie desséché. Le lac est sillonné par de larges bandes de neige et d'azur. La neige est le produit d'efflorescences salines, l'azur est le reflet du ciel dans l'eau. Le paysage est d'une tristesse infinie, c'est un peu l'aspect du désert, la solitude, le silence mortel tout auprès de la vivante cité.

Par delà les vastes dépressions au fond desquelles s'étale le grand lac mourant, sur une hauteur couverte d'une forêt d'oliviers, dominant la plaine et les collines environnantes, la Mohammedia élève la masse énorme de ses ruines.

Sur l'emplacement de la Mohammedia fut, dit-on, l'antique *Adherculanum*. En creusant les fondations du palais la pioche heurta des dalles tumulaires portant les noms de trois évêques de la Bysacène.

L'éclat de la Mohammedia fut éphémère.

Le bey Ahmed avait fait construire ce palais qu'il habita tout le temps de son règne, protégé par une garnison de quinze mille hommes. Ce bey était un novateur. Il était venu à Paris et rêvait de Versailles en construisant la Mohammedia. Ses efforts tendirent à organiser à la moderne sa marine et son armée. Mais non seulement il demanda à la France des éducateurs militaires, mais il appela aussi des ingénieurs. C'est à ceux-ci qu'on doit les premiers travaux d'édilité publique ou municipale de Tunis, l'alimentation de la ville en eau potable par la restauration de l'ancien aqueduc romain de Zaghouan.

La beauté, le luxe du palais, parlent encore à l'imagination, il est demeuré légendaire. Comme le bey, en dehors de ses troupes, avait amené avec lui une autre armée d'employés et de fonctionnaires, une petite ville s'était formée à la Mohammedia et ses bazars furent célèbres.

Les prédécesseurs de Mohammed-es-Sadok n'habitaient pas constamment le Bardo, ils élevaient de somptueuses demeures autour desquelles leur entourage venait se grouper. Des villes naissaient ainsi comme par enchantement, mais à leur mort ces résidences étaient abandonnées ainsi que les habitations nouvelles. C'est pourquoi les environs de Tunis montrent tant de ruines souveraines.

A la mort du bey Ahmed le palais dépouillé de ses ornements magnifiques fut abandonné comme les autres. Lentement il s'émietta et aujourd'hui ce n'est plus qu'un sombre débris.

L'aspect de la Mohammedia est tragique, on dirait d'un vieux château fort démantelé avec ses murailles massives percées d'ouvertures béantes, hérissées de cactus grimaçants. Une centaine de misérables habitants se sont réfugiés dans les décombres, mais le voyageur n'y trouve pour s'abriter qu'un foudouck précaire et un café maure ouvert sur le bord du chemin. Les serpents et les scorpions se plaisent dans cet amas de pierres et, la nuit, le palais où l'on entendait naguère la musique des fêtes, retentit sans trêve des aboiements plaintifs du chacal.

Arrivés au haut de la colline, près de la Mohammedia, M. Sadoux me fait regarder en arrière. Je revois au loin, par delà les ondulations de la plaine et le grand lac miroitant, Sidi-bou-Saïd et Carthage : l'éblouissement du soleil en même temps que l'abandon.

Du versant opposé de la colline que couronnent les ruines de la Mohammedia je vois monter de nouveau dans le ciel le Zaghouan dont les ombres se décolorent. Aux approches de l'oued Miliane, l'aqueduc d'Adrien profile ses arceaux, tantôt sur le ciel et tantôt sur les montagnes qui bordent l'horizon, et il est vraiment superbe encore, dans sa simplicité classique, ce gigantesque monument couleur d'or traversant la plaine illuminée, fuyant jusques au loin, avec sa succession d'arcades grandioses, en perspective infinie.

Cet aqueduc prenait les eaux aux sources du Zaghouan et du Djouggar, parcourait à travers les collines, les plaines et les vallées, une longueur de 61 milles romains, soit environ 94 kilomètres et déversait dans les citernes de la Malga, à Carthage, trente-deux millions de litres d'eau par jour. Il assurait largement l'alimentation d'une population de 500,000 habitants. Sa largeur intérieure de $0^m 80$ c. et ses pieds droits avaient une hauteur de $1^m 50$; il était protégé par une voûte à plein cintre percée de regards à intervalles réguliers. L'aqueduc suit les contours des collines, franchit des ravins et ses arcades, élevées de plus d' 20 mètres, se succèdent pendant près de 5 kilomètres dans les plaines de l'oued Miliane et sur 12 kilomètres dans celles de la Manouba.

Il exista peut-être à l'époque punique. Il est possible que l'empereur Adrien ait fait construire celui que nous avons sous les yeux sur l'emplacement d'un monument plus ancien. L'aqueduc actuel fut élevé vers l'an 136 de notre ère et fut restauré une première fois sous Septime Sévère. Les troupes de Genseric lors du siège de Carthage, c'est-à-dire en 439, lui firent subir de graves détériorations et une centaine d'années plus tard Bélisaire s'occupa de le réparer. Les Sarrazins imitèrent les Vandales, mais les khalifes Fatimites ne tardèrent pas à le remettre en état.

Enfin l'aqueduc fut une dernière fois détruit en 1574 et ce ne fut que sous le règne de Mohammed Bey qu'un ingénieur français s'occupa d'une restauration partielle qui fut continuée et achevée en 1873. J'ignore quel est l'ingénieur qui, sous prétexte de modification à la conduite d'eau et d'établissement d'un siphon mesquin dans le lit de l'oued Miliane, fit jeter à bas les magnifiques arceaux de 30 mètres de hauteur qui traversaient la rivière. Les matériaux servirent sans doute à établir le pont banal que l'on voit et à empierrer la route. On ne saurait trop flétrir celui qui, plus destructeur que les Vandales, mutila cet admirable monument. Les Romains connaissaient le siphon, mais leur culte pour les eaux, qui sont la richesse et la fécondité, leur faisait édifier, pour leur captation ou pour leur adduction, des œuvres superbes qui nous confondent encore. Pour l'honneur de ce que nous appelons la civilisation moderne la restauration seule des arches endommagées s'imposait. Il convenait de cacher, comme on l'a fait d'ailleurs, le siphon mesquin dénué de toute conception artistique. Nous verrons, aujourd'hui encore, la Tunisie entière devenue la proie de nouveaux vandales qui détruisent ou saccagent, inconscients de toute beauté, de tout respect même de la grandeur passée. Ils devraient savoir que ces monuments sont pour nous l'exemple des belles en même temps qu'utiles choses. Les

CITERNES D'OUDNA.

Romains n'ignoraient pas qu'au-dessus du siphon et de l'empierrement des routes plane l'art grand et éternel.

Nous avons vu ce vandalisme nouveau s'exercer sur les admirables stucs du Bardo brisés à coups de pioche pour faire des quais, ici nous trouvons un monument en partie réduit en poussière, plus loin, à El Djem, ce sera une route traversant un amphithéâtre merveilleux, les ruines d'Aïn Tunga livrées à la cupidité d'un entrepreneur. Partout sur cette terre couverte de vestiges d'art, c'est une rage de dévastation protégée par une administration aveugle. Personne n'a poussé le cri d'alarme. Le service des antiquités et des arts lutte autant qu'il le peut, mais sa voix est rarement écoutée. N'a-t-il pas été question de faire une jetée avec la belle Kasbah d'Hammamet ?... Les matériaux sont sur place, disaient les destructeurs.

Les admirables remparts de Sousse, eux-mêmes, modèles uniques de l'architecture militaire arabe ont été menacés...

La situation officielle de M. Sadoux m'interdisait vis-à-vis de lui toute marque d'indignation. Je restais pensif, il ne troublait pas mon silence, il comprenait les réflexions auxquelles je me livrais et de mon côté je savais bien qu'en son âme d'artiste les mêmes pensées s'agitaient.

Nous tournions à gauche ; devant nous, sur le flanc d'un mont, s'étendait comme un large champ pierreux couvert de ruines. M. Sadoux me tendit la main et simplement : « Allons voir, fit-il, l'œuvre des siècles, nous retrouverons la main des Vandales et l'inconscience des éléments destructeurs, la nature reprenant lentement ses droits, mais là, nous aurons du moins la consolation de penser qu'aucun des nôtres ne s'est livré à des profanations ».

Les ruines d'Oudna occupent, sur la rive gauche de l'oued Miliane, une étendue dont la circonférence est de quatre kilomètres. Ce fut l'antique Uthina, une des plus anciennes colonies de la province d'Afrique dont parlent Pline et Ptolémée. Fondée par César ou par Auguste au commencement du III° siècle, elle était plus tard pourvue d'un évêché. Les titulaires de ce siège ont figuré aux conciles de Carthage en 255, d'Arles en 314. Les dernières traces qu'ils ont laissées dans les annales ecclésiastiques remontent à 411.

Uthina devint la proie des Vandales qui la ravagèrent de fond en comble et depuis quatorze siècles elle est abandonnée. Les restes de la cité témoignent d'un art datant de la meilleure époque romaine. On remarque les vestiges de la citadelle, l'amphithéâtre de grandes proportions dont quelques gradins subsistent ainsi que l'une des entrées. Comme celui de Syracuse il est taillé dans un bassin naturel dont la forme elliptique se prêtait admirablement à cette destination. On voit encore le théâtre, des ruines que les uns attribuent à une basilique et les autres à des thermes, un pont romain au pied de la colline, des restes d'aqueducs, des citernes en excellent état de conservation plus vastes et plus belles que celles de Carthage. Il est à Oudna d'autres monuments encore dont on n'a pas défini la destination. J'avais remarqué au musée Alaoui trois mosaïques découvertes par le service des antiquités et des arts dans des villas romaines, dont l'une, la villa de *Fructus* est située près de l'amphithéâtre.

L'an dernier, M. Gauckler, chef du service, a présenté à l'Académie des Inscriptions et Belles-Lettres, les résultats des fouilles effectuées par lui à Oudna.

Ces recherches avaient pour objet, a dit le *Journal des Débats*, l'étude des conditions générales de l'habitation romaine en Afrique aux premiers siècles de notre ère. Elles ont amené la découverte d'une grande villa appartenant à deux riches propriétaires de la famille des Laberti. Cette importante construction a été déblayée en entier, ainsi que ses annexes et les thermes privés qui en dépendaient.

Une quinzaine d'autres maisons particulières ont été reconnues et partiellement dégagées dans le même quartier qui devait être habité par l'aristocratie d'Uthina. Aucune n'est postérieure au règne de Constantin; les plus anciennes datent du temps des Antonins. Elles sont toutes construites à peu près sur le même plan. Elles sont décorées de marbre blanc, de peintures murales, et de nombreux fragments d'architecture de très grand luxe. Deux belles statues en sculpture, des centaines de menus objets, poteries, monnaies et bijoux en ont été retirés pour être déposés au musée du Bardo.

« Ce qui distingue surtout les villas d'Oudna, c'est la richesse et la beauté des mosaïques dont elles sont entièrement pavées.

« Quatre-vingt-sept mosaïques à sujets figurés y ont été découvertes. On y voit figurée toute la série des sujets habituellement traités par les mosaïstes africains; scènes mythologiques, telles que l'enlèvement d'Europe, Endymion, Dyonisos faisant don de la vigne à Ikarios, Orphée charmant les animaux; représentation de divinités : Bacchus et son thyrse, Vénus et son cortège d'amours, Diane chasseresse, Minerve, Apollon, Hélios, Cérès, Hercule; surtout les divinités de la mer : Neptune, armé de son trident, debout sur un char ou assis sur un monstre marin, Amphitrite, l'Océan, les Néréides, les Sirènes; scènes familières et rustiques tirées de la vie de tous les jours; documents historiques du plus haut intérêt; scènes de chasse et de pêche d'une étonnante variété; collections d'animaux et de plantes qui font ressembler certaines mosaïques aux planches d'un atlas d'histoire naturelle.

« L'étude de ces mosaïques en elles-mêmes et dans leurs rapports avec les pavements analogues déjà connus, a permis à M. Gauckler d'établir la loi de l'évolution que suit la mosaïque romaine en Afrique, aux premiers siècles de notre ère. Cette mosaïque va du réalisme au symbolisme, du concret à l'abstrait, du décor vivant au décor géométrique, traversant plusieurs périodes que l'on peut caractériser ainsi : période de plein épanouissement au temps des Antonins et des Sévères; période de transition du milieu du troisième siècle à l'avènement de Constantin; période chrétienne qui commence avec la renaissance constantinienne.

« Les mosaïques d'Oudna appartiennent pour la plupart, à la première période et se placent, pour leur valeur artistique, au premier rang de celles qui ont été encore découvertes en Afrique. »

Cependant nous avons repris la route après notre visite archéologique aux ruines d'Oudna. Nous approchons du Zaghouan dont la cime dentelée, masquée depuis longtemps par des collines, vient de surgir de nouveau devant nous dans le ciel pâli du soir. Ses hautes roches enflammées par le couchant sont rayées de profondes cassures aux ombres d'outremer. Nous avons quitté les moissons; à mesure que nous avançons, les hauteurs se couvrent de larges touffes de lentisques et de bruyères et le Zaghouan, gigantesque bloc de métal rougi, se dresse dans l'espace blafard.

Le soleil a baissé, il va atteindre l'horizon ; à l'occident le paysage est sombre, d'un vert métallique à reflets fauves, on le dirait ciselé dans le bronze. Les arêtes rapprochées profilent des silhouettes dures ; dans le lointain les monts violacés bordent un ciel jaune. Parmi les reliefs très accusés du sol s'étalent de larges plaques d'un or très pâle, et certaines croupes lumineuses paraissent suinter, ce sont les derniers rayons du soleil couchant qui glissent à la surface de champs d'orge mûrs. Cette contrée, si étrange à cette heure, est giboyeuse, à chaque instant des lièvres et des perdreaux traversent la route.

Nous voici engagés dans le défilé de Bou-Hadjela. Puis nous gravissons le col de Sidi-Amor-Djebari couturé de ravines. Le Zaghouan se montre de nouveau, ses feux se sont assombris, il s'éteint tout à coup, ce n'est plus qu'une haute masse grise dans l'espace. L'air s'est rafraîchi, on se sent renaître après l'accablante chaleur du jour. Sur le haut du col le vent souffle fort, la ville de Zaghouan nous apparaît sur un ressaut du mont, vaguement blanchissante, tandis que la lune, énorme disque jaune, lentement monte comme un fantôme sidéral.

Nous étions engourdis par le voyage, nous ne parlions plus, on n'entendait dans la nuit que le roulement sourd de la voiture, les sifflements du vent, on ne voyait que l'astre démesuré, et la silhouette pâle de la montagne flottant au-dessus de la plaine dans le ciel obscurci.

Je songeais aux grandes choses de Rome, à la fragilité des œuvres humaines, à l'éternel passé, à l'éternel avenir.

Le ciel devenait de plus en plus sombre, la lune plus brillante, ses rayons se jouaient dans la crinière des chevaux, sur les saillies des harnais. Perdu dans mes rêves, je sentais que la route s'élevait, bordée de jardins, que l'espace au loin s'élargissait. Puis une porte monumentale, ruinée, s'ouvre béante, des lumières pétillent dans un amas de blanches ruelles. Nous arrivons à Zaghouan. Nous voici à l'auberge encombrée d'une foule joyeuse ; une quinzaine de personnes sont arrivées, il a fallu les héberger et ce n'a point été une petite affaire. L'hôtesse est sur les dents. Mais où nous coucher? On ne peut vraiment nous laisser à la belle étoile, on connaît beaucoup M. Sadoux et, par égard pour lui, on fait l'impossible.

Nous sommes dans une petite salle qui nous servira de gîte pour la nuit, les joyeux voyageurs fatigués ont gagné les lits de hasard que l'hôtesse a improvisés. On n'entend plus aucun bruit, ils dorment.

— Grâce à vous, me voici avec un gîte! dis-je à M. Sadoux.

— Bah! fit-il, on s'arrange toujours! Les mauvaises nuits passent, mais les souvenirs amusants restent. Et tenez, justement je me rappelle une aventure assez drôle dont un des nombreux incidents s'est produit ici.

Il continua.

Je me trouvais à Kairouan, lorsque M. Massicault, résident général, me télégraphia de rentrer en toute hâte à Tunis pour affaire urgente. J'avais la meilleure volonté du monde pour me rendre au désir de notre aimable résident, mais j'étais bien empêché pour regagner la côte aussi rapidement que j'aurais voulu. Prendre par Sousse, il n'y fallait pas songer ; la route est longue et le bateau n'y fait escale que deux fois par semaine. Je me décidai à couper directement par Bir-el-bey et Zaghouan. Le voyage serait plus dur mais aussi plus rapide.

Cette résolution prise, je fus trouver le Caïd, je lui communique la dépêche du ministre et je le prie de me procurer au plus vite un cocher sûr et un véhicule en bon état.

Le Caïd roule des yeux effarés, lève les bras au ciel et me répond :

— Tu ne peux pas partir, tous les cochers sont en prison.

— N'importe! fais-moi donner une voiture et je trouverai bien un conducteur.

— Toutes les voitures sont en fourrière!

Et comme je le regarde tout ébahi, il s'explique.

Un juif, porteur de sept à huit cents piastres, avait loué quelques jours avant une voiture pour se rendre à Hadjib-el-Aïoun. Durant le trajet, il avait été égorgé par le cocher dans la voiture même et son cadavre tout pantelant avait été retrouvé sur la route. L'argent, bien entendu, avait disparu.

La justice se dit que l'assassin serait facilement découvert, la voiture ayant évidemment conservé quelques traces du meurtre. On visite tous les véhicules l'un après l'autre et l'on constate avec stupeur que tous sont abominablement ensanglantés... Sans doute par esprit de solidarité, les cochers, pour qu'on ne puisse retrouver l'un des leurs, avaient eu l'ingénieuse idée de barbouiller de sang leurs coussins crasseux.

La justice demeurait perplexe. Salomon lui-même aurait été embarrassé dans l'occurrence. Enfin, on prit un parti héroïque, on envoya toutes les voitures en fourrière et tous les cochers en prison.

Je dis au Caïd que l'histoire était infiniment curieuse, mais qu'il me fallait gagner Tunis sans retard et que lui Caïd était obligé de me fournir des moyens de transport.

Le pauvre Arabe faisait piteuse mine. Il réfléchit longtemps. Enfin sa physionomie s'illumina.

— Écoute, me dit-il, on m'a dit d'envoyer à Tunis, comme pièce à conviction, la voiture où le meurtre a été commis. Il y en a une qui a plus de sang encore que les autres. Ça doit être dans celle-là que le juif a été assassiné. Je vais te la faire envoyer, tu partiras avec et de la sorte ma voiture sera transportée à Tunis et toi tu auras ainsi les moyens de faire ton voyage.

CARAVANE RENCONTRÉE SUR LE CHEMIN

— Bon, lui dis-je, voilà une voiture, mais il me faut un cocher maintenant.

— Je vais faire sortir de cellule un honnête garçon qui n'est certainement pour rien dans l'affaire. Il te conduira.

Je remerciai le Caïd de l'abominable carrosse qu'il me fournissait et j'allais me retirer quand il me retint :

— Surtout, me dit-il, fais bien attention à ne pas abîmer les taches de sang qui sont sur les coussins. Cela entraverait les recherches de la justice.

Nous devions quitter Kairouan vers quatre heures du matin et j'avais donné à l'honnête cocher auquel j'avais trouvé bonne figure quelque argent pour acheter de l'orge pour le voyage et j'avais été me coucher bien tranquille.

Au matin, à l'heure fixée pour le départ, mon homme n'était pas à la voiture. On le cherche partout, mais en vain, à midi on le cherchait encore. Le coquin avait disparu avec mon argent !

RUE DE ZAGHOUAN

Enfin, vers deux heures du soir et après une scène épique avec le Caïd, un deuxième cocher honnête homme était extrait de la prison.

Aussitôt qu'il fut en ma présence il me demanda de l'argent pour acheter de l'orge, je lui proposai des coups de canne. Il se résigna, monta sur son siège et fouetta ses chevaux. Nous étions partis!

Une fois en route, je pus examiner à loisir la voiture à conviction où je me trouvais. C'était épouvantable. Il y avait du sang partout, tout était d'un rouge noirâtre qui soulevait le cœur. On avait dû énormément massacrer sur ces coussins!

Nous arrivons sans encombre à Zaghouan après une longue, très longue marche et je fais constater à mon automédon que sa voiture de boucher n'a perdu en route aucune de ses souillures.

Le lendemain matin, j'étais dans l'auberge où nous sommes lorsqu'au moment du départ et comme je terminais mes préparatifs j'entends un tumulte. On criait, on injuriait, on menaçait. Je me précipite dans la rue et j'aperçois toute la population ameutée contre mon cocher.

Plus de doute! c'est l'assassin...

Comment arriver à Tunis maintenant! Et M. Massicault qui m'attend toujours!...

Heureusement tout s'explique. Mon homme avait dîné dans un foudouk après avoir mis ses chevaux à l'écurie, mais comme il n'avait pas un sou sur lui, il avait été dans l'impossibilité de payer. Je solde la dépense de mon automédon et me voici de nouveau en route.

Arrivés dans la plaine de l'oued Miliane le cocher prétend connaître une traverse qui abrégera de beaucoup le chemin. Comme l'aventure de Zaghouan nous a passablement retardés, je le laisse faire dans l'espoir de rattraper le temps perdu. Nous suivons longtemps une mauvaise piste lorsque tout à coup nous arrivons sur les berges de l'oued Miliane devant une haute falaise tombant à pic sur la rivière.

« Mais tu ne peux passer là, malheureux, m'écriai-je, il n'y a plus de chemin ici.

« Là, fait-il, d'un air détaché, désignant de son fouet la falaise.

« Mais tu es fou!...

« Tu vas voir, ajouta-t-il, en obliquant un peu et en allant vite nous atteindrons le bord. Que de fois je suis descendu ainsi et, tu vois, je suis encore vivant! Regarde, il y a bien un sentier. »

En effet, une sorte de chemin de chèvres suivait la pente raide.

« Fais ce que tu voudras, lui dis-je un peu énervé, descendant en toute hâte de voiture, mais tu me réponds de ta calèche, n'oublie pas que nous devons la ramener intacte à Tunis. »

Je n'avais pas fini que ses chevaux dévalaient sur la pente de la falaise et que l'attelage tombait à pic au milieu de l'eau. La voiture était dans la vase jusqu'aux essieux, un cheval râlait et le cocher pataugeait et s'ébrouait. La rivière heureusement était peu profonde en cet endroit.

Il fallut procéder au sauvetage; je voulais au plus vite retirer la voiture afin de ne pas laisser effacer les fameuses taches de sang et, dans mon impuissance, je me lamentais sur la rive. Des Arabes passèrent enfin qui vinrent à notre secours. La pièce à conviction était brisée, les essieux et les rayons des roues en morceaux. J'entendais l'eau clapoter dans l'intérieur du véhicule. Avec des lanières faites de nos foulards et de nos mouchoirs de poche, avec des pans des burnous des Arabes, on attache, on raccommode et après deux heures de travail et d'efforts nous repartons doucement, cahin-caha, poussant l'attelage avec précaution, après avoir abandonné un cheval mort dans la rivière.

Mais cette aventure avait pris du temps et la nuit était tombée lorsque nous arrivions à la Mohammedia. Le cheval était fourbu, le cocher était tout courbaturé de sa chute. Force fut de s'arrêter dans l'affreux foundouk que nous avons aperçu ce matin et de se contenter pour dîner d'une tasse de café maure. Toute la nuit, les hurlements des chacals et les inquiétudes que me donnait ce retard dans mon arrivée à Tunis, me privèrent de repos. Le matin on reprit la route, la distance à franchir n'était pas longue maintenant. Les passants s'arrêtaient ébahis devant cet attelage rapiécé, traîné par un cheval efflanqué, cheminant tête basse, mené par un cocher hirsute souillé de boue.

A la porte de Sidi-Abdallah un policier se précipita vers nous et mit la main au collet du cocher : c'était l'assassin. Mais hélas ! la fameuse pièce à conviction, qu'on m'avait tant recommandé de ramener intacte, était à demi brisée, pleine de vase et les eaux de l'oued Miliane lui avaient enlevé les traces de sang accusatrices sur lesquelles comptait la justice.

Je laissai mon homme se débrouiller et je courus à la résidence.

— Me voilà! dis-je en me précipitant dans le bureau de M. Massicault.

— Bonjour, mon ami, me dit-il en me tendant la main. D'où venez-vous donc? vous êtes blanc de poussière et couvert de boue.

— Mais de Kairouan où vous m'avez télégraphié de venir immédiatement pour affaire urgente.

Le ministre éclata de rire :

— L'affaire est arrangée depuis deux jours, mon pauvre ami, me dit-il.

Une bonne partie de la soirée s'était passée à écouter les aventures de M. Sadoux, car il m'en raconta bien d'autres encore fort singulières et c'est un regret de ne pouvoir les dire toutes.

Le lendemain, à la première heure, après un court sommeil, nous arpentions ensemble les rues de Zaghouan. Le soleil levant éclairait les murailles et les minarets des mosquées et cette ville à la blancheur nuancée de rose était à cette heure comme une lumineuse apparition. Combien charmantes ces premières heures du jour, en pays africain! Les rues si claires de Zaghouan se détachaient sur la haute montagne dentelée à laquelle la ville est adossée, cime gigantesque, de couleur lilas, sillonnée de larges entailles perpendiculaires.

Le soleil du matin illuminait tout entière la monstrueuse façade rocheuse dressée jusqu'au zénith.

Je me souviens qu'après avoir gravi les rues escarpées de la ville, nous nous sommes engagés dans un sentier bordé de peupliers aux feuilles argentées toutes frissonnantes; et au bout du sentier, comme à l'extrémité des rues, la falaise du mont se dressait toujours.

LA « CELLA » DU TEMPLE DES EAUX.

Idéale vision de paysage à laquelle rien ne manquait, ni le chevrier en manteau blanc, au visage bronzé, ni les chèvres noires tigrées de feu, ni le chant des oiseaux, charme indicible, ni le murmure de l'eau. Depuis longtemps je n'avais entendu cette voix charmante du ruisselet caché dans le gazon, sous les branches basses, tout scintillant d'éclats diamantés. Ici, tout était fraîcheur, harmonie et clarté. Je retrouvais la Provence et des sensations matinales d'autrefois s'éveillaient.

En détournant la tête j'entrevoyais les blanches murailles de la ville enfouie à demi dans la verdure sur un promontoire dominant la plaine, la vaste plaine à perte de vue étalée, où pointaient quelques cimes lointaines.

Et comme je contemplais ces espaces verdoyants, M. Sadoux me disait :

« Il suffit d'un jour pour voir ces cultures et ces vignobles si prospères changés en désert. Le fléau arrive tout à coup du sud, des profondeurs des sables. Cette plaine si lumineuse devint un jour subitement noire sous mes yeux, et c'est un spectacle que je n'oublierai jamais.

« C'était au commencement de l'été, justement à l'époque où nous sommes. Une invasion de criquets avait lieu et c'était effrayant de les voir, tels qu'une monstrueuse fourmilière, s'avançant lentement, sans arrêt. Rien ne pouvait en arrêter les vagues grouillantes. Le flot animé gravissait les hauteurs, atteignait les crêtes et descendait comme une sombre lave. A Zaghouan que vous voyez là-bas. Les maisons si blanches maintenant en étaient noires. Comment s'en défendre ! En colonnes serrées les criquets envahissaient les maisons. Ils entraient, profitant des plus petites ouvertures. Et cette horrible chose mouvante était partout. Elle ne laissait rien après elle, ni une feuille, ni un brin d'herbe, rien… les arbres même étaient dépouillés de leur écorce. — Non, jamais on ne pourra imaginer un tel spectacle sans l'avoir vu, jamais on ne pourra calculer les ravages exercés par les criquets.

« Dévorant tout dans leur marche ininterrompue, ils grossissent à vue d'œil et le danger toujours augmente. Les indigènes mènent grand tapage pour les effrayer, ils tirent des coups de fusil, tapent sur leurs tam-tams, poussent des cris affreux, mais c'est peine inutile. On creuse aussi des tranchées profondes devant ces troupes de larves qui souvent s'avancent sur un front de plusieurs kilomètres, mais les larves comblent la tranchée avec leurs corps et les autres, par-dessus, continuent leur marche ; les sombres vagues ne se ralentissent jamais.

« Les appareils cypriotes seuls protégèrent cette fois les vignobles que vous voyez, là-bas, vers le Djouggar.

« D'autres fois, ce ne sont point les criquets qui envahissent, mais les vols de sauterelles venant du Soudan, dit-on, qui s'abattent partout et exercent les mêmes ravages. Dans ce cas les Arabes du sud ont une petite compensation, car ils les assomment au moyen de verges flexibles et les conservent comme provision après les avoir fait bouillir dans l'eau salée.

« Quant aux Arabes du Sahel, ils ne s'en nourrissent pas et méprisent même cet aliment.

« A la faveur des vents, les sauterelles, se dirigeant toujours vers le nord, franchissent des distances énormes, formant des nuages qui obscurcissent le ciel. Les Arabes sont persuadés qu'elles dorment alors dans le vent. Ils leur ont donné des noms propres : ils appellent le mâle Otman et la femelle Aïcha. »

Nous arrivions cependant, après une courte promenade, aux ruines du nymphéum, à l'*Henchir-aïn-Kasbah*, comme le désignent les Maures.

Ce temple des eaux est le monument le plus gracieux de l'Afrique du nord. Il est abrité dans une large fissure qui partage la montagne. L'hémicycle allongé dont il est formé s'ouvre en éventail sur l'immense plaine. Au centre de la courbe est le sanctuaire où nous voyons encore la *cella*, niche cintrée réservée à la statue de la divinité, l'Astarté, à ce que l'on croit, la *Juno pollicitatrix pluviarum*. Il est composé de deux parties : le vestibule recouvert d'une coupole et la cella proprement dite.

De chaque côté du sanctuaire s'arrondissent des galeries décorées chacune, autrefois, de treize colonnes corinthiennes. Des marches latérales permettaient de descendre de la terrasse placée au fond de l'hémicycle jusqu'au bassin situé plus bas qui reçoit les eaux des sources avant leur entrée dans l'aqueduc.

Le site est admirable en son recueillement, au pied de la prodigieuse falaise. La déesse debout dans le sanctuaire présidait bien à la fécondité, car, au-dessous d'elle, du ténébreux mystère de la roche stérile l'eau jaillissait et aussitôt, autour du temple, comme par enchantement, un bois sacré d'orangers, de peupliers, de trembles et de platanes séculaires s'élevait, devant l'espace verdoyant, plein de fraîcheur, bercé par le murmure de la source et par le chant des oiseaux. C'était un séjour divin, bien digne de la nymphe dont la protection constante veillait de ce sommet à la prospérité de Carthage mollement étendue sur le rivage.

Le *Raz-el-Kasa*, le plus haut pic du massif du Zaghouan s'élève à 1340 mètres. Ceux qui bravent les fatigues de l'ascension découvrent de là-haut un bon tiers du territoire de la Régence. Mais la montée est pénible le long des flancs du Bou Kobrin d'abord, jusqu'à la Zaouïa bâtie sur un promontoire aux escarpements vertigineux. Il faut, à la Zaouïa, quitter le mulet qui nous amène et, durant deux heures, enjamber des séries de couloirs et d'escaliers de roche.

Le Djebel Zaghouan est la plus belle et la plus remarquable de toutes les montagnes de la Tunisie, il est visible de tous côtés à une distance de 80 kilomètres.

Au retour du nymphéum, nous errons à l'aventure dans un vallon qui borde la ville. Quelles heures délicieuses à travers les grenadiers en fleurs, sous l'ombrage des peupliers blancs et des figuiers, sous les palmiers, les oliviers, les noyers et les abricotiers chargés de fruits! A chaque instant on s'arrêtait charmé. A travers la feuillée les coupoles des mosquées et les fusées des minarets s'élevaient et flamboyaient. Au loin, vers la plaine, sur les dernières pentes du Zaghouan, quelques cyprès noirs dressaient leurs cimes rigides. C'était la seule touche sombre dans ce paysage d'éblouissements et de parfums.

On n'oublie pas certains instants, pourtant rien de caractéristique ne les écrit dans le souvenir. Ce sont de vagues sensations retrouvées, le tic-tac d'un moulin, un chant d'oiseau très doux, une grenade entr'ouverte montrant ses rubis, le bourdonnement fugitif d'un insecte ailé, le vol incertain d'un papillon que l'on suit un instant des yeux, une nuée, une seule voguant là-haut dans le ciel, nuée rose frôlant, on le croirait, une palme d'or balancée par la brise.

C'est peu, et c'est tout.....

Adieu, Zaghouan; les âges destructeurs ont réduit en poussière l'image de la déesse qui, des flancs du mont qui te domine, veillait sur toi. L'œuvre bienfaisante est restée intacte, les flots sillonnent tes jardins. Il te reste aussi l'éternelle beauté des espaces que tu contemples et les bosquets fleuris de lauriers-roses qui toujours encensent en les embaumant tes blanches murailles.

AU NYMPHEUM

RUE DE KAIROUAN

CHAPITRE IX

En mer. — Sousse. — Kairouan, la ville sainte. — Visions, légendes et mirages. — Les mosquées. — Les Zlass. — A travers les rues et les bazars. — Un dîner chez le kalife.

<blockquote>Ce que Dieu veut arrive nécessairement.
(Dicton arabe).</blockquote>

La nuit... à bord d'un navire. Nuit un peu sombre sur la mer calme.

Il y a quelques instants on entrevoyait Tunis là-bas, longue traînée phosphorescente dans les vapeurs du soir.

C'est à peine si l'on devine maintenant sur le ciel la presqu'île du cap Bon dont les ondulations bordent le golfe.

... De Carthage, les monuments nouveaux se profilent sur l'antique colline de Byrsa rapprochée de nous et Sidi-bou-Saïd, d'une blancheur de nuée, semble planer au large...

La nuit plus sombre... rien sur la mer sans limite, seuls quelques nuages s'allongent dans un ciel où tremblent, çà et là, des étoiles.

Cependant, assez tard, deux silhouettes obscures tout à coup se montrent pour disparaître aussitôt : Zambre et Zambrette, îlots déserts.

Nous quittons le golfe de Tunis, nous doublons le cap. Sous un ciel toujours sans clarté les feux du bord allument quelques éclairs furtifs dans le sillage.

De l'arrière, le navire, avec ses hautes vergues noyées dans le ciel, apparaît comme un vaisseau fantôme. Il court, obstiné, vers un but auquel on ne songe pas, car à cette heure les préoccupations humaines sont absentes de nous : nécessités âpres ou espérances du voyageur.

Tout entier à l'heure présente, je considère le spectre monstrueux s'enfonçant dans les ténèbres avec un grondement régulier et sourd.

Cependant, je crois entendre, en prêtant l'oreille, les échos d'une mélodie naissante dont les accords se mêlent au rythme de la machine. Ces accords se précisent, une voix s'élève et traverse la nuit ; on donne une fête à bord. Et le navire spectral s'en va chantant dans les ténèbres, au son d'invisibles instruments. Les chants ont leur mélancolie exhalés ainsi dans le mystère de la grande mer taciturne. Les douleurs sont partout si voisines de la joie !...

Aujourd'hui même un yacht, le *Thistle*, dont les cuivres étincelaient au soleil, était à l'ancre dans le port de Tunis. Ses trois mâts effilés s'élevaient au-dessus de la coque d'une charmante blancheur.

La veuve d'un empereur, la mère endeuillée d'un jeune prince tombé au loin sous la sagaie d'un sauvage a quitté le bateau. Elle a erré à travers les bazars, et un serrement de cœur m'a pris de la voir ainsi vieillie et brisée dans le joyeux soleil. L'auguste veuve éternellement emporte la misère de son cœur par les mers et les plages.

Cette grande figure de douleur est venue avec persistance me hanter tandis que j'écoutais les chants nocturnes du bord.

... Au matin c'est la lumière. Quelques vapeurs légères flottent dans le ciel. Devant nous est une ville toute blanche, étagée sur une colline, avec des minarets en forme de tourelles et une ceinture de hauts remparts crénelés : c'est Sousse, la capitale du Sahel.

Tout ce que l'œil embrasse de ciel et de mer, est baigné d'une clarté douce ; seule, la ville faite de terrasses, de tours, de créneaux, de coupoles, s'entasse sur la côte en flamboyant chaos.

Sousse fut l'antique Hadrumète, un des comptoirs les plus prospères des Carthaginois. Annibal en fit sa base d'opération lorsque, trahi par la fortune à Zama, il se préparait à livrer bataille à Scipion arrivant de Carthage.

Au déclin de la République romaine, les partisans de César et de Pompée se disputèrent la position avec acharnement. La victoire de Thapsus la mit aux mains de César.

Les Vandales démantelèrent Sousse, Justinien releva la ville et lui rendit sa vieille splendeur. En l'an 827 de notre ère, les Arabes qui s'en étaient emparés fortifièrent les remparts. André Doria à la tête d'une escadre espagnole l'assiégea au xvi° siècle et s'en rendit maître. Au siècle dernier enfin, les Français et les Espagnols la bombardèrent.

Quant à l'intérieur de la cité rien de très particulier à dire, c'est l'éternel réseau des ruelles de toutes les villes arabes, les mêmes boutiques basses. Seules, à travers la foule remuante, aux costumes éclatants, les femmes se glissent graves, presque farouches, voilées de noir de la tête aux pieds. Le visage lui-même disparaît sous un sombre masque. Parfois elles passent en théories funèbres, en cortèges mortuaires le long des murailles, dans l'éblouissement du soleil.

Allant un peu à l'aventure j'ai atteint le *Kaouat-el-Koubba*, signalé comme une des curiosités de la ville. Ce café du dôme ou de la coupole s'est installé dans une ancienne basilique byzantine dont les blanches voûtes sont supportées par des arcades et des colonnes. Le dôme central est taillé jusqu'à son sommet en larges cannelures. Le monument est remarquable. Il est à regretter qu'on ne l'ait point utilisé pour la formation d'un musée, par exemple, qui, tout en assurant sa conservation, abriterait tant de belles mosaïques qu'un peu de sable recouvre à peine aux environs de la ville.

Contentons-nous pour l'instant du pittoresque offert par ces hommes aux visages expressifs, drapés dans leurs manteaux, assis çà et là ou réunis par groupes dans le Kaouat-el-Koubba. Ils sont graves, silencieux; on dirait qu'il traîne encore ici quelque souvenir du recueillement sacré de la vieille basilique.

L'un d'eux surtout, me frappe. Sa tête est osseuse, sa peau bronzée, le nez est recourbé et fin, les yeux sont voilés sous une lourde paupière, ses moustaches, retombantes de chaque côté des lèvres, se redressent fièrement aux extrémités. Ses mouvements sont lents, ils rappellent la souple nonchalance des félins. C'est un janissaire. De temps à autre il porte à ses lèvres un calumet microscopique dont il aspire une bouffée, ses yeux mornes s'entr'ouvrent alors et il retombe ensuite dans un songe sans fin.

Plus loin, tout au fond d'un café voisin, se tient un conteur. Il dit, comme ceux de Tunis, un récit des *Mille et une nuits*. Souvent il s'arrête et, promenant un regard circulaire, il paraît jouir de l'émerveillement de l'auditoire.

LE « MINBAR » DE LA GRANDE MOSQUÉE.

Sans cesse, dans ma promenade, des visions nouvelles frappent mes yeux. Oh! comme nous sommes loin de la vieille Europe! C'est bien un monde nouveau dans lequel nous voyageons et le cadre se prête admirablement aux scènes qui nous arrêtent : le ciel, l'architecture, la couleur, les visages et les costumes.

Ce soir, je suis allé au hasard à travers les souks en compagnie de M. Épitalon, avocat à Saint-Étienne, que j'avais rencontré à bord, lorsqu'une musique bizarre s'est tout à coup fait entendre. Sur les bancs, le long d'une galerie, des hommes sont assis sur des nattes, revêtus de djebbas superbes, un turban d'or s'enroulant autour de leur fez rouge. Ceux-là aussi sont attentifs. Au milieu de cette réunion, des musiciens jouent de la derbouka et du violon à long manche. C'est une sérénade en l'honneur d'un riche maure. Les phrases musicales n'avaient aucune mélodie, c'étaient toujours des sortes de marches que les ronflements du tambour de basque accentuaient. Puis subitement les instruments s'arrêtaient et des voix nasillardes les remplaçaient, célébrant je ne sais quels exploits guerriers.

Alentour les magasins sont ouverts, illuminés, et des juives sont accroupies

KAIROUAN, LA VILLE SAINTE.

sur des tapis de Kairouan aux couleurs vives. On dirait une jonchée de fleurs. C'est une confusion d'étoffes lamées d'or, de gazes, de dentelles où sourient des visages clairs aux grands yeux noyés, avivés par le kohl, pleins d'éclairs noirs.

Longtemps ce spectacle nous a retenus. Puis nous avons repris le chemin de l'hôtel à travers de tortueuses ruelles, le long des murailles éclairées vaguement par les étoiles.

. . . .

Le lendemain, au point du jour, je partais pour Kairouan.

... Lorsque la ville sainte m'apparut pour la première fois, il y a trois ans bientôt, j'éprouvai à sa vue une impression ineffaçable.

Un ciel bas, couvert, une tristesse sans bornes s'appesantissaient. Au loin, dominant un paysage de steppe aux lignes solennelles, une ville d'une pâleur éthérée développait une imposante enceinte crénelée au-dessus de laquelle pointaient, innombrables, des clochetons, des coupoles de zaouïas et des minarets de mosquées. On eût dit l'ébauche aérienne ou plutôt le reflet d'une immense cité, dont les monuments frêles, tremblants, montaient effacés à demi dans les nues.

Si vous saviez combien est troublante la physionomie des murailles africaines par les temps obscurs!

Et la ville fut toujours mystérieuse et sainte; jusqu'en ces derniers temps encore, on crut que nul chrétien ne pouvait s'y abriter la nuit à moins d'un miracle. Devant une telle profanation, les marabouts défunts se seraient tous levés de leurs sépulcres pour chasser l'infidèle.

Longtemps les juifs ne purent s'y établir. Au confluent de l'oued Merguellil et de l'oued Zeroud, au nord de la ville, une maison spéciale, le *Dar el Aman*, la maison de la paix leur était assignée, ils y affluaient les jours de marché.

Son isolement, son étrange aspect, son passé légendaire la grandissent aux yeux des musulmans. Sept pèlerinages à Kairouan, disent-ils, équivalent à un pèlerinage à la Mecque.

Toujours de bien loin, les fidèles demandent à être ensevelis dans cette terre sanctifiée, aussi la ville est-elle entourée de vastes cimetières, de koubbas vénérées et d'innombrables tombeaux épars.

Elle était donc troublante à voir, cette ville, ébauchée au loin sous les nuées, comme aux confins d'un monde inconnu.

Kairouan?.. Je l'avais imaginé éblouissant de soleil!

Le temps était lourd; il avait beaucoup plu et la plaine se trouvait inondée. A perte de vue, des flaques reluisaient, reflétant par places le décor spectral de la ville sainte. De tous côtés, Kairouan se profile sur le ciel, ainsi il apparaît toujours aux pèlerins et aux voyageurs, qu'ils aient traversé les sables ou le Sahel.

Nous approchions. De toutes parts les eaux limoneuses de l'oued Zeroud débordé glissaient silencieuses. Elles envahissaient la plaine. On entendait, par instants, des beuglements de chameaux et les roulements sourds d'un orage lointain. Il fallut dételer les chevaux qui ne pouvaient plus avancer, et les pieds dans la boue, pousser notre véhicule. On arriva enfin...

La ville est cerclée d'une forêt de cactus dont les raquettes crispées, armées de dards aigus, se dressent comme des menaces. Et dans cette ceinture de monstres, et dans la plaine marécageuse, jusques au loin à perte de vue, rampent ou se glissent des vipères, des lézards, des scorpions, des rats et des tortues.

Autour de Kairouan naissent fréquemment des mirages.

A certains jours, la plaine se couvrira tout à coup de forêts de palmiers aux grands panaches ondoyants et des caravanes bibliques lointaines défileront avec leurs chameaux chargés et leurs conducteurs de rêve. D'autres fois la mer, la mer sans bornes, étalée... des îles surgiront, s'effaceront sans avoir pris corps, des oasis apparaîtront pour s'évanouir et des vaisseaux fantômes vogueront sur cet océan fantastique.

Et qui pourra jamais raconter quelles grandes apparitions ont entouré ces minarets, longues luttes de formes indécises et spectrales, de titans ou de dieux... Mais tout à coup la vision cesse, la plaine reprend sa monotonie et les flaques fétides miroitent immobiles, sans un frisson.

Quand viendra l'été, le soleil brûlera le sol, la terre se crevassera, et Kairouan étalera dans un désert les blancheurs aveuglantes de ses murailles crénelées, de ses coupoles et de ses minarets.

Kairouan a toujours exalté l'imagination. La solitude où il dresse ses nombreuses mosquées, les mirages qui l'entourent parfois, les marabouts vénérés qui dorment leur dernier sommeil depuis des siècles et des siècles au pied de ses remparts, en ont fait la ville du mystère. C'est comme un pèlerinage en un pays perdu.

Sa fondation est entourée de merveilleuses légendes.

En l'an 50 de l'hégire, Okba-ben-Amir, un des plus illustres guerriers de l'Islam, s'est emparé de Gafsa. Continuant sa marche à travers des contrées désertes, il se trouve un soir au milieu d'une plaine infinie couverte d'arbustes épineux, peuplée de fauves, de serpents, de scorpions et de hiboux. Comme le crépuscule tombe, il gravit une colline isolée, la seule qui rompît la monotonie de cette terre et, une fois arrivé au point culminant, il s'écrie, regardant les quatre points cardinaux :

« O habitants de cette plaine qui marchez ou rampez du crépuscule à l'aube et tout le long du jour, que Dieu vous fasse miséricorde! Nous venons de choisir cette place, éloignez-vous. »

Et trois jours durant, à l'heure où la terre s'endort, sa voix se fit entendre de la même manière. Et le troisième soir une grande rumeur tout à coup emplit les airs et jusqu'au matin cette rumeur dura. Les animaux féroces, les reptiles immondes battaient en retraite; le sol tremblait; c'était dans l'espace comme des mugissements plaintifs, des sifflements, des hurlements qui se mêlaient aux froissements des herbes sèches, au clapotement des eaux croupies.

Le lendemain, dans la plaine, un silence de mort régnait, plus rien ne vivait ni ne germait. Alors Okba-ben-Amir partagea en lots le plateau de la colline et, piquant son étendard

MOSQUÉE DU BARBIER : GALERIE DU TOMBEAU

sur le sol, il s'écria d'une voix tonnante dont les échos roulèrent jusqu'aux montagnes de l'horizon : « Voici la ville que nous fondons, elle se nomme Kairouan. »

Kairouan signifie : station des caravanes.

C'est bien toujours une station de caravanes, le point de ralliement de toutes celles qui arrivent du sud, transportant à Sousse et même à Tunis leurs chargements.

Il m'est resté de Kairouan un inoubliable souvenir. Aux heures de repos, lorsque le passé me hante, je revois comme en rêve des paysages d'une douceur infinie, des rivages bercés par l'éternelle mélodie d'un flot caressant, des visages qui me sourirent un jour et que je ne verrai plus, mais tout à coup devant mes yeux, surgit la ville sainte, avec toute l'étrangeté de la vision du premier jour.

L'orage menaçait. J'étais sur le haut minaret de la grande mosquée Sidi-ben-Okba. La ville, autour de moi, étalait la livide blancheur de ses terrasses où s'arrondissaient de larges coupoles aux écailles vertes, où pointaient des minarets jaunes, où les murailles succédaient aux murailles, à l'infini. A mes pieds était l'immense parvis de la mosquée avec sa prodigieuse colonnade. Autour de la ville, au milieu des cactus noirs, blanchissaient des tombeaux, des coupoles, des minarets encore. Mais voici que, de la nue déchirée, une pluie de lumière s'échappe, éclaboussant les murailles, allumant les coupoles, burinant les dentelles des minarets. Puis subitement la lumière s'éteignit, le tonnerre gronda, ses roulements se répercutèrent au loin, quelques éclairs rayèrent l'espace, et la pluie ruissela.

Kairouan venait de m'apparaître comme une cité d'Apocalypse, comme une vision de fantastique métropole de l'Islam.

J'avais passé tout le jour dans les mosquées, mes yeux étaient pleins encore des reflets d'un art évanoui et, après l'orage, le soleil s'était pris à briller. De grands nuages erraient encore dans le ciel, mais le temps rasséréné promettait un beau lendemain.

Alors les voix des muezzins chantèrent aux espaces la grandeur d'Allah, je les voyais sur le faîte des minarets tels que des apparitions célestes, et du lointain, d'autres voix s'élevaient encore et, sur la ville entière, sur les tombeaux épars et sur l'immense plaine, ces voix qui portaient la prière longuement planaient.

Les derniers rayons flambaient çà et là sur les murailles. Çà et là encore les flaques d'eau que l'orage avait formées dans les rues, reflétaient leurs feux mourants. Et la nuit enveloppa la ville sainte...

Je visitai à diverses reprises cette grande mosquée de Sidi-ben Okba, dont la fondation est légendaire comme les origines de la ville même. Si longtemps il fut mystérieux, ce grand sanctuaire aujourd'hui profané où le chrétien peut pénétrer !

Lorsque Okba-ben-Amir, après la retraite des animaux féroces ou immondes qui souillaient la plaine, voulut tracer les fondations de la grande mosquée, il assembla ses guerriers et fit célébrer la prière sur l'emplacement qu'il avait choisi. Il ne savait exactement le point où il établirait la *Kibla* ou *Mirhab* dont l'axe indique dans les sanctuaires musulmans la direction de la Mecque ; et toute la journée cette incertitude le rendit songeur. A la prière du soir, il eut recours au Dieu tout-puissant et dans la nuit suivante, durant son sommeil, une figure céleste lui apparut disant : « O favori du maître de l'univers, lorsque l'aube prochaine poindra, tu saisiras ton étendard et tu marcheras en avant, les esprits te précéderont et tu les entendras. A l'endroit où les airs deviendront silencieux tu établiras le mirhab. »

Okba-ben-Amir obéit. Des voix l'accompagnaient criant : « Allah-Akbar, Dieu est grand. » Lui s'adressant à son escorte disait : « N'entendez-vous pas, vous autres, les louanges de Dieu qui traversent les airs ? » Et les autres n'entendaient pas.

« C'est donc la volonté d'Allah », fit-il.

Les voix s'étant tues, il planta son étendard et se tournant vers sa suite il dit : « Enfants du désert, voici votre mirhab. »

Il était merveilleux d'avoir chassé les animaux féroces ou immondes qui peuplaient la plaine, d'avoir fait intervenir la puissance divine pour déterminer l'emplacement du mirhab de la mosquée, mais les matériaux manquaient pour la construction et Okba-ben-Amir n'avait pas prévu la question d'eau potable pour alimenter la ville nouvelle. Alors, toujours d'après la légende, un premier miracle se produisit. Chaque matin, au soleil levant, on voyait les pierres de taille et les marbres amoncelés à l'endroit même où ils devaient être utilisés. Quant à l'eau, elle fut due à un autre prodige.

C'était l'été, la sécheresse tarissait les rivières environnantes, l'armée conquérante souffrait de la soif.

Chaque jour les guerriers interrogeaient l'horizon cherchant des yeux un nuage qui vînt leur donner l'espoir de pluies prochaines, les chevaux hennissaient et flairaient le sol de leur naseau, les chameaux eux-mêmes se couchaient et tristement mugissaient.

Okba-ben Amir avait un magnifique sloughi auquel il était fort attaché. Or un soir l'animal prit son maître par un pan de son manteau et à plusieurs reprises chercha à l'attirer au loin.

— « Voyez-vous, disait Okba à ses guerriers, il doit se passer quelque fait extraordinaire dans le voisinage ; jamais Barouta, — c'était le nom du sloughi, — n'a eu de pareilles manières. »

— « Suivons-le, » s'écrièrent les guerriers.

Lorsqu'ils furent à une certaine distance, le chien s'arrêta et se mit à gratter furieusement la terre avec ses pattes. On approcha. Un mince filet d'eau s'échappait du sol. Bientôt, du trou creusé plus profondément, jaillit une source où s'abreuvèrent avidement les hommes d'armes et les animaux.

Sidi ben Okba décida alors qu'une zaouïa serait bâtie à cet emplacement même pour perpétuer le souvenir d'un pareil miracle. Ainsi fut fait, paraît-il.

Revenons à la grande mosquée. Le monument est grandiose ; il rappelle, dit-on, la mosquée de Cordoue. Extérieurement, il offre l'aspect d'une forteresse avec ses épaisses murailles soutenues par de lourds contreforts. La cour dans laquelle on pénètre tout d'abord est vaste, imposante, un double cloître aux colonnes romaines l'entoure. L'on est surpris de le voir recouvert de pierres sépulcrales romaines et chrétiennes sur lesquelles des fragments d'inscriptions apparaissent encore. Au-dessous de cette cour est une immense citerne. Quelques tronçons de colonnes plantés dans les dalles sont évidés, rayés d'entailles profondes et polies produites par les cordes qui servent à puiser l'eau. C'est la citerne de réserve.

J'étais accompagné par un spahi au manteau bleu, grand et grave, parlant peu, se contentant de me signaler du geste ce qu'il croyait devoir m'intéresser.

La porte d'entrée de la mosquée proprement dite est en ogive haute surmontée d'un fronton dentelé et couronnée par un dôme divisé en larges cannelures. De chaque côté l'ogive retombe sur des colonnes.

Intérieurement la mosquée est composée de dix-sept nefs dont les voûtes sont supportées par deux cent quatre-vingts colonnes en onyx, en marbre et en porphyre, provenant pour la plupart d'anciennes basiliques.

M. Saladin trouve les colonnes et les chapiteaux byzantins du plus grand intérêt au point de vue architectural. Ils permettraient de comparer l'école africaine à l'école orientale, et de retrouver ici, comme en Asie, des dégénérescences du corinthien et de l'ionique.

L'allée centrale est vaguement éclairée par des vitraux. Mais mon spahi a fait ouvrir la porte toute grande et les reflets du soleil qui resplendit dans la cour jettent partout de claires lueurs. Des lustres pendent aux coupoles de la voûte, l'un d'eux est une véritable merveille.

Je vois la niche du mirhab dont l'axe indique la direction de la Mecque et dont l'établissement par Okba-ben-Amir fut si miraculeuse. Il est d'une ornementation magnifique. Tout auprès est le *Minbar*, ou chaire à prêcher, faite de panneaux en bois sculpté d'une finesse inouïe. Ces panneaux sont de différentes provenances.

D'après les historiens maures, la chaire aurait été construite par Abou-Brahim ben Mohammed El Aghlab avec du bois de platane qu'il aurait fait venir tout exprès de Bagdad. Mais ceci est une légende.

A l'entrée du sanctuaire montent deux magnifiques colonnes très rapprochées l'une de l'autre. Elles sont remarquables par la richesse de leur couleur rouge tigrée de blanc pâle. Ces colonnes proviendraient de Shéitla que détruisirent les soldats d'Othman, le troisième Khalife. On leur prête une vertu extraordinaire. Les musulmans atteints de rhumatismes se déshabillent et passent entre les deux fûts en engageant d'abord la tête et le bras droit. On prétend qu'en sortant de ce laminoir ils sont guéris. Il est certain que depuis des siècles, des malades se livrent à cette épreuve, car le marbre est un peu usé. Leur frottement au passage l'a vivement poli, d'ailleurs.

Ces deux colonnes ont une autre vertu encore. Ceux qui parviennent, comme certains heureux rhumatisants, à se glisser entre elles, sont en état de pureté et acquièrent la certitude d'entrer en paradis.

On dit que les murs de la mosquée étaient ornés autrefois par des armures provenant des armées de saint Louis et du roi de Sicile, depuis longtemps on ignore ce qu'elles sont devenues.

Mon spahi n'est plus aussi taciturne, il s'est un peu familiarisé et se départ de sa réserve. Il cause, il sourit même par instants. A la sortie de

MOSQUÉE DU BARBIER : LES GALERIES

la grande mosquée il m'entraîne à la *Djama Amer-Abbâda* communément désignée sous le nom de la mosquée des sabres. Le monument est surmonté de six coupoles, une septième est restée inachevée. Amer-Abbâda fut de son vivant forgeron armurier et ensuite derviche. Il jouissait d'une grande influence sur l'esprit de ses concitoyens. Il bâtit cette mosquée et sans doute la décora lui-même de sabres gigantesques dont les fourreaux seuls s'allongent sur d'énormes râteliers et de serrures bardées de fer de dimensions fantastiques. Un des sabres disparu portait, dit-on, une inscription prédisant l'entrée des Français dans la ville sainte.

Pour que tout soit d'accord dans cette étrange mosquée, une pipe colossale est posée sur le sarcophage du forgeron marabout. En face de la porte d'entrée, de l'autre côté de la rue, dans un enclos, on voit des ancres de proportions fabuleuses. Mon spahi m'assure avec un sourire de satisfaction qu'elles proviennent de navires européens et que Amer Abbâda les prit à Porto Farina et les fit transporter à Kairouan. Je les suppose fabriquées par le derviche « qui voyait grand », de même que les sabres et les serrures qui ornent sa sépulture.

Je visitai encore dans l'intérieur de la ville nombre de zaouïas. J'ai gardé le souvenir de la décoration somptueuse de celles de Sidi-Abd-el-Kader-ed-Djilani et de la zaouïa et-Tedjani.

Le nombre des mosquées, zaouïas et oratoires de Kairouan est considérable.

Aux alentours de la ville, je l'ai dit, blanchissent encore des minarets, des coupoles et d'innombrables tombeaux. Certaines sépultures sont remarquables, celle de la dynastie Ar'lebide, par exemple, et celle de l'écrivain arabe Cheik-el-esran.

La zaouïa de Si Hadid-el-Khrangani est une des plus belles. Le portail est formé par une haute arcade en marbres jaunes et noirs alternés, soutenue par de blanches colonnes de marbre. Elle renferme les tombeaux du fondateur et de ses descendants. La cour pavée en marbre blanc est entourée d'un cloitre aux colonnes géminées.

La zaouïa de la secte de aïssaouas ou de Sidi Mohammed-ben-Aïssa, voisine, montre également une cour entourée de colonnades.

L'intérieur est composé d'une salle soutenue par seize colonnes formant deux travées et d'une coupole où sont suspendues des lampes, des œufs d'autruche et les instruments divers en usage chez les Aïssaouas : tambours de basque, derboukas, pointes d'acier, sabres, etc., etc.

Mais le plus merveilleux des monuments est la mosquée du barbier ou de Sidi Sahab, au delà du faubourg des Zlass. Il est formé d'une série de cours intérieures aux arceaux en fer à cheval supportés par des colonnes romaines, où s'ouvrent des cellules pour les tolbas. Certaines de ces salles sont éclairées par les vitraux de coupoles dont les parois sont recouvertes de faïences vernissées ou ornées d'enchevêtrements d'arabesques d'une délicatesse incomparable. La porte d'entrée du sanctuaire où repose le marabout a été restaurée maladroitement ou plutôt dénaturée sous prétexte de restauration.

Sous la haute Koubba d'où descend un lustre de Venise est la châsse de Sidi Sahab, compagnon et barbier du prophète. Les musulmans affirment qu'il conserve trois poils de la barbe de Mahomet enfermés dans un sachet posé sur sa poitrine. La sépulture est recouverte de tapis. Des trophées des drapeaux aux couleurs de l'Islam et des sachets renfermant de la terre de la Mecque rapportée par des pèlerins qui en avaient fait vœu, la surmontent. Les murs de la salle funéraire sont plaqués d'ornements géométriques en marbres blancs et noirs et enrichis d'arabesques où courent des inscriptions en caractères koufiques.

Le spahi qui m'escorte toujours me montre, non loin de la mosquée du barbier, le bassin des Aglabites, but fréquent de promenade pour les habitants de Kairouan. Des bords du bassin, la vue s'étend sur la plaine désolée et vraiment cette nappe d'eau frissonnante réjouit les yeux devant les mornes solitudes. Pourquoi ce nom des Aglabites? On dit bien que le prince Ahmed fit creuser les bassins en l'an 241 de l'Hégire. Mais à une trentaine de kilomètres au sud-ouest de la ville, on trouve les restes d'un aqueduc romain qui prenait les eaux des sources de Cherichera, traversait la plaine de l'oued-Merguellil et arrivait jusqu'aux bassins. Que conclure?

Depuis l'occupation, le service des travaux publics a capté les eaux du Cherichera et les a conduites à Kairouan, le trop-plein se déverse dans les bassins des Aglabites dont deux ont été restaurés; les autres sont à demi ensevelis et l'exhaussement du sol trahit seul leur forme.

Vers l'an 800, Ibrahim-ibn-el-Aglab fondait la dynastie aglabite qui succédait aux émirs. Charlemagne dans toute sa puissance recevait du khalife Haroun-al-Raschild, la fameuse clepsydre dont les heures étaient sonnées par des cavaliers qui laissaient tomber des balles sur un timbre d'or. Tandis qu'il recevait ce présent, il envoyait un ambassadeur au vice-roi aglabite, Ibrahim, vassal du Khalife, pour obtenir les reliques de saint Cyprien et des autres martyrs. L'ambassadeur était reçu avec la plus grande distinction par le vassal du Khalife au palais d'El-Abassiah, près de Kairouan.

Cette dynastie des Aglabites qui apporta un commencement d'autonomie à la Tunisie méritait un meilleur sort. La plupart des princes qui la composèrent périrent d'une mort prématurée.

Kairouan a cinq faubourgs en dehors des remparts. Le plus important est habité par les Zlass dont l'origine est très mystérieuse. On ignore même l'époque de leur établissement. On constate seulement que leur visage tient à la fois du berbère et de l'arabe. C'est une confédération formée par plusieurs fractions : les Ouled-Iddir, les Ouled-Khelifa et les Ouled-Sendassen, les Kaoules et les Gouazines. Ces tribus sont belliqueuses, longtemps elles furent en lutte avec les tribus voisines. En 1881 les Zlass et les Ouled-Iddir firent partie de l'insurrection et se rendirent à Sfax. Sous prétexte de défendre la ville ils la mirent au pillage. Mais chassés par les habitants, et le chef des Ouled-Iddir ayant été tué, une partie alla couper l'aqueduc qui de Zaghouan amène les eaux à Tunis tandis que l'autre se porta à la rencontre de la colonne Etienne. Les deux fractions éprouvèrent chacune de leur côté un sanglant échec.

Si la plaine marécageuse qui entoure Kairouan est morne et d'une tristesse infinie, combien au contraire la ville est vivante! Ses marchés et ses bazars n'offrent pas la richesse de ceux de Tunis, mais ils sont pittoresques au plus haut degré. C'est partout le mouvement et l'animation. Allez voir les forgerons, à demi nus, frappant sans repos sur l'enclume; toute une rue retentit des coups de leurs marteaux. Le souvenir de Vulcain vous reviendra à la mémoire. Sous des abris de branchage leurs torses de bronze, fortement musclés, rayés par des reflets de feu s'agitent et des gouttes de soleil tombent sur leurs épaules comme une pluie de métal en fusion.

LA COUR DE LA GRANDE MOSQUÉE

Plus loin sont les cordonniers, les fabricants de tamis et les corroyeurs. Ces derniers étendent sur le sol, dans la rue même, les peaux toutes fraîches sur lesquelles ils répandent une couche de sel. Les passants les foulent sous leurs pieds, le soleil les cuit et une odeur nauséabonde s'en dégage. Le procédé est absolument primitif mais il donne, paraît-il, les meilleurs résultats car les cuirs de Kairouan sont renommés. Ses brides, ses selles et surtout ses babouches d'un jaune éclatant sont sans rivales dans toute la régence.

Ses tapis sont également célèbres. Ils se distinguent des autres par la qualité de la laine, la complication des dessins et surtout par l'extraordinaire richesse des couleurs. Les mérinos à large queue qui paissent dans les solitudes de la plaine fournissent les toisons que les bédouines lavent et blanchissent en les piétinant dans les ruisseaux. Ce lavage est un des spectacles intéressants que l'on peut voir autour de la ville, de même qu'il est curieux de visiter dans l'enceinte les échoppes des teinturiers.

A TRAVERS LA VILLE SAINTE

COUR INTÉRIEURE DE LA MOSQUÉE DU BARBIER

J'errais un jour dans l'intérieur de la ville, le long des remparts, lorsque j'entendis les coups des tam-tams et les sons des flûtes. Guidé par ce bruit, j'arrivai sur la place d'un quartier pauvre, bossuée, en pente, ravinée par les pluies. Sur les parties les plus élevées, des Arabes étaient accroupis et plus bas, au long des murailles crénelées, un cavalier faisait caracoler son cheval au rythme des instruments. La croupe de la bête, somptueusement harnachée, disparaissait sous une tenture aux franges d'or qui descendait presque jusqu'à terre.

Les musiciens tapaient et soufflaient et le cavalier brillamment costumé, un fusil incrusté d'argent à la main, se dressait parfois sur ses étriers en brandissant son arme. Peu à peu le rythme des musiciens s'accentue et se précipite. Alors le cavalier enfonce des éperons énormes dans le ventre du cheval qui s'emballe en une course folle dans une longue rue déserte. Tout à coup, faisant volte-face, il revient vers nous à bride abattue, tantôt jetant son fusil en l'air et le rattrapant avec une dextérité inouïe, tantôt le déchargeant droit vers nous ou vers le sol. Puis il laisse tomber son arme et la saisit au moment où elle va toucher terre. Il jongle miraculeusement avec son fusil qui semble une plume dans sa main. Quelquefois, quittant la selle, une main à la crinière, il se glisse sur les flancs de la bête, à toucher presque le sol et le cheval court toujours de toute sa vitesse; puis il remonte d'un bond sur sa selle. C'est vertigineux. Arrivé près de nous il arrête net son cheval.

Le pauvre animal tremble de tous ses membres, ses yeux sont hagards, le sang coule de ses flancs meurtris et va rougir le sol. J'étais révolté à la fin par tant de cruauté, car, sous prétexte de dresser un cheval pour la fantasia, il le martyrisait.

Lui était très fier et les autres le contemplaient avec admiration.

Plusieurs chevaux tenus par la bride dans un coin de la place, attendaient leur tour. Chaque cavalier devait donner une répétition de la fantasia qui devait avoir lieu le lendemain je ne sais plus à quelle occasion.

J'avais assez de cet odieux spectacle et je m'éloignai tandis que les tam-tams et les flûtes reprenaient leurs morceaux interrompus un instant.

Et tout en cheminant par les ruelles, je pensais aux idées toutes faites que nous avons sur les Africains comme sur tant d'autres choses d'ailleurs.

En France on a célébré l'Arabe et son *coursier*, on a chanté sa noblesse en des romances sentimentales. On a prétendu aussi que chez ce peuple tout concourt à développer l'amour des chevaux: la religion qui en fait un devoir, les luttes incessantes et les grandes distances à franchir.

Voici d'ailleurs quelques préceptes et adages religieux recueillis par le général Daumas à ce sujet.

« Dieu vient en aide à ceux qui s'occupent des chevaux, et il allège les dépenses qu'on fait pour eux. »

« Les chevaux demandent à Dieu de les faire aimer par leur maître. »

« L'argent qu'on dépense pour les chevaux, passe aux yeux de Dieu pour une aumône qu'on fait de sa propre main. »

« Les mauvais esprits n'entrent pas dans la tente où se trouve un cheval de race. »

Il se peut pourtant que les mœurs des habitants du Sahara diffèrent de celles des Tunisiens, que sous la tente l'amour du cheval soit passé dans le sang, que ce noble animal soit le compagnon d'armes et l'ami du chef de tribu, un des serviteurs de sa famille, qu'on étudie ses mœurs, ses besoins, qu'on le chante dans les chansons, qu'on l'exalte dans les causeries.

Mais le spectacle que j'avais vu à Kairouan était tout à l'opposé de ces sentiments généreux et tombait sous l'application de la loi Grammont qui protège les animaux contre la barbarie des hommes.

L'animation de Kairouan si caractéristique tombe subitement avec la nuit. Les distractions y sont plus que mesurées pour un Européen. Lorsque j'avais passé une heure dans un café maure, éclairé par une lueur douteuse, à côté d'indigènes, fort polis d'ailleurs, mais contemplatifs et silencieux, je n'avais qu'à me retirer si je ne voulais pas succomber au sommeil.

Les cafés et quelques repaires où dansent les almées sont les seuls points un peu vivants de cette ville qui s'anéantit chaque soir sous ses coupoles vénérées. Des almées, je n'en parlerai guère, tant j'étais sorti écœuré de chez elles, un compatriote m'ayant fait les honneurs de leur musique et de leurs danses.

Mais une soirée que je n'oublierai pas est celle que j'ai passée chez le khalife Si Sadok El-Mrabet.

Le khalife de Kairouan n'entend pas le français ; mais c'est le Maure le plus gracieux et le plus hospitalier de Tunisie. C'est un véritable ami de la France, et il le prouve en confiant l'éducation de son jeune fils à M. Vaudaine professeur au collège Sadiki, à Tunis.

Il m'invita donc à dîner avec un Français son ami et cette petite fête se termina à une heure avancée de la nuit. Le khalife, fidèle observateur des lois de sa religion, comme il convient à un des chefs de la ville sainte, eut la délicatesse de mêler dans son menu les mets les plus recherchés des Arabes à des plats que le plus fin gourmet d'Europe eût appréciés. Il fit déboucher aussi pour nous des bouteilles des crûs les plus estimés et au dessert du champagne de première marque.

Voici d'ailleurs ce menu à titre de curiosité :

POTAGE AUX PATES ET AU JUS DE CITRON

Hors-d'œuvres
ANCHOIS DE SFAX
OLIVES DE ZAGHOUAN CONFITES DANS DU JUS D'ORANGES AMÈRES

Entrées
COUSCOUSS AU POULET ET AUX OLIVES
ŒUFS FRITS
DANS DE LA PATE A BEIGNETS MÊLÉE D'UN HACHIS DE VIANDE AU PIMENT
CANARDS SAUCE AUX CAPRES
PIGEONS DÉSOSSÉS ET FARCIS

Rôti
AGNEAU ENTIER FARCI AU MACARONI

PATÉ AUX FOIES DE VOLAILLES, AUX ŒUFS ET AUX HERBAGES
SALADE HACHÉE AUX ANCHOIS ET AUX OLIVES

Entremets
BEIGNETS FROIDS SUCRÉS, A L'HUILE ET AU MIEL
CRÈME AU CHOCOLAT

Desserts
ORANGES, BONBONS, GATEAUX SECS, ETC.

Vins
BORDEAUX, BOURGOGNE, VIN BLANC DE LA MACTA
CHAMPAGNE

Ce festin terminé, nous passons dans un salon tout étincelant de dorures, aux tapis somptueux fabriqués à Kairouan et nous admirons dans des coffrets d'argent ciselé les parures des femmes : lourds bracelets d'argent et d'or, épingles ciselées, broches, chaînes et bagues, tout un monceau scintillant de métaux précieux, de perles fines et de pierreries.

Nous avons eu même le plaisir, en contemplant ces merveilles, d'entendre sur le piano du khalife de l'excellente musique. C'étaient des morceaux des répertoires les plus variés où la romance de l'étoile succédait à Kadjoudja.

Et regagnant l'hôtel je songeais à la bizarrerie des choses, à l'éblouissante soirée dans cette ville étrange, entourée de tombeaux et de cactus menaçants, dont la fondation par Okba ben Amir fut entourée de si merveilleuses légendes.

PORTE DU MINARET DE LA GRANDE MOSQUÉE

MARCHAND DE POTERIES A SFAX

CHAPITRE X

La côte. — Monastir. — Toujours des ruines. — Mahdïa. — Le cœur sanglant.
El-Djem. — A Sfax : la ville arabe.

La mort est un repos.
Maxime arabe.

J'EMPORTAIS de Kairouan, apparu tour à tour sous l'orage et dans l'éblouissement du soleil, une vision que voilaient encore les brumes légendaires de ses origines.

J'étais de retour à Sousse.

Maintenant, caressé par la brise de mer, je suivais le rivage, j'allais le long du golfe d'Hammamet dont je devais bientôt atteindre l'autre extrémité.

Hammamet! j'y songeais encore, mais je ne pouvais même l'entrevoir perdu qu'il était là-bas, dans l'horizon, si loin de moi!

L'enchantement de la lumière, des espaces, de la vague harmonieuse et des sables d'or m'accompagnait.

Le golfe immense et gracieux que j'avais contemplé naguère du haut des remparts et dont je touchais à l'inflexion dernière se termine ici en un promontoire tout baigné des embruns de la mer et du soleil, car le soleil a ses embruns aussi comme les flots.

De Sousse à Monastir, blotti derrière la hauteur qui bleuit là-bas, la distance n'est pas très grande ; moins de deux heures, à la vive allure des chevaux, suffisent pour la franchir. Le paysage n'offre pas des aspects qui marquent vivement dans le souvenir. C'est la plaine, la plaine encore, des cultures, des bois d'oliviers sans fin. Et pourtant les grandes lignes apaisées que rompent quelques palmiers, la mer berceuse si brillante sous les rayonnements du ciel, sont d'un charme extrême. On voyage songeur dans l'air et le soleil, les yeux à demi clos et l'heure passe trop vite.

En chemin nous traversons un lac à demi desséché. Le conducteur arrête son attelage : « Voyez, voyez ! » fait-il doucement...

Près de nous s'alignent des troupes de flamants, immobiles sur leurs pattes grêles. D'instinct, je prenais mon fusil. Mais pourquoi tuer ces beaux oiseaux !

Les voici tout à coup battant des ailes et montant, neigeux et roses dans le bleu...

Ce fut le seul incident de la route.

Monastir, Mistir pour les Arabes, fut une cité carthaginoise avant de devenir la Ruspina romaine. César l'avait choisie comme base de ses opérations en Afrique.

On prétend qu'au moment de l'invasion sarrazine elle renfermait un monastère chrétien d'où dériverait la dénomination de la cité musulmane actuelle. Des écrivains autorisés ont pensé que ce couvent était le Ribat, à la fois monastère et citadelle, dont parle l'historien El-Bekri, et qui fut construit en l'an 180 de l'Hégire par Hertema-ibn-Aïen. La Kasbah a été édifiée sur l'emplacement du monastère. Elle est protégée par une double enceinte crénelée, flanquée de tourelles, que domine le haut donjon de En-Nador.

A une petite distance de la ville se dresse la Karaïa, palais ou château, assis sur de profonds couloirs, taillés dans la roche. Par les jours de tempête les vagues s'y engouffrent avec un bruit de tonnerre.

Je me souviens d'une excursion dans les îles Djeziret-el-H'mam, Djeziret-Sidi-Abonil, Fadel-el-R'adami et Djeziret-el-Ourtan qu'un bras de mer, d'un kilomètre de longueur à peine, sépare de la côte.

A notre approche de la première de ces îles, des milliers de pigeons et de colombes s'envolèrent. Elles tournoyaient autour des rochers, fuyaient au loin et revenaient. Et c'était comme un éblouissement ce ciel empli de blancheurs mouvantes et de battements d'ailes.

La seconde des îles qu'on appelle aussi la Tonnara, à cause de la pêche aux thons qui s'y pratiquait tous les ans autrefois, doit son nom arabe à un marabout dont la koubba blanchit sur le rocher. C'est la plus grande des trois; des citernes antiques s'ouvrent dans le roc même.

La troisième que les Européens désignent sous le nom de Quarantaine est percée d'un grand nombre de grottes artificielles hautes de 2 mètres et larges, en moyenne, de 2ᵐ50. Des niches sont pratiquées le long des parois latérales. D'après V. Guérin, on se trouverait en présence d'habitations humaines et les niches étaient destinées à recevoir les lampes et les ustensiles qui servaient aux besoins des habitants. Les savants ne sont pas d'accord au sujet de ces grottes, les uns leur attribuent une origine phénicienne, d'autres prétendent qu'elles abritèrent des moines à l'époque chrétienne.

Lemta, à sept kilomètres au sud de Monastir, a été bâti sur les ruines de Leptis Minor, ville considérable dans l'antiquité. Leptis Minor était plus ancienne que Carthage et Hadrumète. Comptoir carthaginois des plus prospères, place forte durant les guerres de César en Afrique, elle était pourvue d'un évêché sous les Byzantins. L'invasion arabe bouleversa la cité de fond en comble. Il reste quelques traces des remparts, des vestiges de quais et d'une jetée. Les ruines qui occupent une étendue de quatre kilomètres carrés, témoignent de l'importance de la ville antique. M. Cagnat, dans des fouilles naguère entreprises, mit à jour un cimetière chrétien dont les tombes sont décorées de mosaïques, de marbre ou de verre, d belles colonnes en cipolin, de chapiteaux, de poteries.

En parcourant les rues du pauvre village actuel, il est aisé de retrouver partout des matériaux provenant de l'antique Leptis.

Je fus séduit par le pittoresque d'ateliers de tisserands qui se sont installés dans un fort ruiné au milieu de la ville.

J'y remarquai aussi une zaouïa d'Aïssaouas et comme c'était le jour de leur réunion, leurs tam-tams et leurs chants faisaient un assourdissant vacarme.

Non loin de Lemta, entre Monastir et Mahdïa et près du cap Dimas était Thapsus, autre comptoir des Carthaginois, cité libre de la Bysacène, et comme Lemta siège d'un évêché. La cité de Thapsus est célèbre par la victoire que César remporta sur Scipion et Juba. Mais combien sont vagues les souvenirs matériels qui subsistent de sa vieille splendeur! Ce sont les restes d'une jetée qui se prolongeait fort avant dans la mer, d'une citadelle, d'un amphithéâtre, de citernes et d'un aqueduc.

L'emplacement de la ville est livré à la culture; l'arène de l'amphithéâtre elle-même est devenue un enclos. Le long d'une sebkha voisine de l'aqueduc, vers l'ouest, s'élève une série de monticules qui le commandent et dont plusieurs sont couverts de ruines. M. Guérin y remarque une dizaine de belles citernes parfaitement conservées qui devaient appartenir jadis à des villas romaines.

Ainsi partout sur ce rivage, partout en Tunisie, par les monts et les plaines, du sud au nord, des sables aux forêts, traîne le souvenir de guerres farouches! Le sol est jonché des débris de villes anéanties, de temples ruinés. On foule chaque jour des tombeaux et des tombeaux encore... et toujours...

J'ai repris la mer à Monastir. Toute la soirée et toute la nuit le navire a vogué doucement, sans secousse.

A l'aurore nous jetons l'ancre devant Mahdia.

La ville est près de nous, toute blanche. Le ciel est rose et la mer d'un bleu tendre, un peu pâle. Le blanc, le rose et le bleu se mêlent sans se confondre entièrement. Ils se combinent en une symphonie de nuances claires, aériennes, d'une ténuité extrême, en un vague poudroiement de tons effacés.

Subitement, tandis que je m'abandonne au charme de cette vision se dresse devant moi une voile haute d'une blancheur de lait portant en écusson un cœur rouge énorme d'où s'échappent des flammes, d'où le sang coule. C'est une sakolève grecque ; sa forme rappelle les antiques galères qui sillonnèrent autrefois ces mers et son gouvernail, près duquel un homme est debout, se relève avec grâce comme le cou du cygne.

Le cœur ensanglanté flamboie dans les fluidités divines de l'espace et la barque glisse silencieuse sur la mer calme déroulant à sa suite un long ruban de moire, long sillage qui lentement ondule.

Elle s'éloigne et l'image flamboie toujours. Maintenant on ne voit plus dans les airs que ce cœur solitaire qui saigne en s'en allant, ce cœur qui pleure. Et la voile doucement palpite en lentes pulsations...

Etrange symbole, évocation des larmes de ce rivage où l'on a tant pleuré! Et de le voir s'en aller ainsi tout en larmes de sang, sans jamais se tarir, je songe au cœur de l'humanité. De l'humanité qui pleure à chaque réveil. Elle a pleuré la nuit, elle pleurera le jour, elle pleurera demain, éternellement... Éternellement les larmes ensanglantées s'égoutteront dans les sourires du ciel, elles se perdront dans les flots, la terre les boira avidement, toujours altérée...

C'est l'éternelle douleur, ce cœur qui passe. C'est la vie, c'est l'humanité meurtrie qui saigne tout entière, c'est le Christ depuis deux mille ans cloué sur sa croix!

Et la mer ici est couverte d'éponges qui flottent entre deux eaux. Elle en est pleine et pourtant elles ne suffiraient pas pour étancher le sang qui coule des cœurs et toute l'eau de l'Océan même ne pourrait suffire à laver toutes les blessures...

Maintenant la barque portant le cruel symbole qui ensanglantait le ciel a disparu, les roses de l'espace, les bleus de la mer, les blancheurs des murailles et des minarets s'irisent de nouveau et le doux réveil d'aurore recommence...

Le symbole douloureux a fui, il va s'anéantir avec le charme du matin dans les rayons ardents du grand soleil qui monte.

Des flottilles de bateaux pêcheurs sont groupées au large. Des bateaux maintenant entrent dans le port. Les premiers, grecs ou siciliens, pêchent l'éponge ou le corail, les autres ont passé la nuit à prendre des sardines. Et ce sont des pêches miraculeuses qu'ils font d'habitude, car en une seule nuit chacun de ces bateaux prend en moyenne de 200 à 300 kilogrammes de ces poissons.

AMPHITHÉÂTRE D'EL-DJEM (INTÉRIEUR)

Nous sommes à la saison où l'on pêche les sardines-alaches et les éponges. Cette dernière industrie toute nouvelle à Mahdia acquiert cette année une importance inusitée.

Déjà quarante sakolèves grecques, avec leurs scaphandriers, s'y occupent, et d'autres sont attendues. Aussi quelle animation matin et soir donnent au petit port ces bateaux et les cinquante barques de pêcheurs siciliennes !

Je dis un petit port et c'est à peine un abri. Il y a quelques jours, à la suite d'une bourrasque, les bateaux s'y réfugièrent à la hâte et l'encombrement fut tel qu'on évita à grand'peine les accidents.

Mahdia occupe la pointe du cap Africa.

Il offre par endroits l'aspect d'une ruine car ses remparts depuis longtemps sont démantelés et çà et là sur le rivage quelques pans d'épaisses murailles s'inclinent vers le sol. Des blocs isolés, rongés tour à tour par le soleil et par le vent de mer, se dressent grimaçants et monstrueux.

L'ancien port de Mahdia, creusé à main d'homme, est intéressant à voir. Deux tours ruinées le protégeaient autrefois. La construction est faite avec des matériaux antiques ; une assise est même formée par des fûts de colonnes juxtaposés.

La ville dont les murailles portent tant de vieilles blessures eut des jours de splendeur, mais ils sont depuis longtemps évanouis. Elle fut fondée sur les restes d'un *emporium* carthaginois par un madhi fatimite qui lui donna son nom. Les historiens arabes ont célébré sa gloire, les poètes ont chanté sa beauté. Mais que de malheurs ont fondu sur elle! Les Siciliens en font le siège en 1147, les Arabes en 1160. En 1390 elle tombe sous les coups de Charles-Quint et des chevaliers de Malte. On montre encore dans la ville la tombe d'un de ces chevaliers : Antoine de Piscatoribus. L'inscription gravée sur la sépulture se termine par un blason portant en chef la croix de l'ordre des chevaliers et deux poissons qui sont les armes parlantes des Piscatoribus.

Les soldats de Charles-Quint et les chevaliers ne laissèrent debout que des pans de murailles et quelques fragments des remparts.

Aujourd'hui cette rivale de Kairouan et de Tunis est une ville paisible, un peu délaissée, dont les habitants, généralement riches, amollis par une servitude séculaire, cultivent l'olivier.

A quelques minutes de Mahdia, sur le promontoire, est la vieille Kasbah. Je montai sur les terrasses de la forteresse abandonnée pour jouir du beau panorama qui de là-haut se déroule. Mais quel spectacle inattendu! Des jardins s'étaient créés sur les murailles, champs de fleurs jaunes merveilleuses au cœur de velours noir. Et cette admirable floraison frissonnait au vent, et le jaune superbe tigré de velours éclatait au soleil.

J'errai ensuite à travers les tombeaux qui couvrent, comme à Hammamet, une grande étendue.

Au milieu des sépultures, d'énormes figuiers au tronc monstrueux, tordaient leurs branches desséchées qui s'emmêlaient et s'enroulaient comme des tentacules de pieuvre. Le vent de mer les avait inclinées vers le sol. Elles étaient privées de feuilles. C'étaient des figuiers stériles : stériles comme ce monde de cadavres qui dort sous les pierres de ce rivage. Comme nous ceux-là ont souffert, comme nous ils ont aimé, leur vie fut vouée aussi aux luttes vaines. Ils attendent, aux murmures de la mer, dans l'éternel repos, le réveil et la résurrection.

La terre ici est une immense nécropole, on dirait le royaume de la mort.

A une certaine distance des remparts, sur une colline de tuf qui court parallèlement à la mer, M. Melon a découvert des sépultures nombreuses d'un caractère archaïque très particulier.

Elles sont entièrement creusées dans le roc et se composent d'un puits rectangulaire et d'une chambre sépulcrale.

« Toutes ces tombes, dit-il, qui sont creusées sur le même modèle, et recouvrent un espace de 5 à 6 kilomètres d'étendue, ont été violées et à peu près dépouillées de tout ce qu'elles contenaient. »

A Mahdia la chaleur est tempérée par la brise de mer qui souffle dès le matin et par les bois d'oliviers et les jardins qui entourent la ville. Elle n'en est pas moins excessive.

Mahdia est le point le plus rapproché et où les communications sont le plus faciles pour se rendre à El-Djem, l'antique Thysdrus de Ptolémée, dont l'amphithéâtre est renommé. Je ne pouvais me dispenser d'aller le voir.

Grâce à une recommandation dont j'étais muni pour l'agent de la Compagnie Générale Transatlantique, je pus quitter Mahdia vers minuit avec une voiture et un bon conducteur; j'évitais ainsi la chaleur du jour. La route est sûre et je n'avais point à regretter un voyage nocturne car le trajet n'offre rien d'intéressant.

Au roulement de la voiture, dans la solitude de la nuit, sous les étoiles, je songeais à Thysdrus, une des trente cités libres sous les Romains, et à ce monument dont la distribution est la même que le Colysée de Rome. Il fut élevé par l'empereur Gordien au IIIe siècle. Un jour vint où le monument subit un véritable siège. Les Arabes venaient d'occuper la Tunisie, les Berbères se levaient en masse pour résister aux conquérants.

Une femme, une juive, dit-on, une prêtresse, El Kahina, s'est mise à leur tête. Pendant longtemps elle les guide, excitant leur courage. Mais ils succombent enfin et la sombre héroïne, la Kahina, périt près de Tabarka ou dans l'Aurès, on ne sait exactement. C'en est fait de l'indépendance berbère. Un des actes de cette sanglante tragédie se déroula à l'amphithéâtre d'El-Djem.

La prêtresse, longtemps victorieuse, voit son armée serrée de près par l'ennemi, que commandait Hassen-ibn-Naaman. Elle s'enferme dans le monument, elle arrache les gradins qui lui servent à boucher les vomitaria et les ouvertures des arcades. Les provisions pourtant seront bientôt épuisées, la famine menace. L'ennemi campe autour de l'amphithéâtre. Alors, inspirée par le désespoir, elle fait creuser une galerie souterraine de douze kilomètres de longueur et échappe aux agresseurs.

La Kahina est devenue légendaire. L'imagination des Arabes a amplifié les faits car ce souterrain, dont on peut voir l'entrée dans le monument, paraît avoir servi à transformer, à l'occasion, l'édifice en naumachie.

Mille ans plus tard, l'amphithéâtre d'El-Djem subit un autre siège. Des bandes d'Arabes en révolte s'y étaient concentrés. Hammouda, bey de Tunis, investit le monument et ouvrit une large brèche par laquelle il entra.

L'aspect de l'amphithéâtre est imposant comme proportions et sa couleur ardente, flambant au soleil, ajoute beaucoup à son effet. Le village arabe qui grouille à son ombre avec ses maisons basses, et la plaine avec ses grandes lignes étalée aux alentours contribue encore à son aspect grandiose. La grande brèche du bey Hammouda s'ouvre encore béante laissant apercevoir le fond de l'hémicycle avec ses arceaux et ses piliers ruinés. Mais si l'ensemble du monument a de la majesté, s'il rappelle le Colysée de Rome et les amphithéâtres de Pouzzoles et

AMPHITHÉÂTRE D'EL-DJEM

de Nîmes, l'ornementation en est lourde et les détails sans grande valeur au point de vue artistique.

Le grand axe de l'arène, courant de l'est à l'ouest, offre une longueur de 149 mètres et le petit axe 124 mètres. On pense que la hauteur primitive du monument dépassait 30 mètres. Il n'aurait jamais été terminé, car certains motifs de sculpture paraissent inachevés. Ses arcades extérieures au nombre de soixante étaient espacées par des colonnes d'ordre composite au premier et troisième étage et par des colonnes d'ordre corinthien au deuxième étage. Il ne reste rien du couronnement. L'intérieur n'est plus qu'une ruine, on voit partout les traces des luttes d'autrefois; les escaliers sont effondrés, les gradins ont disparu, il y a des amoncellements de sable où des cactus monstrueux ont pris racine.

Sous une arcade, à l'est, on voit l'entrée d'une large citerne, c'est le prétendu souterrain creusé par la Kahina.

LA RUE DES FORGERONS A SFAX

A grand'peine je parviens à me hisser à travers les décombres, jusqu'aux premières galeries. Je voulais voir les caractères hébreux berbères ou koufiques signalés par M. Tissot et qui si longtemps exercèrent la sagacité des savants. Le résultat de ces recherches est assez plaisant. C'est M. Féraud qui a deviné l'énigme.

« Je me suis trouvé à mon tour, dit-il, devant ces mêmes dessins lapidaires, et en présence d'un groupe d'Arabes j'ai lu à haute voix la phrase qui les accompagne : *Fabriqué par le nommé Abd-Allah-Djenir*. Les Arabes qui m'entouraient ont souri en entendant un chrétien lire dans leur langue, et cela a amené entre nous une conversation qui m'a expliqué l'origine et le but même de ces inscriptions. Si Ali-ben-Redjed-ben-Djenir, actuellement Caïd d'El-Djem, m'a raconté que son grand-père, Abd-Allah-Djenir, était fabricant de couteaux et de poignards à l'usage des Arabes, et que, pour montrer la bonté de la trempe de ses produits, il s'en servait afin de graver, avec la pointe, des inscriptions et des dessins sur les pierres d'El-Djem, qui sont aussi tendres que celles de Malte ou de Mahon... »

M. Ch. Tissot a fait transporter au musée de Carthage la seule inscription qui existait à El-Djem. Parmi quelques vestiges on remarquera un superbe chapiteau corinthien en marbre d'un beau travail dont les proportions rappellent ceux de Sélinonte. Il appartenait probablement à quelque édifice aujourd'hui disparu.

Il y a quelques années à peine, des forgerons, des taillandiers et des médecins arabes même, s'étaient emparés des arceaux extérieurs de la partie méridionale du monument pour y exercer leur profession. Le service des antiquités et des arts a chassé les vendeurs du temple. Grâce à lui, le monument menacé par des vandales de tout ordre sera désormais à l'abri de leurs atteintes, car malgré ses imperfections il n'en est pas moins d'une grande beauté.

Comme à Djerba, comme à Gabès, comme partout dans le sud de la Tunisie « la côte est inhospitalière et la mer redoutable, » dit Salluste.

Nous avons quitté Mahdia et nous allons droit au sud décrivant un grand circuit pour éviter les côtes semées d'écueils et de bas-fonds.

Pour la troisième fois je passais en vue de cette terre et je revoyais le même mirage. Des caps lointains s'allongeaient séparés de l'horizon, ils flottaient entre le ciel et la mer, et des palmiers vaporeux, d'une prodigieuse hauteur, se dressaient dans l'azur. La ligne rigide de leurs troncs ne s'appuyait ni sur la terre ni sur l'eau; ils étaient comme suspendus dans les airs. Des oasis fabuleuses se dispersaient à l'horizon et, sur la côte flottante, c'étaient des forêts énormes qui se profilaient.

Nous avions pris la mer vers midi nous dirigeant vers le sud, comme je l'ai dit. Le lendemain, à l'aube, nous étions en vue de la terre mais nous remontions au nord, longeant une côte déchiquetée. Pour éviter les écueils, la route des navires les porte au sud de Sfax et c'est pourquoi nous avions maintenant une direction opposée à celle du départ.

Les îles Kerkennah, dont nous suivions à distance les rivages, sont couvertes de palmiers. Mais les dattes, de mauvaise qualité, servent à l'alimentation des bestiaux. D'ailleurs, les habitants sacrifient volontiers la récolte pour obtenir le *lagmi*, ou vin de palme. La population, répartie en neuf villages, se compose de cultivateurs, de bergers, de pêcheurs et de fabricants de sparterie.

Ces îles sont les antiques Cercinna, qu'un pont reliait entre elles ; on en voit encore les débris, dit-on. Annibal et Marius s'y réfugièrent. Sempronius Gracchus y fut déporté et mis à mort par ordre de Tibère.

Les parages où nous sommes sont fréquentés par les pêcheurs d'éponges, ils y recueillent les plus belles, de même qu'on y rencontre des poissons d'une grosseur inusitée.

Comme nous jetons l'ancre loin de Sfax ! Et voici que la mer si calme, unie comme un miroir, commence à s'agiter au souffle d'une brise qui, d'abord légère, augmente régulièrement d'intensité. Par un phénomène inexpliqué le flux et le reflux, à peine sensibles sur cette côte africaine, en général, donnent ici une différence de 1 mètre 50 entre les hautes et basses eaux. Au moment des équinoxes la différence serait beaucoup plus grande et atteindrait deux mètres. C'est pourquoi cette côte, tant redoutée des anciens, est toujours dangereuse à cause de ses basfonds, pour des navigateurs qui ne connaîtraient pas les phénomènes qui s'y produisent.

Du pont du navire, très éloignés de la terre, nous apercevons assez nettement la ville arabe scintillante au soleil, et nous devinons quelque peu le port. La mer est sillonnée de voiles d'un rouge ardent, et c'est miracle de les voir inclinées sous la brise jusqu'à toucher la vague, toutes frangées de blanche écume, car la mer a grossi, tirant des bordées, prenant le vent et filant en tous sens comme des flèches. Il sera difficile de gagner la ville, car les barques ont grand'peine à accoster notre navire. Des voyageurs arrivent, la barque qui les porte monte tantôt sur une lame, et tantôt disparaît, renversée presque, sans cesse couverte d'écume. Comme elle approche, après avoir décrit une grande courbe, j'entends les cris perçants d'une fillette affolée par la peur. Voici la barque près de l'échelle du bord, les voyageurs sont trempés par l'eau de mer, leurs visages sont convulsés. L'abordage est difficile, il faut choisir le moment où la barque descendue très bas dans la lame remonte avec elle.

Enfin, après mille peines, les voici sur le pont. La fillette est en larmes encore, mais elle n'a plus peur maintenant.

C'est vraiment un voyage pénible, dangereux même à entreprendre pour gagner la terre. L'indifférence de la Compagnie française qui fait aujourd'hui les escales livre les voyageurs à des barques à voiles qui n'offrent aucune sécurité et où ils sont entassés au milieu des ballots. Les accidents sont rares, c'est certain, mais enfin il s'en produit quelquefois.

Le chenal d'accès et le port que deux dragues creusent actuellement seront un véritable bienfait pour Sfax. En attendant on s'accorde à regretter le service des Transatlantiques dont la suppression n'a servi que les intérêts de la Compagnie italienne.

Malgré l'ennui de cette traversée de plusieurs kilomètres, par une grosse mer, et dans les conditions précaires que l'on sait, je me livrai à une barque et après un voyage mouvementé j'abordai sur les quais de Sfax que j'avais déjà visité trois ans auparavant.

Le premier coup d'œil sur le quartier franc, allongé au bord de la mer, me révèle une prodigieuse transformation rapidement accomplie. Des boulevards sont plantés d'arbres, des rues se dessinent, des maisons de bel aspect se sont élevées, des hôtels reçoivent les voyageurs. Les Européens d'ici sont industrieux, les navires grecs pêchent l'éponge, le commerce de l'huile et de l'halfa augmente tous les ans. La seule note discordante venait du port où les dragues soulevant la vase, ou plutôt des immondices séculaires, empoisonnent l'air.

La Sfax européenne et la cité arabe, sont villes de grand avenir. Par sa population et par son commerce, la première est déjà une des plus importantes de la côte. Aux environs, ses 10.000 jardins occupent une superficie de 60 kilomètres. C'est à eux, plus qu'à son commerce encore, que Sfax doit sa prospérité. Ses rapports constants avec Gafsa, dont toutes les oasis du Djerid sont tributaires, contribuent à sa richesse en assurant l'avenir. Et quels horizons de prospérité s'ouvrent encore pour cette ville : une ligne ferrée la reliant à Gafsa, et par suite au Djerid, dont la construction projetée sera bientôt en voie d'exécution, le port qui incessamment rendra l'accès facile par mer!

Mais ce qui est surtout intéressant à Sfax, en dehors des progrès de la colonisation qui ne peuvent nous laisser indifférents, c'est la ville arabe. Bombardée et prise par l'amiral Garnault le 16 juillet 1881, à la suite de l'insurrection d'Ali-ben-Khalifa, elle ne conserve plus aucune trace de l'assaut, elle a repris sa physionomie originale d'autrefois. Seule une muraille qui enserrait le quartier franc a été détruite.

Longtemps encore la vieille cité conservera sa couleur par le fait même des mœurs de ses habitants. Les gens de Sfax, en effet, ne vivent pas comme les autres Arabes citadins. Ils n'habitent pas la ville, mais la campagne d'alentour. Chaque matin, sur leurs petits ânes trottinant avec ardeur, on les voit arriver à leur boutique ou à leur atelier. Au surplus, Sfax offre le contraste le plus étonnant avec les autres villes de la régence. C'est partout une animation extraordinaire, la nonchalance légendaire des musulmans est inconnue ici, on va, on vient, on gesticule, on parle haut, et c'est une confusion inouïe dans les étroites ruelles, de chevaux, d'ânes, de chameaux chargés au milieu d'une population grouillante très affairée.

Quand vient le soir, comme par enchantement tout bruit cesse, c'est le silence profond et presque la mort. Chacun, abandonnant la ville, a regagné les jardins.

La question des eaux a sans cesse préoccupé les gens de Sfax et leur étonnant esprit de prévoyance, si en dehors des habitudes arabes, leur a fait construire des milliers de citernes. Vous en verrez aux portes mêmes de la ville. Protégées par des murailles, réunies par groupes, elles sont au nombre de quatre cents : c'est la réserve en cas d'extrême sécheresse.

L'établissement de ces citernes est dû à des fondations pieuses, à l'organisation des habous dont j'ai précédemment parlé.

Mais cet esprit de prévoyance si caractéristique à Sfax ne s'exerce pas sur les questions de voirie. Les rues sont d'une malpropreté révoltante et les fièvres pernicieuses, dues sans doute à cet état de choses, y sévissent avec violence.

Beaucoup d'habitants ici se prétendent descendants du Prophète et portent un turban vert qui les distingue des autres. Leurs ancêtres auraient accompagné le Barbier de Mahomet enterré dans une mosquée de Kairouan que nous avons visitée. Il en est même qui sont complètement vêtus de vert. Le turban ne s'enroule point comme ailleurs autour de leur tête, il est plus large, et ses plis remontent en pointe au-dessus du front. Les visages eux-mêmes se différencient vivement de ceux des autres Maures et le contraste est surprenant lorsqu'on arrive de Mahdia où les faces sont larges, rondes et colorées. Ici le trait est ferme, nerveux, l'ossature apparente, l'œil expressif.

Je retrouvai à Sfax quelques vieux souvenirs de Tunis, les Fezzesna entre autres, dansant comme à Halfaouine sans trêve ni repos, au son de la zourna et du tam-tam. J'aperçus aussi un café maure décoré de peintures naïves comme à Bab Djedid. Mais celui-ci était surprenant avec son chameau fantastique portant en guise de bosse une tour crénelée, ses lions enchaînés et ses serpents chevelus.

Je me plaisais surtout dans les souks. Ils sont loin d'avoir l'importance et la

PORTE DE SFAX

richesse de ceux de Tunis, mais de combien ils les dépassent au point de vue pittoresque! Il y a là des coins d'une étrangeté charmante, tout éclaboussés de rayons d'or et de couleurs folles, avec des boutiques dont les auvents sont formés par de vieilles planches disjointes, des vieux sacs percés, rapiécés, tout en pendeloques, retenus par des ficelles, où le soleil se joue et où les ombres adoptent les formes les plus imprévues. C'est le pittoresque le plus désordonné. Il est des rues et j'ignore leurs noms attendu que des chiffres seuls les indiquent, où s'alignent, dans l'éblouissante lumière, des jarres toutes noires et suintantes. Là on traite les chameaux malades. J'ai vu de ces misérables animaux, efflanqués, dont le poil rongé par la gale était tombé par places, qu'on badigeonnait avec du goudron. C'était bizarre ensuite de voir la bête toute noire s'en aller avec lenteur dans le soleil comme un squelette d'animal antédiluvien; et chacun au passage s'écartait Et tout à coup, à cette vision bizarre succédait l'apparition d'un beau cavalier sur une selle brodée d'or, noble et fier d'allure, vêtu d'un manteau magnifique.

C'étaient ensuite des ressemeleurs de babouches étirant le cuir, coupant et tapant sans trève, des teinturiers aux mains rouges, des teinturiers aux mains jaunes, car chacun d'eux n'emploie qu'une couleur. Puis des marchands de sucreries installés sous les auvents de fortune que nous connaissons, agitant constamment un éventail en feuilles de palmier, au-dessus de leur étalage pour chasser les mouches. C'était un bourdonnement continuel, des vols noirs tournoyaient autour des sucreries que le marchand, malgré ses efforts, n'arrivait pas à défendre. Et tout cela au milieu d'un brouhaha perpétuel, dans une foule remuante, parmi des cavaliers, des piétons ou des chameaux seuls passaient avec insouciance et gravité.

Je suis arrivé à une porte de la ville, haute ogive ouverte dans le rempart. Ici l'animation est plus extraordinaire que partout ailleurs dans Sfax. Des cavaliers, des âniers, des piétons, débouchant de la sombre ouverture du matin au soir, s'y succèdent; beaucoup sont coiffés du large turban vert, la plupart sont drapés dans des manteaux d'une éblouissante blancheur et tout cela continuellement grouille et s'agite en un éternel va-et-vient. Les djebbas superbes resplendissent et s'éteignent toujours faisant place à d'autres. Et c'est, avec l'éblouissement des yeux, un tumulte indescriptible où se confondent les cris, les appels et les coups retentissants des marteaux des forgerons qui occupent une rue voisine tout entière.

Les deux côtés de cette rue sont bordés par leurs échoppes et, à travers les sombres écharpes de fumée qui s'en échappent, monte un blanc minaret de forme originale. Alentour, dans les ruelles voisines du rempart, s'accrochent aux murailles de bizarres balcons. A leurs balustres déjetés, pendent des étoffes, des loques, des haillons de toutes couleurs, et les guirlandes de lainages pourpres ou jaunes des teinturiers. Tout cela est toujours soutenu on ne sait comment à l'aide de pieux et de ficelles. Et toujours aussi, dans ce chaos de fumées et de rayons éblouissants, la foule agitée se presse parmi des cavaliers, des âniers et des chameaux lourdement chargés.

Je me suis à grand'peine frayé un passage à travers la cohue et j'ai franchi la porte, me voici à la base des remparts. La campagne brûlée par le soleil s'étale devant moi toute nue car les jardins dont j'aperçois la ligne verdoyante sont là-bas, plus loin.

Ici, en dehors des murs, c'est, au grand soleil, tout un monde de chameaux et d'âniers, des foudouks, des koubbas étincelantes, de pauvres gourbis occupés par des nègres. Mais la chaleur est suffocante, je regagne bientôt la porte de la ville et, suivant la rue originale de tout à l'heure, je vais me réfugier à l'ombre des souks, dans le vieux marché à l'encan. C'est le plus original qui se puisse voir. Le centre en est occupé par un café en plein air que des toiles tendues, rapiécées, abritent du soleil. Alentour s'ouvrent les boutiques des marchands d'habits dont les portes sont entourées de guirlandes de loques. Ce sont des djebbas usées, des corsages de juives aux broderies d'or flétries, des brides et des selles, des burnous, des tapis effilochés et sais-je encore tout ce qui était accroché là d'oripeaux brillants, de lambeaux superbes, d'objets dont j'ignorais les origines et l'usage !

Il n'y avait pas que des brocanteurs sur cette place, mais aussi des marchands de poteries. Les auvents bizarres de ces boutiques, fabriqués on ne sait avec quoi, pendaient, s'inclinaient ou se relevaient toujours capricieusement à l'aide de planches et de pieux plantés dans le mur. Les déchirures des toiles étaient bouchées avec des oripeaux et, malgré tout, l'or du soleil ruisselait par les fissures, frappant d'éclats aveuglants une jarre à la forme antique, enrichissant d'éblouissantes arabesques un vase usuel quelconque. Devant la porte, les jarres et les gargoulettes s'amoncelaient ; les passants les heurtaient du pied. Ailleurs on procédait à la vente à la criée de selles, de harnais, de brides et de cuivres.

Une des portes de la mosquée de Sfax s'ouvre dans les souks.

En passant sous la galerie obscure, on est surpris par la vision de colonnades éclairées par le reflet du soleil qui frappe sur des murailles invisibles. Sous les arceaux, dans la pénombre lumineuse, des Maures au turban vert, au turban d'or, aux riches costumes, sont debout les mains levées dans l'attitude de la prière ou prosternés vers l'Orient. Et cette scène est d'une singulière grandeur en sa simplicité.

LA VILLE ARABE

Si vous allez à Sfax, n'oubliez pas de vous diriger vers la grande mosquée le vendredi à une heure du soir. L'assemblée des croyants est si nombreuse ce jour-là que le sanctuaire ne peut les contenir tous. Vous verrez à l'extérieur, sur des banquettes en maçonnerie, tout un concours de fidèles. Et la gravité ou le caractère des visages, la richesse du costume, le recueillement de cette foule vous surprendront.

Un derviche au turban rouge, au manteau vert, à la barbe blanche comme la neige passait et repassait autour de la mosquée devant le peuple en prière.

« Oh! croyants, mes frères, disait-il, sachez que nous sommes dans le bien et que nous en rendons grâce à Dieu. Il est le maître de faire tout ce qu'il lui plaît; que le salut accompagne Mahomet son envoyé! »

On n'entendait que sa voix répétant l'invocation et par les portes grandes ouvertes de la mosquée, dans l'ombre des arceaux, des silhouettes blanches se prosternaient ou se dressaient et les manteaux s'agitaient comme de grandes ailes.

« Il est *maboul* », me disait un Juif avec lequel je m'entretenais. Un Maure qui passait s'écria : « Ne l'écoute pas, roumi, c'est un saint et non un fou. »

Le Juif s'esquiva.

— « Vois-tu, continua-t-il en regardant dédaigneusement l'autre s'en aller, l'esprit de Dieu est avec cet homme et il ne peut le supporter. Si tu es allé à Tunis, tu as remarqué une tombe au milieu du souk des selliers; tous les vendredis, jour sacré pour nous, on plante des drapeaux sur la sépulture et les passants baisent leurs plis. C'était un saint aussi, celui qui est enterré là-bas, et les étrangers le prenaient pour un fou.

« Nous autres, nous respectons ces hommes que l'esprit de Dieu visite et, comme ils sont incapables de gagner leur vie, nous leur reconnaissons le droit de prendre leur nourriture dans les étalages des marchands. »

Et tandis que je quittais les abords de la mosquée, la voix du derviche se faisait toujours entendre. Maintenant il parlait avec une volubilité extrême.

Le Juif qui n'était pas allé loin m'attendait.

« Mais qu'a donc ce fou maintenant, regarde comme il s'agite : un rassemblement vient de se former autour de lui... Dis-moi ce qu'il raconte.

« Il parle de la guerre, sidi, il répète toujours la même chose. On dit qu'il devint subitement fou durant le bombardement de Sfax par les Français et depuis il vit dans le souvenir des événements qui lui firent perdre la raison.

Et le Juif me traduisait les discours du maboul que je voyais redressant la taille, faisant de grands gestes, et comme nous nous étions rapprochés j'entendais distinctement sa voix.

« O mes frères, disait-il, le temps de gloire est passé, Allah abandonne son peuple, voici le soleil qui se lève tout rouge dans une mer de sang ! Les giaours sont venus par la mer avec leurs vaisseaux de feu ; les voici qui s'avancent comme les tourbillons de sable du Sahara. On entend beugler les chameaux et les bœufs... On entend hennir les chevaux... Les escadrons fondent sur nous, les armures lancent des étincelles.

Les vaillants Kroumirs les attendaient dans leurs montagnes, mais pleurez, ô mes frères, la ruine de l'Islam commence, les forêts brûlent, les champs sont ravagés, les troupeaux, les femmes, les enfants sont la proie de l'infidèle.

Louange à Dieu qui fait mourir et qui fait vivre !

La nuée de feu s'avance, saisissez les longs fusils, les yatagans, les pistolets, mettez vos éperons. Guerriers et goums, suivez vos étendards. En avant !...

... Les Ulémas, à Kairouan, prêchent la guerre sainte du haut des minarets, le monde musulman s'agite, le sultan envoie des bataillons de Tripoli. L'espoir renaît, on va chasser l'infidèle.

Ecoutez, maintenant : on a scié les grands poteaux qui portent la pensée le long des routes, car les chrétiens se parlaient avec des fils d'un bout du monde à l'autre. Guerre aux giaours ! Sans le vaisseau de feu, plein de canons comme un fort qu'on voit près du rivage, tous seraient égorgés à Sfax !

Les tribus étaient avec nous et jusques dans les profondeurs du désert on attendait le signal.

Et comme l'heure allait sonner...

Oh ! Croyants, mes frères, sachez, que nous sommes dans le bien et que nous en rendons grâce à Dieu. Il est le maître de faire tout ce qu'il lui plaît, que le salut accompagne Mahomet son envoyé !

Et comme l'heure allait sonner, la mer se couvrit d'une nuée de grands vaisseaux de feu, grands comme des forteresses, tout noirs, vomissant la fumée, hérissés d'armures, semblables à des monstres.

Le lendemain une pluie de fer et de feu tomba sur la ville, les murailles s'écroulaient, la terre et le ciel retentissaient de grondements terribles, comme si la fin du monde arrivait.

O mes frères, la colère céleste nous châtie, voici les jours noirs, vous ne possédez plus rien, c'est la honte éternelle !...

Et pendant que cette pluie de fer et de feu nous écrasait, des barques chargées de soldats approchaient du rivage. Louange à Dieu qui ressuscite les morts ! Dieu seul est éternel !

Mourez, on ne dira pas : ils ont fui !... Mourez, vous vivrez encore...

Beaucoup de nos guerriers sont morts ce jour-là. Ils vivront...

L'armée des infidèles était sur le sable du rivage, mais on se défendait en dehors des remparts, et les tribus approchaient pour se joindre à nous. Les bateaux vomissaient du feu, ô honte, mes frères, il fallut fuir...

Alors, sous le fer des canons les portes de la ville s'abattirent, et l'infidèle entra...

C'était écrit, ô mes frères.

On fit le siège des maisons. Nous luttâmes corps à corps, mais le soir le drapeau des Français remplaçait l'étendard de l'Islam sur la Kasbah !...

Le temps de gloire est passé, ô Musulmans ; où sont nos guerriers, où sont nos goums, où sont nos étendards ? La colère céleste les a dispersés.

Louange à Dieu qui ressuscite les morts ! Dieu seul est éternel.

Le derviche ne parlait plus, il s'en allait maintenant à travers la foule qui s'ouvrait respectueusement sur son passage.

Je dis alors au Juif : « L'Arabe avait un peu raison, tout à l'heure, car ce n'est pas un maboul, mais ce n'est pas non plus un saint. C'est un illuminé et peut-être un fanatique qui pourrait devenir dangereux en certaines circonstances. J'ai vu ce matin un vrai maboul par les rues, il s'en allait demi-nu, le corps déjeté, les yeux atones, la bouche ouverte et baveuse. »

Et je pensais aux vêpres siciliennes, à Jean de Procida simulant la folie et allant de ville en ville pour avertir les conjurés de l'heure du massacre.

« Vois-tu, me répondait le Juif, à voix basse, je pense comme toi, mais nous n'osons pas tout dire nous autres, tu sais bien...

Nous avions quitté les abords de la mosquée et nous allions à travers les ruelles, nous arrêtant à chaque instant, car à Sfax on peut passer des journées sans ennui, découvrant toujours de nouveaux détails intéressants. C'est tantôt une Juive qui passe les cheveux ébouriffés, teints par le henné, buisson ardent flambant au soleil ; un porteur d'eau chassant devant lui un âne enrubané, plein d'amulettes et de touffes de laines aux brillantes couleurs ; des enfants chargés de palmes vertes ; des marchands d'habits agitant des étoffes éclatantes. Et tout cela se meut sous des rayons de lumière, dans l'ombre translucide, au milieu des senteurs du fenouil et du benjoin, des âcres odeurs de fritures.

Nous apercevions nombre de boutiques pleines de concombres, d'une grosseur inusitée, il y en avait partout. C'est le légume cher aux gens de Sfax. On a prétendu même que l'abondance des concombres, les *fakous*, en arabe, avait inspiré le nom de la ville.

Et nous allions ainsi lorsque des chants frappèrent nos oreilles. Une bande d'Arabes débouchait presque aussitôt dans une ruelle. C'était un enterrement. Le mort, couché dans son cercueil, enveloppé d'une natte, était porté sur une haute civière à balustres.

Le chant était accéléré, les porteurs se hâtaient, ils butaient à chaque instant dans le sol inégal, et la haute civière oscillait. Le cortège passa vivement près de nous, s'illuminant au passage sous les rayons du soleil pour retomber aussitôt dans l'ombre de la rue, s'allumant plus loin d'un éclair fugitif. Il monta, descendit se montra une dernière fois et disparut. Les chants s'éteignirent dans le lointain.

J'avais quitté le quartier arabe et j'étais arrivé à la marine, un bateau venait d'arriver. L'archimandrite d'Alexandrie descendait du bord, il allait inaugurer l'église grecque. Une foule nombreuse l'attendait sur les quais. Le pasteur avait entouré sa haute coiffure d'un voile noir qui recouvrait aussi son visage. Les fidèles s'agenouillaient devant lui, baisant ses mains et l'archimandrite effleurait en passant leur tête de ses lèvres.

LE DERVICHE

ALORS LES AÏSSAOUAS AU SON DE LA MUSIQUE...

CHAPITRE XI

Gabès. — Le général Allegro. — L'Oasis. — Un jardin enchanté. — Les lavandières Menzel et Djara. Les Khouans. — Les Aïssaouas. — Au crépuscule. — L'expédition du marquis de Morès.

... Comme un cadavre entre les mains du laveur des morts.
Devise des Khouans.

G ABÈS : une côte allongée, basse, sablonneuse, quelques maisons à terrasses, des rideaux de palmiers. Par delà, des monts lointains.

Gabès est fouetté par les vents; là, le sirocco brûlant épuise, le souffle froid du large enfièvre et tue.

On quitte les solitudes de la mer pour la grande solitude d'un rivage que le soleil n'égaie pas, et le ciel lui-même est morne comme la terre.

Les navires s'éloignent de cette côte dangereuse semée de bas-fonds. Combien de voyageurs, arrivés en vue de l'appontement, ont dû suivre la fortune du bateau ne pouvant tenir la mer, et aller avec lui jusqu'à Tripoli! Même par les plus beaux jours on est obligé de mouiller au loin.

Cependant j'ai vécu quelques belles heures sur ce triste rivage.

Le soleil vient à peine de se lever lorsque nous jetons l'ancre en vue de Gabès. Par extraordinaire aujourd'hui le golfe de la petite Syrte est calme, la nuit a été bonne. Quelques milles en barque et me voici à terre. Bientôt j'ai trouvé asile à l'hôtel des voyageurs où m'accueille une hôtesse accorte.

On a vite fait de visiter Gabès, et peu après mon arrivée il n'avait plus rien à me révéler. Ce sont quelques rangées de maisons basses, deux ou trois petites rues improvisées datant à peine de l'occupation. Le village a été créé hâtivement par les mercanti qui suivent les troupes. Il garde quelque chose du campement. Et d'ailleurs on rencontre par les rues des soldats du 3ᵉ bataillon d'infanterie légère d'Afrique, et j'entends les sonneries de la manœuvre.

L'esplanade est voisine des maisons et en attendant l'heure à laquelle je pourrai voir le général Allegro, gouverneur de Gabès, auquel je suis recommandé, je vais comme un oisif bourgeois admirer nos troupiers. Les soldats paraissent tout petits dans ce vaste champ de manœuvres. Ils sont là, par théories, faisant l'escrime à la baïonnette. Plus loin c'est l'école du bataillon et les notes des clairons traversent, frémissantes, les clartés matinales. Plus loin encore, je vois les chasseurs d'Afrique et les spahis montés sur les petits étalons à la crinière ondoyante et aux queues longues comme des chevelures. Ils vont dans un galop nerveux gravir les monticules pour disparaître ensuite dans les replis du terrain. Plus loin encore, suivant les péripéties de la manœuvre, cette ligne ondulée, toute scintillante de couleurs vives, semble ramper, se replier, se dérouler comme un gigantesque serpent.

Je reçus le plus gracieux accueil du général Allegro. C'est à lui que je dois les bonnes heures passées à Gabès, à sa très gracieuse compagne dont l'ineffable douceur le console de sa cécité. Car le général est aveugle depuis quelques années. Et qui devinerait sa cruelle infirmité? L'œil qui vous fixe est plein d'une douceur expressive et ce regard, qui ne voit plus qu'en dedans, s'éclaire et sourit quand même. L'après-midi le général me fait visiter son jardin, un des plus beaux de l'oasis. Gabès par lui-même, c'est-à-dire le village européen, n'est rien; les oasis sont tout. Les deux principales : Djara et Menzel sont admirables de fraîcheur et de verdure.

Nous avons traversé l'oued et nous voici dans un jardin à la végétation folle, tout embaumé par des fleurs aux colorations éclatantes ; mes yeux sont éblouis et tous ces parfums capiteux m'alanguissent.

Sous la voûte des palmiers géants que la brise balance, dont les panaches scintillent au soleil avec des reflets métalliques, s'abritent deux étages d'arbres et de fleurs. Les cognassiers, les figuiers, les grenadiers, les abricotiers aux proportions colossales, ploient sous le poids de leurs fruits et au-dessous se pressent les légumes verts et les innombrables fleurs. Et c'était un enchantement sous l'ombrage clair, de voir les branches chargées retombant presque à terre, des vignes aux troncs énormes, tordus, rampant d'un arbre à l'autre, mêlant leurs feuilles aux fruits, enlaçant les palmes, s'inclinant en pendentifs gracieux ; ornementation fabuleuse, se perdant en d'inextricables réseaux parfumés. Et sur le sol c'était un chatoiement de pierreries où quelques rayons d'or se jouaient, éclatant çà et là sur des fleurs rouges, mettant des aigrettes de flammes à quelques corolles...

« Voyez ici, me disait le général, ces fleurs aux longs pistils soyeux et fins comme des plumes de colibri, remarquez leur couleur jaune, elles sont rares et belles. Là, c'est un palmier qui ne produit pas, il a été rasé à la cime, tenez, vous verrez mieux d'ici en relevant la tête ; ce palmier donne le *lagmi* ou vin de palme, je vous en ferai goûter tout à l'heure. »

Et j'étais tout saisi devant le général qui maintenant me guidait et qu'on eût dit aussi voyant que moi. Et je le considérais inquiet, ne pouvant croire à sa cécité.

« Voyez-vous, ajouta-t-il de sa voix charmante et chaude, les oasis de Gabès renferment près de 100.000 palmiers dattiers. Ils réussissent à merveille, car ils sont dans les conditions voulues ; une haute température en même temps qu'une grande humidité, les irrigations souterraines ou superficielles sont indispensables à sa culture, d'après le proverbe arabe, le palmier doit avoir le pied dans l'eau et la tête dans le feu. Dans ces conditions il pousse vite et monte haut. Vous remarquerez que le palmier de nos oasis a la tige plus frêle que celle des palmiers du rivage. Il est d'un port plus élégant et ses palmes souples se balancent au moindre souffle. Si nos jardins sont aussi luxuriants, c'est grâce à l'ombre protectrice qu'ils donnent, sans eux les arbres et les fleurs ne résisteraient pas aux ardeurs du soleil.

Nous étions arrivés à une sorte de clairière, les arbres s'espaçaient. « D'ici, me dit le général, vous pouvez voir le faîte d'un palmier donnant le lagmi et vous allez assister à la mise en bouteille dans cette cave d'un genre nouveau pour vous. »

Sur un signe du général, un jeune Arabe prit le tronc à deux mains et grimpa, pieds nus, comme un singe ; bientôt il disparut dans les palmes, pour montrer sa silhouette à la cime très élevée de l'arbre.

Je le voyais minuscule là-haut, puisant à même le tronc à l'aide d'une gargoulette, puis il entaillait l'intérieur du réservoir et bientôt le récipient descendait au bout d'une longue corde et des verres s'emplissaient de l'odorante liqueur. Ce vin de lagmi me parut excellent.

« C'est la seule boisson alcoolique autorisée par le Koran, me dit le général. Nos Arabes en sont très friands et il n'est pas rare de les voir en ébriété lorsqu'ils en abusent. Le lagmi, à une certaine période de sa fermentation, rappelle l'hydromel vineux.

... LE PEUPLE PREND PLACE.

« Les arbres qui le produisent sont sacrifiés. Dès le printemps, au moment de la grande sève, on coupe toutes les palmes, sauf les nouvelles, et on pratique à cet endroit même un canal circulaire dont la pente amène naturellement le liquide à une gargoulette. Le lagmi coule pendant deux mois environ, donnant chaque jour quatre ou cinq litres. Si l'arbre est menacé d'épuisement par suite d'un écoulement trop actif, on l'arrête en mastiquant les entailles du sommet à l'aide d'argile. »

Je suis revenu plusieurs fois à cet admirable jardin où maintenant je me rends seul car les horticulteurs indigènes me connaissent et viennent au devant de moi. Jamais ils ne m'ont laissé partir sans une brassée de fleurs, et puis ce qui m'attire encore c'est l'oued que je traverse et où je m'arrête longtemps chaque fois.

Jamais scènes plus patriarcales, plus bibliques, plus imprévues, plus belles ne se sont déroulées sous mes yeux.

Dans l'eau bleue coulant avec lenteur et sur les bords, s'agite tout un peuple de lavandières et d'enfants. Ce sont des femmes et des jeunes filles de beau visage, vêtues de tuniques bleues à grands ramages jaunes, ou voilées de noir, dont le peplum

... TROIS LAMES PENDANTES LE LONG DE SES FLANCS ...

antique est retenu à l'épaule par des agrafes d'argent. Dans les sombres tresses des chevelures s'enroulent des sequins tandis que des colliers de nacre et de corail battent sur les poitrines. Subitement de la foule accroupie, des figures hiératiques surgissent, divinités ou idoles, immobiles sous le soleil.

Dans l'eau toute frémissante rayée d'éclats d'acier, éclaboussée d'étincelles, s'ébattent des enfants nus, des chiens se jettent à la nage. Sur la rive, des chevreaux bêlent, des battoirs humides, en écorce de palmier, pleins d'étoiles, montent et descendent en cadence tandis que des vols de pigeons passent, éblouissants de blancheur dans la lumière.

Il y a là des négresses aux luisants de bronze, aux cheveux pareils à des toisons de laine finement tressés et huilés, des bédouines aux énormes turbans jaunes ou bleus d'où s'échappent comme des flots de sequins entremêlés d'amulettes avec des chaînes de métal qui se balancent sur la poitrine ; et les attitudes des bras nus chargés de lourds bracelets, sont pleins de grâce ou de caractère. C'est la joie des yeux pour un artiste que ces trouvailles d'arrangement, ces souplesses exquises, ces cambrures superbes, ces ceintures presque flottantes, ces lambeaux d'étoffes magnifiquement rejetées sur l'épaule. Les haillons sous le soleil ont la richesse du brocart et de la pourpre.

C'est de toutes parts un grand bruit de voix, des cris d'enfants, de croassements de grenouilles innombrables d'un vert tigré d'or, le cliquetis des bijoux, des battements d'ailes qu'accompagne l'éternel frémissement des palmes de l'oasis. L'eau essorée jaillit et retombe en pluie de perles, les linges blancs étalés aveuglent, les jaunes, les orangés et les verts éclatent ; ce n'est pas une symphonie, c'est une prodigieuse fanfare de couleurs.

Tout cela se meut, frissonne, grouille, chante ou crie dans l'eau azurée, sur la rive sablonneuse et claire où l'oued serpente à travers les tamarins, sous les palmiers dont les feuilles balancées miroitent dans les limpidités du ciel.

Et là-bas, dans le fond, dans le grand lointain, passent des caravanes aux silhouettes austères, des hommes graves drapés comme des apôtres...

Dès dix heures du matin, la chaleur est telle dans le sud de la Tunisie qu'il faut rentrer chez soi. A vouloir courir la campagne, on s'exposerait à l'insolation foudroyante. Et d'ailleurs, on manque de courage pour sortir, accablé qu'on est, se mouvant avec peine. Je me réfugiais dans le demi-jour de la chambre de l'hôtel aux heures chaudes, et là, nonchalant, n'ayant plus même le courage de tenir plume ou crayon, je m'abandonnais à l'assoupissement. On n'entendait aucun bruit au dehors, les rues étaient désertes, la ville morte.

Et alors chaque jour, dans ce morne silence, s'élevait une voix, une seule, lointaine, très frêle et douce. Ce qu'elle chantait, je l'ignore, je ne sais même quel instrument aux vagues harmonies l'accompagnait en tremblant. Mais j'éprouvais un charme indicible, d'entendre chaque jour à la même heure, cette voix qui traversait l'ombre, exhalant comme l'éternelle rêverie des choses.

Je ne l'entendais pas longtemps, le silence retombait vite sur les murailles. Nul autre que moi ne la percevait, car je m'informai auprès de l'hôtesse, des serviteurs, des voisins et aucun ne savait...

Plus tard, beaucoup plus tard, la ville lentement sortait de sa torpeur. C'était l'heure de la promenade.

Mon excellent ami Henry Frichet m'avait donné, à mon départ de Paris, une lettre pour un de ses anciens camarades, le capitaine Marfoure, du 3ᵉ bataillon d'infanterie d'Afrique. Quel accueil cordial me réservait le capitaine, homme charmant et brave cœur, heureux d'entendre parler de son ami, de pouvoir être agréable à son envoyé !

Justement il habitait l'hôtel des Voyageurs et sa chambre n'était pas éloignée de la mienne ; le hasard me servait.

J'ai fait de délicieuses promenades dans l'oasis en compagnie du capitaine, et je me souviendrai surtout d'une exploration faite ensemble dans le vieux Djara. Ce n'était pas la première fois qu'il y venait, c'est pourquoi il croyait m'y guider. Mais comment se reconnaître dans ce dédale de ruelles souvent aussi sombres que des cavernes, car en maints endroits, elles se composent d'inextricables réseaux de galeries couvertes.

Le capitaine cherchait la demeure d'une juive dont la beauté l'avait vivement frappé. Nous pénétrions partout pour la découvrir, car il ne retrouvait pas sa demeure et justement son embarras nous servit au mieux. Quels intérieurs nous avons découverts ainsi et quels beaux visages !

Gabès fut fondé par les Phéniciens. Sous les Carthaginois et durant une partie de la domination romaine, la ville fut comprise dans la Bysacène. Durant la période chrétienne, l'*episcopus Tacapitanus* est un des évêchés de la Tripolitaine.

On ne connaît pas exactement l'emplacement de l'ancienne Tacapa ; quelques ruines çà et là traînent sur des hauteurs avec des restes de mosaïques et de poteries. Eh bien, dans le vieux Djara, dans des cours intérieures où nul Européen n'était peut-être entré avant nous, nous découvrons des colonnes et des débris de monuments antiques qui ont servi à la construction de ces pauvres logis. Voilà, il me semble, ce qu'est devenue la vieille Tacapa.

Et quelle originalité montraient certains portiques de hasard sous lesquels des femmes étaient réunies, occupées à la préparation du repas ! Les enfants se roulaient demi-nus dans la poussière et à notre approche, ils fuyaient. Je me souviens d'une fillette prise d'un tel effroi à notre vue qu'elle tremblait de tous ses membres et poussait des cris perçants. Sous un de ces portiques, un tout jeune enfant dormait dans un berceau fait d'une énorme écaille de tortue que trois cordes descendant de la voûte tenaient suspendu au-dessus du sol.

Nous n'arrivions pas à découvrir la belle juive, mais combien d'autres visages nous apparaissaient d'une grande beauté ou d'un caractère unique !

Le costume était d'une simplicité primitive. Il se composait de la tunique flottante antique, de couleur bleue généralement, avec une écharpe négligemment nouée en guise de ceinture. De larges tresses encadraient le visage, descendant jusqu'aux hanches, avec des chaînes, des pendeloques faites de sequins, de coquillages, de morceaux d'ambre, de corail, de monnaies anciennes d'argent et d'or. Et sur les poitrines, comme je l'avais vu sur les bords de l'oued, de larges colliers à plusieurs rangs s'étageaient.

Il sera intéressant de lire les recherches suivantes d'un auteur anonyme sur les costumes portés, dans l'antiquité, par divers peuples de la mer, nous verrons qu'ils se sont transmis en grande partie jusqu'à nos jours notamment dans le sud de la Tunisie.

« L'un de ces peuples, dit-il, les Tourshas, assimilés aux Tursanes ou Etrusques, porte une sorte de bonnet pointu. Or, dans l'antiquité, nous retrouvons cette coiffure conique sur le personnage du bas-relief libyen de Tchinli-Kioch. On la constate sur de nombreuses figurines de terre cuite provenant de Carthage, dont MM. Babelon et Reinach ont donné le dessin. L'usage paraît s'en être conservé longtemps chez certaines populations. Les Gerbiens portent souvent une sorte de bonnet blanc de forme plus allongée que la chéchia rouge classique. Le président de Thou leur attribue « des bonnets de laine de couleur bleu turquin. » Une coiffure analogue est adoptée par les femmes berbères modernes. Son extrémité se recourbant lui donne la forme de bonnet phrygien. Tel est, entre autres, le cas des femmes de Rhadamès (Largeau).

« Les guerriers teucriens et les Danniens, d'après les bas-reliefs de Médinet-Habou, portaient un bonnet de plumes. Cette singulière coiffure persiste encore, comme costume de guerre ou de fantasia, dans plusieurs parties de la Tunisie occidentale et de l'Algérie.

« Ces Européens qui attaquent l'Egypte sont vêtus d'une sorte de jupon, rappelant celui des Ecossais ou la fustanelle grecque. Rien n'est plus fréquent que cette pièce de costume chez les indigènes qui n'ont pas adopté la culotte. Elle est portée sous le vêtement et formée d'étoffes rayées.

« Outre les dessins égyptiens, les représentations figurées sur certains objets métalliques tels que les situles de la Certosa, de Watsch ou le miroir de Castelvetro, nous donnent de précieuses indications sur les origines des costumes tunisiens. Ces dessins représentent des scènes de l'époque. Des guerriers y sont figurés avec des casques ou bonnets coniques et jupons courts. Sur les situles de Watsch et surtout de la Certosa, des personnages ont des blouses à manches courtes, identiques à la jebba du Sahel tunisien. Un individu, vêtu de ce costume, est coiffé d'une chéchia; il porte sur son épaule la charrue arabe actuelle (situle de la Certosa). Rien ne le distingue d'un Tunisien contemporain de Gerba ou du Sahel. Entre ces deux époques si éloignées, on peut citer le costume identique d'un personnage figuré sur un ex-voto de Tanit. Quant aux femmes de ces situles, elles ont la tête couverte d'un voile. Leur vêtement, serré à la ceinture, est semblable à celui des Bédouines de la campagne. C'est une variété du peplos antique.

« On pourrait appeler l'attention sur l'ornementation géométrique des étoffes, comparables à celles des vases, des bijoux, des armes chez les hommes de l'âge de bronze et les Tunisiens contemporains. Les tapis de Kairouan et les couvertures de Gafsa permettraient d'établir de curieux rapprochements; mais ces considérations nous entraîneraient trop loin. »

L'accueil que nous recevions dans ces modestes demeures où habitaient ces femmes aux attitudes de reines, était gracieux. Il semblait que les gens s'estimaient très honorés de la visite d'étrangers. Il est à présumer que le képi du capitaine était pour la plus grande part dans cette courtoisie.

M. Marfoure éprouva une déception lorsque la belle juive enfin fut retrouvée, car il l'avait vue en grand apparat et cette fois, il la surprenait dans une tenue fort négligée, vaquant aux occupations peu poétiques du ménage.

Nous visitions ensuite le marché assez curieux où se fait encore le commerce d'exportation de Tunis, de Malte, de la Sicile et de Tripoli.

Les habitants de Djara ne firent aucune manifestation hostile contre nous au moment de l'occupation. Mais Menzel, qu'un ruisseau sépare de Djara fut bombardé par nos troupes; des traces de ce bombardement subsistent encore.

Les habitants de ces deux bourgs sont d'humeur différente, d'ailleurs, longtemps ils furent ennemis et à tout propos des rixes s'élevaient entre eux.

On fabrique des tapis à Menzel. Quelques-uns de ceux qui nous furent montrés étaient de belle couleur et offraient une grande analogie avec ceux de Kairouan.

J'ai passé de charmantes soirées chez le général Allegro. L'aménité de ses manières, son esprit, sa large hospitalité, le charme et la bonté de Mme Allegro ne

A L'OUED GABÈS

se peuvent oublier. Et c'est un bonheur de trouver là, aux confins du désert, sur cette pauvre terre, une maison si cordiale où s'unissent le confortable européen et l'éclat du luxe oriental.

J'y rencontrai un officier supérieur, écrivain de grand talent, qui connaît à fond tout le nord de l'Afrique. Longuement nous nous entretenions; je lui faisais part de mes observations trop rapides à mon gré sur les musulmans. Il rectifiait mes erreurs, il m'ouvrait des horizons nouveaux, s'étendait avec une compétence rare sur les ordres et les sociétés religieuses, les sectes et les confréries dont nous ne soupçonnons pas la puissance. Divisées autrefois, ces sociétés semblent obéir aujourd'hui à une impulsion unique, ce qui peut les rendre redoutables un jour.

« Les Mokaddem, me disait Khiva, tel est son pseudonyme littéraire, jouissent d'une grande autorité auprès des adhérents. Souvent leur parole a suffi pour maintenir les tribus et empêcher les insurrections que les marabouts locaux ou des illuminés essayent de fomenter.

« Vous êtes frappé des progrès acquis en Tunisie, de la douceur des habitants que vous croyez amis de notre domination. Quelques-uns sont nos alliés, c'est certain, mais ils sont l'exception, ce sont des Maures des villes, pour la plupart, qui n'ont plus, depuis longtemps, le sentiment de leur nationalité. Mais allez dans le Sud, les Khouans y sont nombreux. Leur esprit de discipline ne se dément jamais; ils ont une devise qui règle leur conduite, ils sont :

« *Comme un cadavre entre les mains du laveur des morts.*

« Dans tous les ordres, dans tous les pays, leur obéissance est passive. Les devoirs des Khouans entre eux sont plus réels que ceux que la nation impose à des frères et leur solidarité est poussée jusqu'au communisme. Or, en Algérie seulement, il y a 168.000 Khouans.

« Nier le pouvoir des sectes est puéril. L'organisation des confréries, dont on connaît à peine les détails, les ramifications, est formidable et, quoique à l'état latent, elle constitue un danger permanent.

« Les chiouck religieux sont des diplomates hors ligne. Leurs conseils et leur correspondance se transmettent, avec une rapidité inouïe, à des distances énormes; sauf de rares exceptions, ce sont eux la cause des rébellions, les moteurs des désordres, les chefs des révoltes.

« Notre consul, M. Féraud, a constaté que la révolte de l'Aurès, en 1879, était connue à Tripoli le même jour qu'elle éclatait. Autres preuves : Il télégraphiait, le 12 avril 1881, au gouverneur général de l'Algérie, qu'un mouvement se préparait dans le Sud oranais, alors qu'à la même date, dans le cercle de Geryville, on assassinait le lieutenant Weinbrenner. Enfin, Ahitaghel, le chef des Touareg-

Hoggar, qui ont assassiné la mission Flatters, a écrit au caïmakan de Ghadamès une lettre dans laquelle il se vantait de ce haut fait et manifestait le désir que ce massacre fût connu à Constantinople.

« L'Islam travaille sourdement à sa réorganisation. Les Chiouk Senoussi et autres ont compris que cet immense corps ne pouvait agir que s'il avait une tête. Ils savent qu'un mouvement panislamique bouleversera le monde et attendent un chef.

« Les confréries religieuses représentent le lien qui unira les mahométans. Elles fourniront l'or, les refuges, les conseils, et leurs émissaires insaisissables

A DJARA

transmettront les ordres. Elles seront écoutées, car tous les burnous sont des frocs lorsqu'ils couvrent des musulmans convaincus, et tous les affiliés obéiront *comme le cadavre entre les mains du laveur des morts.* »

Le général Allegro a bien voulu faire donner en mon honneur une fête spéciale par les Aïssaouas de Menzel.

Il est trois heures, un chaouch vient me prendre à l'hôtel avec une voiture et nous voilà partis sur la route poudreuse. Le vent de mer souffle avec force et les cavaliers semblent courir dans les flammes, les sabots des chevaux soulèvent de grandes fumées d'or que le vent emporte. Le soleil de plomb écrase les demeures basses du village que j'aperçois devant moi, et sur les côtés de la route, le sol est criblé d'ouvertures comme si la terre avait été bouleversée. C'est le vent qui arrache ainsi des lambeaux du sol, disent les uns, ce sont des trous formés par des gens qui ont pris du sable, croient les autres.

Qu'importe! l'aspect en est désolé et s'harmonise avec le caractère de ces

JUIVE DE DJARA

maisons que je vois là-bas au bout de la route, aussi pauvres que la terre, aussi tristes.

La voiture s'arrête à l'entrée de Menzel devant une zaouïa dont la blanche coupole contraste avec la morne uniformité environnante. On nous attend, des Arabes enveloppés dans leurs burnous, allongés sur un talus voisin de la porte, se lèvent aussitôt et le Mokaddem et deux chefs des aïssaouas sortant de la petite mosquée s'avancent au devant de moi, me tendent la main et me font pénétrer dans la cour qui précède le sanctuaire.

Quelques adeptes sont déjà réunis, et vaguent sous les arceaux allant et venant par un couloir dont l'accès m'est interdit.

Elle est charmante cette cour spacieuse entourée de fines colonnettes blanches dont une treille enguirlande les arceaux. Là-bas, à l'extrémité de la cour opposée à la porte d'entrée, au long de la galerie, des croyants sont en prière, le visage tourné vers l'orient; ils lèvent les bras au ciel et se prosternent : c'est la prière de la troisième heure.

Le Cheik me fait asseoir sur un banc réservé et un serviteur m'apporte le café tandis qu'un joueur de flûte s'est placé sur le seuil de la porte, et aux appels aigus de son instrument, invite les aïssaouas à se réunir.

Lentement ils arrivent un à un, et le peuple prend place près de l'entrée sous les arceaux. Cependant le flûtiste, entouré de joueurs de tam-tam, s'est accroupi sur le sol et, sur un rythme à trois temps, que l'accompagnement accentue avec force, les notes suraiguës de la flûte s'élèvent en cris douloureux. Bientôt les coups sur le tam-tam deviennent sauvages, délirants et les vibrations sont si violentes qu'elles retentissent dans nos poitrines. Cette musique dure longtemps et tandis que les aïssaouas qui sont venus se masser autour de l'orchestre attendent, psalmodiant par instants des versets du Koran, un tout jeune enfant, les mains appuyées contre une colonne, balance sa tête et la fait pivoter autour de son cou. Cet enfant, âgé de 4 à 6 ans à peine, s'exerce, c'est un néophyte, il cherche à s'hypnotiser comme vont le faire bientôt les aïssaouas.

On a beaucoup écrit déjà, m'a-t-on dit, sur cette secte religieuse, mais qu'importe ! je dois raconter en ce récit les scènes qui m'ont frappé et celle-ci comptera parmi les plus curieuses et les plus farouches.

L'enfant balance toujours sa tête avec violence, le gland de sa chéchia tombe sur sa poitrine et rebondit sur son dos. Ses sœurs et ses frères, je pense, vont à lui cherchant à l'arracher au violent exercice auquel il se livre, mais obstiné, il ne veut point quitter la place qu'il a choisie. Il balance toujours sa tête, et son visage, qu'il baisse et relève alternativement, est congestionné. Ses yeux sont sans regard.

Le rythme du tam-tam s'accentue, les cris de la flûte deviennent plus douloureux, on entend des hurlements sauvages. Un vieux tout secoué de frissons s'est tout à coup dressé l'écume aux lèvres, ses mâchoires s'entrechoquent, il lève les yeux au ciel, pousse des cris inarticulés et ses bras imitent les battements d'ailes des oiseaux. Il est hirondelle, il le dit et il le croit, et va et vient à travers la foule, réellement possédé.

Dans le coin le plus obscur, sous les arceaux, on voit des hommes passer apportant des lames quadrangulaires affilées qui sont terminées en façon de pommeau par une grosse boule de cuivre d'où s'échappent des chaînes. Un autre apporte dans un mouchoir un paquet de scorpions qu'il remet au Mokaddem.

Cependant le rythme constant de l'étrange musique a déjà entraîné nombre d'aïssaouas. Les voilà debout, rangés les uns à côté des autres, très rapprochés, les mains unies et rejetées en arrière. Un des chefs de la secte, armé d'un bâton, frappe sur ceux qui n'apportent pas l'empressement voulu à se lever et rejoindre leurs frères. Des enfants de tout âge forment les deux extrémités de cette grande chaîne humaine. Ils sont bien soixante devant moi. Les désirs du général gouverneur sont exaucés, le spectacle promet...

Alors doucement les aïssaouas, au son de la musique ont balancé leur corps en avant et en arrière, et leurs têtes alternativement retombent sur leur poitrine et se relèvent; les touffes de cheveux que les mahométans conservent au sommet du crâne viennent tantôt battre leur poitrine et tantôt recouvrir leurs épaules. Le mouvement s'accentue, leur corps se cambre maintenant, les cheveux balayent le sol. Ils se redressent et retombent suivant le rythme accéléré de la flûte, des tam-tams et des Derboukas.

L'hirondelle volète toujours à travers l'assistance poussant de petits cris, et, chose curieuse, ce grand corps a vraiment des attitudes d'oiseau comme sa voix en imite les piaulements. Un autre, persuadé qu'il est singe, grimpe le long des colonnes, s'accroche à une barre qui supporte la treille, se suspend par les pieds et se balance avec des contorsions simiesques. Par moments, de grandes fumées odorantes entourent les Aïssaouas d'écharpes bleuâtres, c'est l'encens jeté dans les réchauds.

Bientôt le nom d'Allah, crié par un chef, est répété éperdument par toute l'assistance. Certains, comme pris de folie, frémissants, le corps secoué de spasmes, les lèvres écumantes s'approchent du Mokaddem qui montre une grosse poignée de clous. Et, la bouche ouverte devant lui, sans abandonner le mouvement rythmé que marque l'infernale musique, ils attendent. Les poignées de clous disparaissent dans leur gorge, ils en veulent tous, les enfants même se précipitent, ils implorent et s'accrochent aux bras du chef, et c'est avec le bâton qu'on s'en débarrasse.

Chez ceux qui, à plusieurs reprises, ont avalé du fer, une détente soudaine se produit ; ils s'affalent sur le sol, on les allonge sur une natte, les voici comme morts.

Le tam-tam résonne toujours, les coups sourds de la Derbouka retentissent et la flûte poursuit sa plainte aiguë.

Enfin ce sont les lames qu'on enfonce dans la gorge et dans le ventre des adeptes. Le patient hypnotisé est indifférent, il regarde comme sans voir le Mokaddem qui, prenant sa chair entre ses mains, la traverse de part en part avec une pointe affilée. Puis il va à travers la foule, deux ou trois lames pendantes le long de ses flancs, de sa poitrine, de sa gorge transpercée, et ce fanatisme est si entraînant que des enfants tout petits, suggestionnés, sollicitent l'épreuve. De longues aiguilles traversent bientôt leurs joues, leur ventre ou les cartilages du nez. Et sur la face bestiale des nègres qui regardent, les yeux apparaissent comme des rayons d'acier. Tous les hommes drapés de toges brunes, venus en spectateurs, s'hypnotisent à leur tour, ils vont se souder à cette sombre guirlande de fanatiques. Elle est vraiment sauvage, horrible, cette chaîne humaine dont tous les anneaux se balancent, chacun baissant la tête jusqu'aux genoux, les cheveux traînant et se relevant pour retomber sur les reins. Et les chefs excitent, poussent l'exaltation jusqu'à son paroxysme, ils donnent l'exemple, sautent comme des forcenés devant eux ou se balancent suivant le rythme de la musique.

Tout à coup l'un d'eux bondit, sauvage, un bâton à la main, l'écume aux lèvres, il menace, et la musique accélère encore le mouvement qui devient pressé, haletant, furieux ; c'est le vertige qui prend ces hommes, c'est la folie…

Alors, toujours la bouche écumante, il en est qui s'approchent du Mokaddem. Oh ! les scorpions énormes, verdâtres ou noirs, il les tient à la main, lui, il les montre, et les autres rugissent, ils veulent les manger…

Il ne faut pas détourner la tête malgré l'écœurement qui me prend, il faut voir et c'est horrible ces bouches écumeuses qui mâchent avidement les bêtes immondes qu'on leur donne en pâture, dont la queue se tord encore autour des lèvres convulsées qui bavent. Et puis, des serpents, du feu, du verre pilé, que sais-je encore !…

. . . .

Je m'étais enfui.

Le soir tombait. Dans la plaine, les troupeaux se rassemblaient et les enfants de Djara et de Menzel allaient chercher leurs chèvres et leurs brebis confondues en un seul troupeau dont la garde est confiée à un pasteur. Les animaux reconnaissent leurs jeunes maîtres et c'est gracieux de les voir, dans le crépuscule, suivre les **enfants avec des bêlements plaintifs.**

Puis la plaine devient solitaire, les coups sourds du tam-tam des aïssaouas s'éloignent et je n'entends plus que les souffles d'une brise tiède dans les palmes et le murmure éteint du ruisseau de l'oasis.

. . . .

J'étais un soir chez le général Allégro, lorsque le courrier apporta une lettre de Mme la marquise de Morès qui le priait de faire parvenir un paquet de correspondances à son mari.

Je ne sais quel pressentiment funèbre aussitôt assombrit ma pensée. Et m'adressant au général :

— « J'ai peur, lui dis-je, pour le vaillant marquis de Morès ; croyez-vous qu'il ait bien compris les dangers auxquels il s'exposait en s'enfonçant dans le désert, ses préparatifs n'étaient-ils point faits pour allumer toutes les convoitises? Les nouvelles se propagent avec une rapidité inconcevable au Sahara et sûrement son voyage et les conditions dans lesquelles il s'effectue sont connus des Touaregs. »

Je me souvenais que l'un d'eux avait quitté Tunis en même temps que moi. Il avait débarqué à Gabès et aussitôt avait disparu. Quel méchant regard ce Touareg, le voile blanc qui cachait le bas de son visage ajoutait encore à la férocité de son aspect !

— « J'ai organisé l'expédition de telle sorte qu'elle s'accomplira en toute sécurité, dit le général. La trahison des guides est le côté dangereux des explorations et ceux dont je l'ai muni sont sûrs. Je compte surtout sur la présence de El Hadj Ali, riche commerçant tunisien, originaire de Ghadamès, où il a de la famille encore. Et celui-là ne se serait point risqué en une telle aventure s'il avait douté de la sécurité d'une région qu'il connait mieux que personne. On peut compter sur l'interprète Abd el Hak, sur Ali ben Zmerli qui est de Tunis, et les cinq nègres armés de fusils à tir rapide qui accompagnent l'expédition sont à toute épreuve. La caravane se compose de huit hommes courageux, elle est accompagnée de quarante-cinq chameaux.

« J'ai recommandé à de Morès de ne jamais se séparer de son escorte, j'insistais encore sur ce point, ici même, la veille de son départ, car pour moi le danger est là. Il est certain qu'une entreprise comme la sienne est toujours hasardeuse, surtout dans les circonstances actuelles après l'affaire de Tombouctou, la marche triomphale de Rabah au Bornou, l'état aigu de la question du Touat et surtout les entreprises anglaises au Soudan.

« Mais de Morès est d'une énergie peu commune et j'espère qu'il restera prudent et sera constamment en éveil vis-à-vis des Touaregs. »

Le général s'était tu, je songeais au massacre de la mission Flatters où succomba le capitaine Masson avec lequel j'avais été lié d'amitié. Le colonel était prévenu aussi, une première fois il avait échoué au lac Menghough attiré dans un guet-apens par les Touaregs Iffoghas. Il put corrompre deux chefs à prix d'argent et échapper à la mort.

Dans la seconde expédition, les Touaregs Hoggars se chargèrent de le conduire eux-mêmes au Soudan, il s'était confié à eux, ils l'avaient séparé de son escorte de tirailleurs et l'avaient traitreusement massacré.

... Quelques jours plus tard, à mon passage à Sfax j'apprenais le massacre de l'expédition du marquis de Morès. Mes pressentiments ne m'avaient point trompé. Le marquis avait oublié les recommandations pressantes du général Allégro, il s'était livré aux Touaregs Iffoghas.

Il avait oublié aussi la lettre du cheik Ahitaghel des Touaregs Hoggar mise sous ses yeux avant son départ par des amis qui espéraient le faire renoncer à son entreprise.

Ce cheik, qui s'était engagé à donner son appui et sa protection au colonel Flatters, écrivait au gouverneur turc de Ghadamès :

« Je vous informe de ce qui est arrivé à ces chrétiens, « c'est-à-dire au colonel Flatters », qui est venu chez nous, avec ses soldats, dans l'intention de traverser notre pays du Hoggar pour se rendre au Soudan. Ils sont venus ; mais nos gens les ont combattus pour la guerre sainte de la manière la plus énergique, ils les ont massacrés, et c'est fini.

« Maintenant, il faut absolument que la nouvelle de *nos hauts faits* parvienne à Constantinople. Informez, là-bas, que les Touaregs ont fait aux chrétiens une guerre sainte exemplaire. Dites, en *haut lieu*, que je demande à ce que les musulmans viennent à notre aide pour soutenir la guerre sainte dans la voie que Dieu nous a tracée. »

L'objectif immédiat du marquis de Morès était d'arriver à la ville mystérieuse de Rhât où aucun Européen n'a encore pénétré.

Seul Duveyrier coucha une nuit en dehors de ses murs surveillé par des Touaregs.

De Rhât le marquis comptait, dit-on, rejoindre le Mahdi.

Il serait tombé, disent certains, sous les coups des Snoussi, redoutables et mystérieux, ennemis irréconciliables de la domination française en Afrique, dont Khiva m'avait entretenu, dont les affiliés sont partout dans le monde musulman.

La confrérie religieuse fut fondée, il y a cinquante-six ans, par le fils de Sidi Mohammed-ben-Ali-es-Snoussi, Algérien exilé. Sur son lit de mort, Sidi-es-Snoussi a désigné son fils comme le Mahdi attendu. Car une antique prophétie avait annoncé pour notre époque le sauveur providentiel qui doit régénérer l'Islam et soumettre la terre aux vrais croyants.

On lit dans l'*Éclair* du 20 juin, à propos de la mort du marquis de Morès :

« Sidi-Mohammed-Mahdi commande aujourd'hui à la moitié du monde musulman. Son pouvoir s'étend sur toute l'Afrique du Nord, du Maroc à l'Egypte. Il a son principal centre d'action et sa zaouïa métropolitaine en territoire turc dans le vilayet de Tripoli, au nord-ouest et à deux jours de marche dans l'oasis de Syouah.

Et, fait bien curieux : à travers les siècles, le foyer du fanatisme musulman se retrouve aujourd'hui précisément à la même place. L'endroit même où s'élève la ville sainte des Snoussis, la récente Jehrboub est exactement celui d'où Mohammed-el-Cabbah, le « Vieux de la Montagne », envoya, pour tuer le roi de France Louis IX, alors devant Tunis, ses fidèles « assasins », dont l'histoire des croisades nous a appris le rôle et dont le nom est passé dans notre langue. Ce rapprochement est de M. Napoléon Ney qui a bien étudié cette secte.

Il n'est que vrai de dire que l'Orient musulman est un creuset où semble s'élaborer pour le vingtième siècle, une force expansive dont la puissance de destruction, si l'on n'y veille, sera fabuleuse.

Un de nos officiers qui a pu visiter dernièrement le couvent retiré où habite le chef du bureau secret à Constantinople, s'est convaincu qu'il y a à Paris des émissaires chargés de le renseigner sur tout ce qui peut intéresser les musulmans. Sous prétexte d'apostolat, de charité, de pèlerinage et de discipline monacale, les agents des congrégations sillonnent l'Asie et l'Afrique, même l'Europe. Ils revêtent les formes les plus diverses, négociants, étudiants, médecins, ouvriers, mendiants, charmeurs d'oiseaux et de serpents, saltimbanques, fous simulés ou illuminés inconscients. Un émissaire sera, par exemple, le conteur du café maure, un amuseur public qui, volets clos, lorsque l'auditoire est composé de musulmans sûrs, dit tout bas les ordres qu'il apporte de la Rome musulmane. Et si, quinze jours, trois semaines après son passage, une insurrection éclate sans cause apparente, il ne faut pas s'en montrer surpris.

Le mahdi de Tripolitaine est l'ennemi irréconciliable de la domination française dans le nord de l'Afrique. On a trouvé la main de la confrérie dans tous les assassinats de voyageurs pendant ces dernières années : MM. Dournaux-Duperré et Joubert sur le chemin de Ghadamès à Ghât, en 1874 ; les Pères du Soudan à Ghadamès en 1880 ; la deuxième mission du colonel Flatters sur la route de Laghouat aux Etats Haoussas, en 1881. Il fit attaquer en 1882 la mission topographique du Chott-Tigri, qui n'échappa à une ruine totale que grâce au sang-froid, à l'énergie et à l'intrépidité de MM. le capitaine de Castines et le lieutenant Delcroix.

Le dernier soulèvement des Ouled-Sidi-Cheik, puissante tribu religieuse du sud de la province d'Oran, en 1879, a été provoqué par des émissaires snoussites. L'agitateur Bou-Amâma, avant de lever l'étendard de la révolte, était *mokhadem* (prieur) d'un couvent snoussite.

Le cheik-El-Mahdi, qui a succédé à son père mort en 1859, s'efforce par tous les moyens de conserver son prestige aux yeux des vrais croyants. A la fin de sa vie, Snoussi ne sortait jamais sans un voile noir sur le visage, afin d'épargner le rayonnement de sa face aux yeux de ses fidèles. Le fils, sans aller aussi loin, se montre très peu en public. Son aspect est froid, et lorsqu'il donne audience, il tient sa montre à la main, pour n'accorder au visiteur que le temps qu'il lui a fixé d'avance. C'est un homme de haute taille, à l'aspect imposant, à la parole facile et éloquente, quand il rompt le silence rigoureux où il affecte de se renfermer d'ordinaire.

Il dispose de forces militaires importantes qu'il pourrait utiliser dans une guerre véritable. Il réside à Djerbourb; il a fait bâtir dans cet oasis un couvent fortifié. Il a fait creuser des puits, construire de grandes citernes, créer des plantations. En 1874, le couvent ne contenait que quelques étudiants et des esclaves. Deux ans plus tard, on trouvait à Djerbourb des ateliers d'armurerie où l'on montait les fusils venant d'Égypte. La confrérie possédait quinze canons. Les écuries renfermaient de nombreux chevaux. En 1880, la garde du corps de Hédi-Mohamed-el-Mahdi se composait de 4.000 Algériens, réfugiés politiques, de 2.000 esclaves. La confrérie compte aujourd'hui 120 couvents au centre d'action...

Là s'ourdit en secret le procès de la civilisation au nom du prophète qui a dit : « La guerre durera jusqu'au jugement. Il peut y avoir des trêves, jamais de paix. »

Le marquis de Morès a-t-il simplement été victime d'une bande de pillards, Touaregs et Chaâmba, d'un guet-apens préparé par Arbib, a-t-il succombé sous la haine des fanatiques Snoussi? C'est un mystère qu'on ne pénétrera jamais.

Quoi qu'il en soit, la fin du marquis de Morès, fils d'une illustre race, victime d'une grande conception patriotique n'en est pas moins héroïque et glorieuse, et les sables du Sahara comptent un martyr de plus. C'est pourquoi nous donnerons les détails circonstanciés de ses derniers jours d'après le récit d'Ali Smerli, un des survivants du massacre de l'expédition devant l'officier enquêteur.

La caravane de de Morès quitta Djeneyen le 31 mai.

Le 1ᵉʳ juin, elle campa sans avoir trouvé ni puits ni point d'eau.

Le 2 juin, vers trois heures du soir, après une marche pénible, on dut s'arrêter encore sans avoir trouvé aucun puits. Comme il fallait, de toute nécessité, en trouver un le lendemain, M. de Morès envoya Abd el Hak, Ali de Sinaoun, Ali et

Chambi, un Chaâmba, engagé à Djeneyen pour guider la caravane, jusqu'à Rhât, et quatre guides de Netzaoua afin de chercher et de trouver le puits le plus proche.

Ce petit groupe partit aussitôt.

La nuit était presque arrivée lorsqu'un de ces hommes parut à l'horizon agitant son burnous. Il expliqua que ses compagnons avaient rencontré un habitant de Sinaoun, fabricant de goudron, qui leur avait offert de les conduire jusqu'au point d'eau voisin.

En revenant, toutefois, notre messager avait entendu des coups de feu et, croyant à une attaque, toujours à redouter dans ces parages, il engagea vivement M. de Morès à lever le camp et à marcher au secours de ses envoyés.

De Morès suivit ce conseil. Mais la nuit était complète ; on traversait une région montagneuse et rocheuse où les chameaux ne pouvaient continuer, sans danger, d'avancer dans les ténèbres.

Bon gré, mal gré, il fallut donc s'arrêter et coucher là.

Le lendemain matin, mercredi 3 juin, dit Smerli, nous nous remîmes en route et nous arrivâmes promptement au puits d'El Ouatia. Nous fûmes étonnés de n'y rencontrer ni Abd el Hak, ni ceux qui l'accompagnaient. Il fallut courir à leur recherche, et l'un de nous, originaire de Merzoug, partit dans ce but. Il les aperçut bientôt arrêtés près d'un puits un peu plus éloigné que celui sur le bord duquel nous étions fixés nous-mêmes. Nos camarades revinrent donc.

Abd el Hak amenait avec lui deux Touaregs, dont l'un nommé Bou Chaoui, qu'il avait rencontré le matin même. Ces Touaregs, qui étaient à pied, présentés à M. de Morès, reçurent de lui le meilleur accueil. Il leur offrit du café, les fit déjeuner, les retint à dîner et à coucher au camp. Il paraissait enchanté de ses premières relations avec eux.

Dans la soirée, une quinzaine d'autres Touaregs environ, vinrent à notre campement. On les hébergea ; on fit cuire, en leur honneur, deux plats de couscous, et un plat de riz sans viande. M. de Morès ouvrit même une boîte de thé pour leur en servir. L'heure du repos arrivée, ces gens se retirèrent un peu en dehors de notre camp.

Bou Chaoui semblait être leur chef. Il était seul à parler arabe ; encore parlait-il cette langue assez difficilement et d'une façon peu intelligible. Il fallait, pour le comprendre toute la bonne volonté d'Abd el Hak, qui servait d'interprète, entre M. de Morès et cet homme. Ses compatriotes du désert ne parlaient que leur idiome national ; aussi seuls Hadj Ali et deux de ses serviteurs pouvaient s'entretenir avec eux.

Détail à noter : Bou Chaoui demanda des cigarettes à Abd el Hak. Pour les fumer, il abaissa son voile, de sorte que Smerli put voir sa figure. C'est un homme de 40 à 45 ans, qu'il reconnaîtrait sûrement s'il se trouvait jamais placé en face de lui.

Disons aussi tout de suite que les jours suivants, pendant que nous restâmes immobilisés à El-Ouatia, Bou Chaoui ne manqua pas de revenir nous voir longuement, et amena même sa petite fille, enfant de six à sept ans.

Cette visite de l'enfant ferait assez croire que le campement des Touaregs était tout proche du nôtre ; il est vrai que nous ne l'avons nullement aperçu ; mais cela tient, sans doute, à la forme et à la couleur des tentes touaregs faites de cuir et très difficiles à distinguer, même à courte distance. Quoi qu'il en soit, Bou Chaoui et sa fillette furent l'objet de mille attentions prévenantes. Abd el Hak les photographia plusieurs fois l'un et l'autre et M. de Morès fit cadeau à l'enfant de plusieurs bracelets. Du reste, il tenait table ouverte pour tous ceux de la tribu qui venaient le voir.

Pendant que nous racontons cette journée du 3 juin, ajoutons qu'Abd el Hak entama, avec un indigène de Sinaoun, qui faisait du goudron dans le voisinage du puits près duquel nous campions, des négociations en vue de la location de chameaux.

Hadj Ali discuta le prix de cette location. L'homme de Sinaoun demandait 30 francs par 100 kilos jusqu'à Rhât. Hadj Ali ne voulut en donner que 26. Ils ne purent s'entendre et Hadj Ali entra ce même jour en pourparlers avec Bou Chaoui pour obtenir de lui les chameaux nécessaires au relèvement de ceux venus de Gabès.

Le jeudi 4 juin, les pourparlers commencés la veille continuèrent. M. de Morès y prit part en personne, par l'intermédiaire d'Abd el Hak.

Du reste, pendant qu'ils se continuaient, Ali de Sinaoun et Salah, domestiques au service de El Hadj Ali, partirent pour Sinaoun même afin d'acheter des cordes, des poivrons et d'autres provisions dont le besoin se faisait sentir. Ce fut tout pour cette journée employée, comme on le voit, en causeries vagues.

Le lendemain (vendredi), le camp, établi jusque-là à une certaine distance du puits, en fut rapproché et fut dressé tout près du puits même.

La chose était à peine faite qu'on vit arriver huit ou neuf Chaâmba dissidents. Ils venaient abreuver leurs chameaux à notre puits.

M. de Morès se les fit présenter ; les entretint longuement ; s'informa du motif pour lequel ils avaient quitté leur pays ; leur proposa son intervention près des autorités françaises pour les faire rentrer en grâce et alla jusqu'à leur offrir une lettre d'intercession dans ce but.

Les Chaâmba l'écoutèrent, mais refusèrent catégoriquement ses propositions et ses offres. M. de Morès alors leur fit distribuer de la farine d'orge et un litre d'huile, qu'ils emportèrent en se retirant.

Parvenus néanmoins au puits qui se trouve à huit ou neuf kilomètres de là, entre El-Ouatia et Sinaoun, ces Chaâmba, réflexion faite, renvoyèrent à M. de Morès, par un jeune garçon de douze ans, cette huile et cette farine qu'ils avaient d'abord acceptée.

Cependant les négociations engagées, pour la location des chameaux touaregs, avec Bou Chaoui avaient abouti. M. de Morès remit donc les arrhes convenues et annonça à ses chameliers gabésiens qu'il les congédiait. Ceux-ci furent dans l'allégresse la plus grande ; ils étaient en effet loués pour aller jusqu'à Rhât et déjà le voyage leur semblait très pénible.

La soirée se passa, conséquemment à ces arrangements nouveaux, en règlement de compte, M. de Morès les paya, acheta les provisions dont ils étaient munis et qui leur devenaient inutiles, et convint avec eux qu'ils partiraient dès le lendemain. Les guides de Nefzaoua, congédiés comme les chameliers gabésiens, furent également réglés et partirent dans la nuit, sans même attendre le jour.

Tous ces soins n'absorbèrent pas cependant tellement M. de Morès qu'il ne reçut des femmes chaâmba amenées par la curiosité à notre camp. Il leur remit même à chacune dix francs ; cette générosité fit accourir trois Chaâmba, à chacun desquels il donna encore une pièce de vingt francs.

Le soir, enfin, deux employés du Cheik de Sinaoun vinrent, de la part de ce fonctionnaire, demander le signalement de la caravane, mais M. de Morès les éconduisit sans rien entendre et sans vouloir leur communiquer le moindre renseignement. Ils se retirèrent donc sans être plus avancés au départ qu'à l'arrivée.

Dès l'aube du samedi matin (6 juin), les chameliers gabésiens nous quittèrent, ainsi qu'il avait été convenu la veille. Ali de Sinaoun et Salah, le domestique d'El Hadj Ali, n'étaient point encore revenus de Sinaoun ; nous restions donc seulement, à El Outia, sept personnes attachées à M. de Morès. En le comptant, nous étions huit en tout, perdus au milieu des Touaregs et des Chaâmba.

La journée pourtant se passa tranquillement ; M. de Morès était gai, plein d'entrain et de bonne humeur comme à son habitude.

Il convint que les chameaux loués aux Touaregs seraient amenés le lendemain à la première heure et il en paya la location jusqu'à Rhât.

Il profita même de la conclusion définitive de ce marché pour faire cadeau à Bou Chaoui, le porte-parole et le chef des Touaregs, d'une carabine à répétition, d'un burnous, d'une jebba et de divers vêtements pour femmes.

Il avait aussi distribué à sa nouvelle escorte touareg quatre carabines prises aux trois serviteurs noirs d'El Hadj Ali et à moi-même, continue Ali ben Smerli.

Pendant tous ces préparatifs, nos gens étaient enfin revenus de Sinaoun, et la soirée s'achevait paisiblement lorsque des Chaàmba se présentèrent et réclamèrent à M. de Morès des cadeaux en nature analogues à ceux qu'il avait faits, dans la journée, à leurs voisins les Touaregs. Ils demandaient aussi des vêtements, des armes, etc. M. de Morès refusa net. Ce refus mécontenta si vivement ces Chaàmba, que leur compatriote Ali el Chambi, engagé à Djeneyen pour guider notre caravane jusqu'à Rhât, crut devoir solliciter l'autorisation de se retirer. Déjà probablement, il craignait de se trouver mêlé à quelque regrettable affaire.

L'incident n'eut d'ailleurs pas d'autre suite immédiate et le samedi se termina par l'achat aux Touaregs, pour Abd el Hak, d'un chameau livrable le lendemain matin avec les autres.

Ce lendemain matin parut, mais les chameaux ne vinrent point. On ne vit ni eux ni aucun Touareg ce jour-là.

Seuls, deux Tripolitains, réfugiés dans ces tribus nomades pour échapper aux autorités turques, se montrèrent au camp, porteurs de deux jeunes agneaux qu'Abd el Hak leur acheta.

FEMME D'UN CHEF DE L'ARAAD

Nous reçûmes également, dans ce jour, la visite du Cheik de Sinaoun. Il dîna même au camp et y passa la nuit. Avant de le laisser partir, M. de Morès, avec lequel il avait longuement causé, lui fit don d'une pièce d'étoffe et d'un barram teint en rouge.

Le 8 juin au matin, les chameaux ne paraissant pas encore, Hadj Ali se décida à aller les chercher.

Vers huit heures, il revint avec les chameaux attendus, huit ou neuf Touaregs et leurs nègres chameliers.

Malheureusement, les chameaux amenés n'avaient pour tout harnachement que des bâts privés de sangles et de cordes.

Le camp fut pourtant abattu, démonté et on commença le chargement. Mais les animaux se déchargeaient à chaque instant et il était presque impossible d'assujettir les caisses et cantines sur leur dos.

Après de longs efforts, comme midi approchait, M. de Morès ordonna de décharger entièrement les bêtes et, vu l'heure trop avancée, remit le départ au lendemain.

Pourtant on ne releva point le camp ; on ne dressa point les tentes, et, pour procurer un peu d'ombre à M. de Morès, on se borna à établir un tendelet entre deux caisses. Ces contre-temps n'influaient toujours pas sur la belle humeur du chef. Il s'était toutefois rendu compte des difficultés qu'il aurait avec les Touaregs pour convoyeurs.

Le soir même en effet, il s'en ouvrit nettement à Bou Chaoui. Décidément, lui dit-il, je renonce à l'idée d'aller à Rhât avec vos chameaux ; ils ne sont habitués ni à nos caisses ni à nos charges, conduisez-nous donc seulement à Sinaoun ; là je trouverai des animaux du pays qui feront mieux mon affaire. Bien entendu, vous garderez les sommes que vous avez touchées pour aller jusqu'à Rhât ; je vous les abandonne dès maintenant.

Ce fut chose convenue et les Touaregs, promettant de revenir le lendemain, quittèrent le camp à la nuit close.

Dès en s'éveillant dans cette journée du mardi 9 juin, qui devait se terminer si tragiquement, M. de Morès s'aperçut qu'on lui avait volé sa sacoche accrochée à une caisse. On vint l'informer également que son mehari avait disparu.

M. de Morès se plaignit amèrement de ces vols à Bou Chaoui. Un instant après, celui-ci lui fit remettre sa sacoche ; mais les papiers qu'elle contenait étaient déchirés et son cachet, moitié rouge et moitié blanc, manquait. Quant au mehari, Bou Chaoui déclara qu'il allait se mettre à sa recherche, et il disparut.

Il fallut beaucoup de temps pour procéder au chargement. Pendant cette opération, M. de Morès surprit un jeune Touareg fouillant dans ses bagages ; la patience lui manqua et il administra au voleur un coup de canne qui lui fit une légère blessure à la tête.

Vers huit heures du matin, enfin, le chargement terminé, on se mit en marche.

Les Touaregs, au moment du départ, avaient disparu regagnant leurs tentes et laissant les chameaux seuls avec les chameliers.

Nous avancions donc avec une lenteur désespérante, obligés de relever, à chaque instant, le chargement tombé de quelqu'une des bêtes. Nous mîmes ainsi plus de deux heures à parcourir moins de trois kilomètres dans la direction d'El-Ouatia à Sinaoun.

En tête du convoi, sur une seule ligne, nos quarante ou quarante-cinq chameaux, flanqués, à gauche, des chameliers nègres au service des Touaregs et, à droite des trois serviteurs nègres, d'El Hadj Ali et Ali de Sinaoun.

A vingt pas en arrière, et à pied, Ali Smerli. Dix pas en arrière encore, mais monté sur un chameau, Abd el Hak. Trente pas plus loin, sur la gauche et à dos de mehari, M. de Morès, suivi à quatre-vingts mètres environ de distance par ses deux serviteurs algériens Mohamed sur sa droite.

Enfin, à cinquante pas en arrière d'Abd el Hak, mais à droite, presque parallèlement à de Morès, par conséquent, El Hadj Ali sur un chameau que conduisait par la bride un domestique.

Il était donc dix heures ou dix heures et demie lorsque, au loin, nous vîmes arriver les Touaregs, sur leurs meharis et par petits groupes. Bientôt ils nous eurent rejoints. Ils mirent alors pied à terre et nous suivirent tenant leurs montures.

Tout à coup, Smerli, se retournant, aperçut trois de ces Touaregs qui s'étaient approchés sans bruit et par derrière de M. de Morès et se préparaient à l'attaquer à coups de sabre.

Découverts, ils poussaient des cris d'appel pendant que M. de Morès, sans perdre sa présence d'esprit, ripostait : Qu'y a-t-il donc? Que veut-on? Et comprenant trop ce qu'on voulait, tirait son revolver de sa ceinture, ajustait les bandits, en tuait un et blessait les deux autres, l'un grièvement, le second moins gravement

Il était temps, car les agresseurs était si près de lui qu'au moment même où il les mettait en joue, l'un d'eux, d'un coup de sabre, l'avait atteint au-dessus du poignet droit.

Devant cette agression, Smerli avait rejoint Abd el Hak, qui, descendu de chameau, avait saisi sa carabine que lui tendait le nègre et avait, avec lui, couru à l'aide de M. de Morès.

Smerli avait pris la bride du chameau que montait ce dernier, et pendant qu'il descendait avait dégagé sa carabine de la gaine dans laquelle elle était renfermée et la lui tendait au moment même où il mettait pied à terre.

En prenant sa carabine, M. de Morès a laissé tomber sur les vêtements de Smerli deux gouttes du sang s'échappant de sa blessure; elles y sont encore très visibles.

Cependant, de Morès crie : Aux chameaux! aux chameaux! en indiquant de la main qu'il faut, à tout prix, les arrêter et les faire agenouiller.

C'était, du reste, la consigne donnée depuis longtemps, pour le cas à prévoir d'un désordre quelconque toujours dans la colonne.

Smerli, sans arme et dès lors inutile au salut de de Morès, court pour faire exécuter cet ordre. Mais les chameliers touaregs rabattent vivement leurs animaux sur la droite, tandis que Chaàmba et Touaregs unis, fondent sur nous avec leurs meharis, nous font prisonniers et nous attachent.

Puis les chameliers touaregs font agenouiller leurs bêtes et les déchargent.

Ils étaient alors à quatre cents mètres environ de l'endroit où Ali Smerli avait laissé de Morès.

Il le voyait de là avec Abd el Hak et El Hadj Ali, tous trois debout bravement et adossés à une touffe de *soboth*, ces grands joncs du désert. Les deux premiers étaient armés de carabines et le troisième était sans arme. Ahmed et Mohamed, les domestiques de M. de Morès qui étaient également armés de fusils à tir rapide, avaient, dès la première attaque, été tués tous les deux sans que leurs armes aient servi.

Une heure durant à peu près, de Morès et Abd el Hak tinrent donc seuls tête à leurs ennemis. Pendant une heure, en effet, les crépitements de la fusillade ne cessèrent de retentir. Ils tiraient sur les Touaregs parfaitement dissimulés derrière les touffes de *soboth* dont le terrain est semé; ceux-ci, en cercle autour d'eux, les fusillaient, de leur côté, d'une distance approximative variant entre cent et cent cinquante mètres.

Liés au milieu des chameaux et des bagages, les hommes de de Morès ne purent assister aux détails de cette lutte épique.

Quand la fusillade ne retentit plus, seulement, ils conclurent que tout était fini. Il était environ midi.

Touaregs et Chaàmba se précipitèrent alors sur les bagages; ils ouvrirent les ballots; ils étalèrent les marchandises et, la menace à la bouche, les armes à la main, ils forcèrent Smerli et ses camarades à leur aider à ouvrir les caisses en leur criant : « Où est l'argent? où sont les armes? »

Quelques instants après arriva Bou Chaoui. Il rassura les prisonniers, qui craignaient d'être égorgés; il fit enlever leurs liens et les prit à témoin qu'il n'assistait pas au massacre et que la catastrophe s'était produite pendant qu'il était à la recherche du mehari de de Morès.

Puis, avec les autres, il alla au partage des dépouilles. Smerli dut dévisser le couvercle d'une caisse pleine de sabres; une arme plus riche que les autres fut mise de côté pour le frère de Si Mohamed, un gros personnage du Rhât, paraît-il. D'autres caisses furent brisées pour aller plus vite.

Le soir, enfin, on rendit aux captifs leurs vêtements, on leur distribua une outre d'eau, mais pas de nourriture, et ils passèrent la nuit au milieu des assassins.

Le 10, à l'aurore, recommença la curée : Touaregs et Chaâmba se disputèrent même. Enfin ils s'entendirent et chacun prit sa part.

Bou Chaoui congédia alors les prisonniers et s'enfonça dans les solitudes du Sud avec les siens.

Il pouvait être dix heures du matin. Ali de Sinaoun rejoignit l'homme qui fabriquait le goudron et dont nous avons parlé, et lui loua un chameau qu'il ramena.

En repassant alors sur le champ de massacre, Ali Smerli et ses camarades virent, tout à leur aise, les malheureuses victimes et les reconnurent.

Hadj Ali, frappé d'une balle au front et d'une autre à la jambe, dormait son dernier sommeil, la tête appuyée sur son bras droit.

Abd el Hak atteint d'un coup de feu au côté droit de la poitrine avait, en outre, le flanc gauche percé par la lance d'un Touareg. Il était couché sur le dos, attestant le ciel qu'il avait lutté en vaillant et qu'il était mort en brave.

Les deux serviteurs algériens de de Morès : Ahmed et Mohamed, tués dès le début du drame, gisaient l'un sur le dos, l'autre sur le ventre.

Quant à M. de Morès, chef de la caravane, Français, ancien officier, il s'était conduit jusqu'au bout en chef, en officier et en Français ; il s'était battu en lion et, jusque dans le trépas, ses misérables assassins l'avaient distingué de ses compagnons ; son cadavre était tellement criblé de blessures qu'il était impossible de découvrir celles qui provenaient d'armes à feu de celles faites à l'arme blanche. On avait dû s'acharner sur lui et lui faire expier, jusqu'après sa mort, ses titres de chrétien, de Français et de maître.

Il était là pourtant, étendu sur le ventre, les bras allongés en avant comme pour prendre une éternelle possession de cette terre arrosée de son sang et qu'il avait rêvé, dans ses rêves généreux, de conquérir à la France et à la civilisation.

Et la *Dépêche tunisienne* fait suivre cette reproduction du récit d'Ali Smerli des pensées suivantes auxquelles tous les Français s'associeront :

Dors en paix, Morès, ton vœu sera peut-être accompli plus vite que tu ne le croyais toi-même et plus vite que ta vie et ton passage à travers le désert ne l'eussent réalisé !

La France va sentir le besoin impérieux de faire un pas décisif de plus sur le chemin du Soudan, de protéger, par un établissement durable, plus avancé que ceux d'aujourd'hui, les routes qui lui appartiennent. Aussi, là même où ton sang a coulé, espère que demain les couleurs de la Patrie, que tu portais avec toi, flotteront dans l'azur qui a répercuté tes derniers cris et tes derniers soupirs, et qu'un fort, portant ton nom, apprendra aux bandits du désert que leur règne est fini.

En attendant, les os vont revenir avec ceux de tes compagnons et Tunis les saluera dans quelques jours, avant la Mère-Patrie, avec un respect et une admiration unanimes.

Deux mots pour finir. Ali Smerli et ses camarades gagnèrent rapidement Sinaoun. Le 10 au soir, ils couchèrent dans un des villages voisins de ce centre.

Le 11, ils y passèrent la journée dans la demeure de l'un d'eux : Ali de Sinaoun.

Le vendredi, Ali Smerli repartit à dos de chameau pour Dahiba et Tataouine, d'où il est arrivé, le 22 au soir, à Tunis.

On sait que Paris réservait au héros mort pour la France de magnifiques funérailles. Tous les partis, dans un noble et généreux sentiment, s'accordèrent pour rendre hommage à son courage et à son abnégation.

Des hommes de cœur réclamèrent une vengeance immédiate, c'est-à-dire une expédition militaire vers le sud dans le but de châtier les Touaregs dont la région relève géographiquement et politiquement de la Tunisie en dehors de trois points occupés par les Turcs : Ghadamès, Sinaoun et Djerdj. Leur vœu n'a pas été exaucé et tout voyage d'exploration vers Ghadamès dans les conditions ordinaires est impossible désormais.

Je terminerai ce récit de l'expédition du marquis de Morès qui, à tous égards, devait occuper une place importante dans cette étude sur la Tunisie, par des extraits d'un remarquable article de M. Flourens au sujet des relations entre le Soudan et la Méditerranée ; il met vivement en lumière les moyens de ramener vers Gabès les caravanes qui ont abandonné cet itinéraire.

« Nous n'avons rien fait pour développer les relations de la Tunisie avec l'Afrique centrale et les régions soudanaises, pour en faire l'entrepôt du commerce entre le bassin de la Méditerranée et tous les pays sahariens ou transhariens. C'était, cependant, pour nous un intérêt de premier ordre au point de vue politique comme au point de vue économique. Tout au contraire, par une série de mesures maladroites sur lesquelles je reviendrai ultérieurement, nous avons interrompu les relations existantes dont l'importance était déjà considérable.

« Trois routes centrales servent au commerce entre la Méditerranée et le Soudan. Sur ces routes, deux échappent à notre sphère d'influence, ce sont celles qui partent de Tripoli et de Benghazi.

« La plus occidentale et autrefois, avant l'établissement de l'administration française en Tunisie, la plus fréquentée part du fond du golfe de Gabès et se dirige, à peu près droit, au Sud vers Ghadamès et Ghate, en rasant les derniers contreforts du massif montagneux central du Sahara.

« C'est la route de Ghadamès qu'il s'agirait de rouvrir à nos relations avec le Soudan. Plus à l'ouest, le massif du Haggar, continué par celui du Touat, barre le chemin. En outre, toutes les routes qui partent d'un port plus à l'ouest que Gabès, ne peuvent arriver à la latitude de cette ville sans traverser, sur 200 kilomètres de profondeur, un premier massif montagneux, celui de l'Atlas, sans avoir, en conséquence, à gravir des 1,200 mètres d'altitude pour redescendre ensuite à zéro, avant de recommencer l'ascension du second massif.

« En partant de Gabès, au contraire, on substitue à ces ascensions périlleuses et coûteuses un simple prolongement de navigation; de plus, c'est perpendiculairement au rivage que l'on se dirige, à travers un pays plat et sans obstacle, vers le centre du Soudan.

« Cette route part d'une rade excellente, destinée, je l'espère, à devenir, avant peu d'années, un port de commerce et de guerre de premier ordre. L'île de Djerba, qui couvre la rade du côté du large, possède une population douée d'aptitudes commerciales innées, dues à une pratique plusieurs fois séculaire et acquises lorsque les relations entre le Soudan et la Méditerranée ont suivi leur voie naturelle, c'est-à-dire jusqu'à l'occupation française.

« Il ne faut pas croire que cette interruption soit due à une répulsion systématique contre l'établissement de rapports commerciaux continus avec les Français, ni surtout à une sympathie quelconque pour les Turcs. Parmi les fonctionnaires turcs, certains sont redoutés pour leurs exactions.

« La raison de ce changement dans l'itinéraire des caravanes remonte à de petits froissements locaux, à des causes mesquines qui, à distance, peuvent nous paraître secondaires et peu dignes d'arrêter l'attention des pouvoirs publics; de près, ont les conséquences les plus graves et les plus désastreuses.

« Il faudrait envoyer à Ghadamès, avec une mission confidentielle du gouvernement, un homme intelligent et parfaitement au courant de toutes les habitudes, de toutes les manières d'être et des sentiments de ces populations, et le charger d'une enquête approfondie sur les causes qui ont déterminé le commerce à abandonner son ancienne route pour se diriger vers le Fezzan, qui est sur la route directe du Soudan à Tripoli. Pour cette mission importante et délicate, il faudrait trouver un individu, et ce ne serait pas difficile à découvrir, qui, par des services personnellement rendus à des chefs et personnages autorisés, se soit acquis la confiance des marabouts de la frontière tripolitaine, des commerçants du Soudan, du Fezzan et, avant tout, de Ghadamès même.

« Par son influence, et au besoin par quelques présents, il persuaderait les chefs de caravane qui traversent encore Ghadamès de se diriger vers le Nord, au lieu d'obliquer vers Tripoli; puis étendant son action davantage, avec ses relations et la renommée de ses bienfaits et de ses puissantes attaches avec la France, il détournerait ensuite les caravanes qui vont directement du Soudan à Tripoli par le Fezzan et les attirerait à Ghadamès et de Ghadamès à Gabès.

« Il serait même très peu coûteux, — les compagnies s'offriraient à exécuter le travail sans frais et pour quelques concessions, — de faire construire un chemin de fer à voie étroite de Gabès, je ne dirai pas jusqu'à Ghadamès. Ghadamès, quoique situé dans notre hinterland tunisien, a reçu, ces dernières années, une garnison turque et est, par suite, considéré comme une dépendance de la Tripolitaine; mais sur un point de la route à déterminer au plus près de l'oasis en question, mais en dehors de la frontière turque. On pourrait peut-être même obtenir du gouvernement turc la conclusion d'un arrangement qui nous permettrait de nous établir, à titre purement commercial, à Ghadamès sans avoir à craindre d'être inquiétés par lui dans notre exploitation. »

MULÂTRESSE DE MENZEL.

COUR INTÉRIEURE DU KAÏD D'HADÈGE

CHAPITRE XII

L'aube. — A travers l'Araad. — Paysages d'apocalypse. — Les Matmatas. — Hadège. — Chez les Troglodytes. — Les gerboises. — Le siroco.

Bled el ateuch ou el Khouf!...
Pays de la soif et de la peur!...

Trois heures du matin, on frappe à ma porte. Je me frotte les yeux. La nuit a été brûlante, elle ne m'a donné ni repos ni sommeil. Chaque jour ici je me lève plus las qu'en me couchant...

Cependant, malgré la fatigue, je suis bientôt sur pied.

Me voici dans une calèche qui attendait à ma porte. Quel véhicule, grands dieux! Déchiré, maculé, rouillé et tout grinçant au moindre mouvement des quatre chevaux attelés. Le conducteur, un Arabe, m'affirme qu'on n'en peut trouver de mieux approprié au pénible trajet que nous allons faire. En route donc...

L'aurore pointe, Gabès dort, livide, dans le sable. Seule, comme une espérance, la première lueur du jour qui va venir frissonne dans un coin du ciel.

Et, fuyant dans le crépuscule du matin, à travers de mornes espaces, je rêve à nos bois, à nos prairies. Je revois les vapeurs légères flottant sur nos étangs, les fleurs qui s'entr'ouvrent, là-bas, sur le bord des ruisseaux, si loin, dans les vallées charmantes!

Pourtant après avoir dépassé Djara et Menzel, le paysage est d'un grand caractère, à cette heure. Sous les colonnades sans fin de l'immense oasis dont aucune haleine n'effleure les palmes, les eaux de l'oued miroitent, immobiles, entre les roseaux.

Les lignes de ce paysage sont larges, les colorations simples et discrètes, on dirait que la nature se recueille et pense. Mais d'ailleurs, n'est-elle point comme nous? Elle a ses rêveries aussi, ses tristesses, ses fureurs, ses sourires et ses joies.

Sur une hauteur, on entrevoit des murailles jaunes couronnées par un minaret et des coupoles bleuâtres. Des troupeaux descendent la pente aride et des caravanes de chameaux chargés d'halfa débouchent sur le chemin. La vie habituelle commence à reprendre avec l'aurore lorsque subitement nous sommes en face du désert de l'Arnad, que borde dans le lointain une ligne abrupte aux crêtes grises. Et voici que le soleil levant nuance de reflets roses ce sol qu'un tressaillement subit a paru animer.

Dans ces terres livides qui s'allongent de toutes parts, quelle surprise de revoir l'eau! C'est une nappe d'un calme absolu, reflétant sans un frisson des palmiers qui se penchent et le ciel doré par le jour naissant. Ce coin charmant sommeille encore dans la fraîcheur matinale et un rayon d'aurore rougit vaguement çà et là les palmes d'alentour.

J'arrête l'attelage, et sur la lisière du bois endormi, une femme apparaît portant une amphore. C'est une bédouine au large turban, à la tunique flottante. Elle est tout interdite en nous apercevant et, silencieuse, nous considère.

Partons... la course sera longue, on ne peut s'attarder devant même une apparition de canéphore biblique. Nous ne verrons plus de sources, pourtant, dans les régions que nous allons franchir. Nous irons par ce désert, là-bas, que bordent les montagnes trapues de l'horizon, la chaîne des Matmatas, but de notre voyage.

L'air est froid, je grelotterais presque si je ne m'enveloppais dans les couvertures que la prévoyante hôtesse a mises dans la calèche à mon intention.

« Ici, m'a-t-elle dit, les nuits sont chaudes, les journées brûlantes, mais les matinées sont glaciales sur les hauteurs. »

Voici le soleil venir, mais il ne chauffe pas encore, il effleure à peine le sol mort que nous traversons et frange d'or bruni les crêtes des monts lointains aux ombres d'outremer. Nous descendons une pente ravinée et nous arrivons dans la plaine. Plaine vaste où sourient quelques fleurs, duvetée de vert par places, avec çà et là des champs d'orges mûrs, couleur paille, sans clôtures, au hasard.

Cependant la plaine tout entière s'est illuminée et de toutes parts des pigeons sauvages blottis dans des buissons de jujubiers s'enfuient, et jusqu'à perte de vue flottent dans les airs des vols de papillons. On dirait d'innombrables feuilles d'automne emportées par le vent.

Cette plaine, l'Araad, le sol de labour, fut l'ancienne patrie des Lotophages, peuple mythologique qui se nourrissait du lotus. Le fruit était si doux, dit Homère dans l'Odyssée, qu'il faisait oublier leur patrie aux étrangers qui en goûtaient. Selon Pline, les Lotophages en fabriquaient une boisson fermentée qui enivrait. Après s'en être abreuvés les compagnons d'Ulysse ne voulaient plus quitter le pays, et le héros, insensible à leur désespoir, les fit porter jusqu'à ses vaisseaux où il les fit attacher à fond de cale.

Après la plaine et les champs d'orge, le désert reprend. Le pays de nouveau est couturé de ravines, on dirait, par endroits, des lits de torrents desséchés, tant ils sont encombrés de pierres polies. La route, ou plutôt la piste, monte et descend sans cesse à travers ce sol bouleversé, amas enchevêtré de monticules de calcaire stériles, dénudés, aux pentes écorchées, pleines de précipices. Le soleil brûle cette terre pantelante, le siroco la fouette sans merci.

C'est ici toute l'horreur du désert, c'est comme le *bled el ateuch* ou *el Khouf*, le pays de la soif et de la peur !...

Malheur à l'étranger qui s'égarerait seul dans ces parages, sans recommandations pressantes auprès des Kaïds ou des cheiks; il est condamné à mourir de soif et de faim, car les indigènes le fuiront comme un pestiféré, il sera perdu dans une solitude sans abri, sans vivres et sans eau.

Au dire d'Hérodote, les Troglodytes Éthiopiens, il désignait ainsi les Matmatas, sont les plus vils de tous les peuples, ils se nourrissent de serpents, de lézards et autres reptiles, ils parlent une langue qui n'a rien de commun avec celle des autres hommes.

Les montagnes ténues, d'un lilas pâle, qui se levaient dans le lointain à l'aube, sont à présent devant nous arides, cahoteuses, et à mesure qu'on s'en rapproche elles se rapetissent et s'enlaidissent sous le grand soleil.

Nous gravissons leurs flancs d'où émergent, çà et là, des touffes de palmiers. Ils s'élèvent de sortes de cuvettes établies dans les bas-fonds, entourées de quelques figuiers épais et de caroubiers noirs.

Il est 10 heures. Nous arrivons à Hadège, village de Troglodytes.

Le ciel est devenu blafard, un vent brûlant souffle avec violence, il arrache des lambeaux du sol et une poussière rougeâtre roule sur les pentes et voile les bas-fonds. On entend les palmes s'entrechoquer par instants avec des froissements de branches sèches. Aucune apparence d'être humain en ce pays farouche!

Pourtant le village est là creusé sous terre dans cet amas de monticules brûlés que nous foulons et je n'aperçois au-dessus du sol qu'une pauvre mosquée à la coupole basse, là-bas, et des fumées qui çà et là s'exhalent, tordues par le vent.

Mon conducteur me fait remarquer près de nous une large ouverture béante, c'est une demeure ou plutôt le terrier d'un troglodyte. Quelques épines protègent les bords de cette fosse, il serait dangereux de glisser en approchant de trop près, on ferait une chute de plusieurs mètres dans cette cour intérieure, ce patio, où s'ouvrent les portes des diverses pièces qui composent l'habitation, cour à laquelle on accède par une galerie creusée dans les flancs du monticule.

Hadège est composé de plus de cent cinquante de ces habitations terriennes dissimulées dans les replis de la montagne.

Après une marche mouvementée nous débouchons sur une sorte d'esplanade. Des hommes vêtus de blanches toges s'avancent au-devant de moi, ils accompagnent le fils du kaïd auquel je donne la lettre de recommandation dont le général Allegro m'a muni pour son père. Mon cocher qui a mis son attelage à l'abri du soleil, sous un olivier à l'ombre très grêle, me sert d'interprète, mais comme il possède mal notre langue, il me transmet les choses les plus bouffonnes. Sur ma demande on fait appeler un juif qui expliquera mieux les intentions du chef. Il m'apprend en effet l'absence du kaïd, mais son fils est là pour le remplacer et me guider dans le village où je suis le bienvenu. Il espère que j'accepterai le repas qu'il désire m'offrir. Il m'accompagne ensuite jusqu'à la chambre des hôtes qui me servira de demeure durant mon séjour.

Nous nous engageons dans une tranchée tandis que les chiens, dont on se débarrasse avec peine, aboient furieusement autour de nous. Au bout de la tranchée, contre le monticule taillé à pic en sorte de muraille, s'ouvre une galerie tortueuse dans laquelle on s'engage; des niches pratiquées sur les côtés servent de hangars, de celliers, d'écuries, elles abritent les instruments aratoires, les charrues primitives. Sortant de l'ombre du couloir nous débouchons dans une cour carrée ou plutôt une fosse aux parois hautes, pleine de lumière. Des portes s'ouvrent çà et là dans ce vestibule bizarre, où donnent des chambres creusées comme le reste dans le sable durci.

La chambre des hôtes est une sorte de tunnel blanchi à la chaux. Une délicieuse fraîcheur y règne. Ces terriers sont frais en été et chauds en hiver. L'ameublement de la salle est d'une extrême simplicité mais d'un grand luxe cependant pour Hadège : il se compose d'une longue table, de quelques chaises, d'une lampe à pétrole et de deux lits en fer recouverts de tapis de Kairouan.

Je suis seul maintenant, le caïd s'est retiré discrètement, me conseillant le repos, et puis la chaleur est ardente, le siroco souffle, il est prudent de s'enfermer. Dans la soirée nous visiterons Hadège.

En attendant l'heure du repas, j'examine les lieux. Me voici devant la porte de la salle donnant sur la cour. En face est la galerie qui mène au dehors. Dans la cour, ou la fosse, des portes closes. Deux d'entre elles, voisines l'une de l'autre sont surmontées de mains hiératiques sculptées dans le sable dur qui forme la muraille. L'une est la prison, l'autre le tribunal où le kaïd règle les différends entre ses administrés. La main symbolique est celle de Fatma qui préside à la justice.

Au-dessus de ma tête un grand carré de ciel, là-haut, et le vent dont j'entends le souffle fait tourbillonner la poussière sur les bords de l'étrange puits au fond duquel j'habite.

Cette inspection faite, je me repose. Le terrier est silencieux, je n'entends que le piaillement des moineaux à l'orifice de la cour et, par instant, le murmure de voix sourdes qui semblent monter du sol même. Puis plus rien, une bouffée plaintive de vent chaud, un souffle léger qui passe, le bourdonnement des mouches qui semblent s'entretenir d'une voix grave avec des pauses subites, et plus rien, le silence retombe sur cette terre que la chaleur écrase.

Et comme je sommeille accablé, on apporte sur la table un grand plat de couscous. Le kaïd accompagne les serviteurs et va se retirer. Je le prie de partager avec moi les mets qu'il vient m'offrir; alors il s'assied, le juif qui était de l'escorte reste aussi pour servir d'interprète. Il se tient debout près de la table.

Ah! ce couscous, au piment et au poivre, nageant dans du piment! à la première bouchée je crus avaler du feu. Une insupportable cuisson étreignait ma gorge. Le kaïd gravement absorbait et pour ne pas le désobliger je faisais tous mes efforts pour l'imiter. Mais force fut de m'arrêter. Et déjà ma bouche et ma poitrine étaient incendiées et l'eau tiède des gargoulettes ne parvenait pas à étancher ma soif! Le kaïd me considérait avec surprise.

« Il ne comprend pas que vous ne soyez pas en appétit, me disait le juif, car ce couscous a été préparé avec le plus grand soin par ses femmes. Jamais on n'en a offert de meilleur. »

Des poulets pimentés encore succédèrent à ce plat, à des boulettes nageant dans une sauce horrible.

J'essayais bien d'entamer des morceaux, mais je les rejetais aussitôt.

Le kaïd se leva, il me jeta un regard de pitié et disparut. Il était blessé par mon mépris pour le festin qu'il m'avait offert.

Je restai seul avec le juif et les serviteurs.

Pauvre juif, humble et empressé, seul de sa race dans ce village. Bijoutier, interprète et guide à la fois, mais très pauvre malgré ses aptitudes et ses efforts, les bénéfices sont si maigres ici !...

INTÉRIEUR DE TROGLODYTE.

Les autres l'insultent à tout propos : « *Ben Kelb,* » fils de chien, « *djefa-ben-djefa !* » charogne fils de charogne ! lui disaient-ils.

L'un d'eux m'adresse un discours auquel je ne comprends un traître mot.

« Il raconte, me dit l'interprète, que les gens de notre religion insultèrent autrefois une caravane qui transportait à la Mecque des présents destinés au tombeau du prophète. On mit à mort ces insulteurs. Notre race allait s'éteindre. Mais Dieu touché des larmes des juives qui ne cessaient de pleurer et de prier, permit pour une seule nuit la résurrection des juifs. C'est pourquoi, dit-il, nous tous, les descendants de ce peuple de cadavres, sommes des djefa ben djefa ! »

« *Allah issefer oudj choum !* » Que Dieu leur jaunisse la face ! dit un des fanatiques serviteurs d'une voix sombre, jetant vers le juif un regard mauvais.

« Savez-vous ce que les Arabes disent de ces Berbères? ils se moquent de leur esprit calme, me disait l'interprète, ils prétendent qu'ils ont un caillou pour cervelle et ceux-ci répondent : « Et vous un tambourin! »

TROGLODYTE RENTRANT DANS SON TERRIER

En dépit des recommandations de tous j'ai tenté de sortir de ma caverne, mais déjà dans la cour où le soleil ruisselle et le vent tournoie j'éprouve au visage une subite brûlure. On se croirait devant l'orifice d'un four allumé.

Les hommes se sont couchés dans une petite salle tout à côté de la mienne, ils dorment, allongés dans l'ombre, comme des morts.

Seul l'interprète veille auprès de moi : « Vois-tu, me dit-il, le méchant qui m'injurie toujours, *rib ala ed denia*, il s'est absenté de la vie, je suis tranquille seul avec toi... »

Je m'absente de la vie moi-même, imitant les méchants troglodytes, et lorsque j'ouvre les yeux le juif est toujours là qui veille.

Nous causons longuement, il souffre isolé au milieu de cette population hostile à sa race. Il a vu Tunis et regrette son séjour là-bas, mais on est trop nombreux dans la capitale, il faut vivre pourtant, il s'est exilé dans ce but et tant bien que mal il y parvient ici.

« Si tu savais, me disait-il, combien le pays est triste aussi plus loin, dans le désert, derrière ces montagnes où nous sommes! tu connais la chanson : « A Gafsa l'eau est du sang, l'air est du poison; tu y resterais cent ans sans te faire un ami! » Moi j'y suis allé et j'ai fui.

« Ces Arabes, vois-tu, sont orgueilleux, ils aiment se montrer en habits de fête et il leur faut beaucoup manger pour être contents. Mais les occasions sont rares. Ah! si tu avais pu voir la noce célébrée à Hadège il n'y a pas longtemps! C'est là qu'ils ont mangé!...

— « Voyons, Yacoub, raconte-moi tout ça... »

Je n'imaginais pas une fête au milieu de ces tanières sur cette terre flétrie. Et voici à peu près ce qu'il me dit :

« Nous étions placés, ma femme et mes enfants, sur la hauteur, derrière le village, afin de mieux voir l'arrivée des gens venant de la tribu des Ouled-Sliman, pays de la fiancée. Et voilà que bien loin nous apercevons un grand nuage de poussière qui roulait sur les pentes. Lorsque le nuage est plus près, on distingue des cavaliers aux brillants costumes, le moukala en bandoulière; des femmes et des enfants, vêtus de blanc et de rouge, dont on voit les brillants colliers et les bracelets.

La cavalcade arriva au galop sur la place où ta voiture s'est arrêtée. Les burnous flottaient dans la poussière, on entendait le you-you joyeux des femmes, les cris des cavaliers, et c'était un grand vacarme.

« Sur cette place on avait dressé des tentes à l'ombre des palmiers et des oliviers, et près d'elles on entravait les montures. Chacun venait saluer le kaïd.

— « Mais dis-moi, Yacoub, que s'était-il passé avant cette grande fête? raconte-moi les préparatifs qui s'étaient faits, afin que je sache tout.

— « Sidi, fit-il, depuis une semaine, il y avait de grands préparatifs dans le village. D'abord les femmes, durant deux jours, les *rahaya*, comme on les appelle ces deux jours, avaient broyé du blé et de l'orge dans les moulins à bras en usage ici, et le soir elles s'étaient réunies pour improviser des chants au son des tam-tams et de musettes en peau de gazelle. Des négresses chantaient des airs de leur pays, pays bien loin, là-bas, par delà les sables, à des mois et des mois de marche.

« Le troisième jour, *el henna*, on préparait la feuille du henné, on la réduisait en fine poussière pour teindre en rouge la peau des mains des femmes et les ongles de leurs mains et de leurs pieds. On en préparait aussi pour l'*ariça*, la fiancée, dont les ongles doivent être rouges comme du corail. Et toujours les femmes chantaient et des entrailles de cette montagne si nue on entendait monter des cris joyeux et des musiques sans voir personne dehors. Je t'assure que ça étonnait. Moi, je n'étais pas de la fête, je regardais et je pensais...

« Le quatrième jour, le *nangera*, était consacré à la préparation des victuailles, car il en faudra du couscous, du piment, des poulets et des galettes pour nourrir la foule d'affamés qui va venir!... Le lendemain, cinquième jour, le *mafal*, celui où les festins commençaient. Du matin au soir on mangea au son de la musique et on voyait les nègres danser en rond et sans repos souffler ou frapper sur leurs instruments.

« Le sixième jour, le *follay*, on mangea et on dansa encore sans discontinuer. On s'interrompit seulement pour tuer des bœufs et des brebis. Tu vois bien qu'ils ne sont contents que lorsqu'ils se bourrent jusqu'à éclater. Tu as bien mécontenté le kaïd ce matin en ne touchant pas à ce qu'il t'offrait.

« Le septième jour, *el resouar*, une mule richement harnachée quittait Hadège portant les cadeaux de noce pour la fiancée, elle était accompagnée par une brillante escorte de cavaliers qui faisaient la fantasia. C'était comme une guerre, on entendait des coups de fusil partout dans la montagne et des tambours et des flûtes.

« Arrivés chez la fiancée les cavaliers ont remis les cadeaux, ils ont assisté à un repas, car ils avaient faim encore après avoir tant mangé, on a toujours faim ici, jamais on n'est rassasié... Avant de partir ils ont défilé devant les femmes assises le long des murs et chacun a déposé une pièce d'argent sur leur tête.

— « Pourquoi ont-ils donné cet argent, Yacoub?

— « Sidi, c'est un cadeau pour la négresse qui habillera la fiancée.

« Depuis une semaine donc on mange, on boit, on fait la fantasia et on chante sans s'arrêter. On continue encore le huitième jour, le *es sjeffa*, le baldaquin. Ce jour-là tous les gens des montagnes voisines et de bien loin même arrivent à Hadège, surtout ceux des Ouled-Sliman. Il en vient de Ras-el-Oued, de Ben Aïssa, de Toujane, de Tamezred, de partout enfin. C'est encore la fantasia, toujours après un grand festin. On accompagne le baldaquin dressé sur un chameau, il va chercher la fiancée là-bas dans les montagnes.

« On a posté des hommes autour du village, ils sont chargés de signaler le retour. Quelques heures plus tard, lorsqu'on l'aperçoit je cours sur une hauteur. Là-bas la poudre parle, ici on entend les musettes et les tam-tams et des cavaliers richement vêtus, armés de moukalas aux ornements d'argent et d'or, attendent l'arrivée du cortège qui ramène la fiancée.

« Le baldaquin arrive, il est couvert d'étoffes de soie de toutes les couleurs qui flottent au vent comme des drapeaux, les rideaux sont hermétiquement fermés, abritant la fiancée des regards.

« Alors les coups de fusil retentissent, les flûtes, les musettes et les tam-tams sonnent encore et la danse du moukala commence.

— « Explique-moi cette danse du moukala, Yacoub. »

— « Sidi, je l'ai vue souvent. Des hommes dansent et l'un vise l'autre avec son fusil, comme s'il voulait le tuer. L'autre tient la crosse tournée vers le premier. Puis deux coups partent à la fois. L'un des danseurs fait tournoyer ensuite son fusil au-dessus de sa tête tandis que l'autre jette le sien en l'air et le saisit sans le laisser tomber à terre. Quelquefois ils sont quatre à danser ainsi ensemble.

« Après cette danse, à la noce d'Hadège, on fit la fantasia. Des cavaliers...

— « Je connais la fantasia, Yacoub, dis-moi la fin de cette noce chez les Matmata.

— « Eh bien, continua-t-il, la fantasia se fit autour du baldaquin où se tenait toujours la fiancée, il était tout entouré de fumée car la poudre parla longtemps. Et enfin, par un chemin couvert de burnous qu'on avait étendus tout exprès, on accompagna la jeune fille jusqu'à sa nouvelle maison.

« Devant l'entrée on fit agenouiller le chameau, et la fiancée, enveloppée d'un grand châle, complètement voilée, aidée par une négresse, sortit du baldaquin. Elle se tint debout, immobile. Alors on mit dans sa main droite la poignée d'une longue épée. Comme elle était lourde, un homme en soutint la pointe. Un autre éleva au-dessus de sa tête un miroir et c'est ainsi qu'elle pénétra dans sa maison au bruit d'une fusillade plus nourrie que jamais.

— « Mais pourquoi cette épée, dis-moi, Yacoub, quelle est la signification de cette arme en ce moment?

— « Je l'ignore, Sidi. C'est une vieille coutume ; on fait toujours ainsi.

« Il y a d'autres coutumes auxquelles ils sont toujours fidèles ici. Ainsi les amis du fiancé le transportent jusqu'à la chambre nuptiale, chacun à tour de rôle.

Il est des cas, mais très rares, où la fiancée, enveloppée dans une couverture grise et montée sur un âne, est chassée de la maison de son nouvel époux. C'est une honte et un déshonneur pour sa famille, tu comprends…

« Enfin, tu sais, Sidi, cette nuit-là on mange encore de la soupe, du ragoût, du poulet, du mouton grillé, du couscous, du miel et des dattes, car on a encore faim, on n'est pas rassasié après huit jours de festins!… »

. . . .

Cependant la chaleur est un peu tombée, les dormeurs se sont réveillés dans leur antre, j'entends le murmure de leurs voix. Comme je n'ai plus de nouvelles du Kaïd que j'ai si involontairement froissé, je prends le parti de visiter le village sans lui.

Le vent chaud souffle toujours et le ciel est comme embrasé. Nous errons à travers les monticules livides aux éboulis de couleur fauve. Nous suivons des sortes de pistes qui serpentent sur le sol, polies par le frottement des sandales, contournant capricieusement les pitons, à pente raide parfois, ou descendant à pic dans les replis du sol. Ce n'était pas toujours sans danger car les sentiers bordaient l'orifice des puits carrés qui forment le centre des habitations souterraines. Quelquefois le pourtour était garni d'épines, mais le plus souvent rien ne protégeait contre une chute.

Et partout s'ouvraient béantes les fosses qui donnent l'air et la lumière à ces terriers. On eût cru fouler une nécropole si l'on n'avait entendu en bas des cris d'enfants, des appels, l'aboi des chiens. A Hadège, sous cette terre pelée, argileuse, 1,200 habitants vivent sous nos pieds, tissant des nattes, allumant du feu, réparant des instruments aratoires et chantant.

Nous nous engageons dans les couloirs pratiqués en contrebas des buttes et au moyen desquels on accède dans les habitations ; des femmes broient de l'orge dans des moulins à bras comme on en retrouve encore dans les ruines des villes antiques. Et ces intérieurs d'une simplicité primitive sont des plus curieux à visiter. Ainsi on imagine les premières habitations humaines. Les lits se composent d'ordinaire de balustrades en bois plantées dans le sol et reliées entre elles par une claie, ils sont ornés souvent de verroteries et de touffes de laine aux vives couleurs. Le berceau se balance suspendu au plafond par une corde d'halfa, des peaux de bouc dans un coin servent de récipients pour l'eau.

Certaines femmes, dans ces antres, étaient belles avec leurs tatouages bleus rappelant les ornementations étrusques. Elles nous saluaient en appliquant la paume de la main contre leur bouche et en poussant des cris joyeux : ce salut s'appelle le *Zagrit*, me dit Yacoub.

Chose singulière, certaines de ces femmes portaient sur le front le symbole chrétien : une croix.

D'après M. Ch. Tissot, ces berbères sont issus de la double race appelée lybienne et éthiopienne par Hérodote. Ils en gardent, dit-il, tous les caractères ethnographiques et aussi toutes les différences. Ainsi s'expliqueraient la couleur brune des berbères matmatas et la couleur blonde de ceux de Douiret et de Chennini.

Ces populations berbères du nord de l'Afrique, que l'invasion arabe refoula vers les monts, auraient été chrétiennes, dit l'abbé Bauron, elles conservent de leur premier culte des souvenirs : le *Kanoun*, qui règle leurs rapports, ancienne législation de l'Église transmise par la tradition et l'Écriture, puis le culte inconscient de la croix dont elles ont perdu le sens. A Djebalia, tous les berbères portent un tatouage bleu, au milieu du front : la croix du chrétien.

« D'après M. E. Mercier, les Matmatas appartiennent à la famille des Beni-Falton, des Berbères de l'ouest, et d'après le généalogiste Sabec-el-Matmati, descendent d'un guerrier berbère appelé Maskal-ibn-Tensit, surnommé, en raison de sa prévoyance, El-Matmati. D'abord installés sur le plateau des Ouancherich, situé à 50 kilomètres environ au sud-ouest de Cherchel, ils durent céder leur territoire aux Beni-Toudjin des Zenètes et, à demi ruinés, émigrèrent en Espagne (fin du xe siècle). Peu après, une partie de la tribu retourna chercher fortune en Afrique et, après de longues pérégrinations, un groupe assez faible arriva en Tunisie et se fixa sur le plateau situé au sud-ouest de Gabès. La majeure partie des émigrants étaient restés au Maroc où leur descendance s'est perpétuée sous ce même nom de Matmatas.

« L'invasion hillalienne vint troubler le calme dont jouissait le groupe tunisien.

. . . .

« Complètement sédentaires, les Matmatas habitent les villages formés soit de pierres, soit d'habitations creusées dans le sol et aérées au moyen d'un vaste puits central pour chaque demeure ; ils cultivent dans les vallées quelques céréales et possèdent 10.500 pieds de superbes oliviers. L'huile fabriquée sur place permet aux indigènes de se procurer par voie d'échange, les denrées qui leur font défaut.

« Les seuls étrangers établis sur le plateau sont, en dehors ces quelques marchands israélites tenant boutique dans les principaux villages, les Dehibat, à qui incombe en partie la garde des troupeaux et qui vivent sous la tente, et les fractions maraboutiques des Mezzesma et des Ziba qui partagent le genre de vie des autres montagnards. » (*La Tunisie, histoire et description.*)

Continuant mon excursion dans l'étrange village, toujours guidé par Yacoub et par les serviteurs du Kaïd, nous visitons un moulin à huile. C'est toujours au fond d'une caverne. L'appareil est encore primitif, les meules pivotent sur un arbre de couche dont l'extrémité supérieure s'engage dans la paroi qui forme le plafond de la grotte, un chameau imprime le mouvement de rotation. Le pressoir est garni de scourtins en poil de chèvre et c'est dans des outres en peau de mouton que l'huile est conservée pour l'hiver.

L'administration française était représentée dans ce curieux village par une boîte aux lettres placée à l'entrée d'un terrier, et justement un spahi venu de Gabès procédait à la 2ᵉ levée... La 2ᵉ levée à Hadège !

Le soir tombait, je rentrai dans la chambre des hôtes. Yacoub me procura du lait et des œufs. Très las, je m'endormis sous terre aux plaintes sourdes du vent.

Il était plus violent et plus brûlant encore le lendemain, c'était le véritable siroco; une mauvaise journée s'annonçait.

J'avais vu le village, je visitai quelques jardins, coins de terre blottis dans les plis du terrain entre les mamelons crayeux. Pauvres jardins où jamais ne murmura la source et que jamais ne charma le chant des oiseaux ! Dès le mois de mai, l'incendie du ciel les dessèche. Seule, un peu d'orge maigre et jaune frissonne comme un duvet, maintenant, sous des palmiers au feuillage métallique, des oliviers pâles et des caroubiers trapus et noirs. Je n'ai vu dans ce désert, sur ce sol moribond, que les sourires d'un grenadier en fleur petit et grêle...

Les Matmatas, que l'invasion arabe avait obligés à se réfugier sur des hauteurs, guerroyèrent pendant des siècles et se livrèrent au brigandage pour se procurer des ressources. Ils avaient fortifié leurs montagnes et les forteresses qui couronnaient les cimes étaient creusées de grottes qui servaient d'habitations et de magasins. On voit encore des ruines de forteresses sur les pics dominant Hadège. Plus tard, le calme étant revenu, fidèles à leurs traditions ethniques, ils se reprirent à aimer le sol ingrat qu'ils habitaient, ils improvisèrent des jardins, aménagèrent les eaux à la saison des pluies et plantèrent des arbres.

Ainsi leurs efforts persévérants transformèrent le lit des torrents en une série de terrasses et l'olivier leur donne l'huile, et le palmier, les dattes. Dans toute la région, ces fruits constituent le pain quotidien, c'est la nourriture du pauvre comme du riche, c'est aussi la Providence du sud. La manne du désert est inconnue ici, mais on a la sauterelle. Au moment des invasions à Djara, à Menzel, aux Matmatas et jusque dans le désert, on en remplit des sacs. Bouillies avec du sel et séchées au soleil, ces sauterelles sont un aliment précieux.

Dans l'après-midi, alors que le soleil et le vent brûlant embrasaient l'air et la terre, je me résolus à partir. Le siroco augmentait de violence, je n'étais plus certain de quitter Hadège à mon gré en me retardant, et le bateau partait de Gabès le lendemain se dirigeant vers le nord.

Le Kaïd se montra à cette heure du départ, toujours drapé comme un Romain dans sa toge. Yacoub voulut m'accompagner un bout de chemin.

« Tu vas te brûler un peu, me disait-il, mais tu fuis devant la tempête, ce soir peut-être on mangera du feu ici. »

Et déjà sous le ciel livide, chargé de poussière impalpable, l'horizon s'obscurcit. Des papillons, des libellules et des sauterelles innombrables passent au-dessus de nos têtes, se heurtent à nous ou tombent dans le véhicule, sur le sol on dirait des quantités d'oiseaux qui voltent, ce sont des gerboises affolées.

Le sable brûlant m'aveugle, l'oppression me gagne.

« Fuis, Yacoub, va dans ta caverne. » Il m'enveloppe dans une couverture et disparait dans la tourmente en me disant : « Adieu, adieu... »

Pauvre Yacoub, c'est bien adieu...

Les chevaux comme pris de folie, sentant le retour, volent à travers le sable descendant au fond des ravins, remontant les pentes au triple galop. Un assoupissement auquel je ne puis résister me gagne et, roulé dans ma couverture, secoué par les cahots, inconscient presque, des heures s'écoulent.

Lorsque j'ouvre les yeux, le crépuscule semble descendre sur la terre et là-haut dans le ciel, un grand disque blanc vaguement entrevu m'étonne, c'est le soleil qui s'éteint. Nous sommes dans la vallée de l'Araad ; sur les champs d'orge passent de longs frissons d'argent, ils se succèdent avec une rapidité inouïe, et de les regarder, le vertige me prendrait. Autour de nous les branches des jujubiers sèchent et cassent ; la terre se fend...

Cependant aux approches de Gabès, l'ouragan de sable n'a plus la même violence, le siroco est un peu apaisé. Seul un grand voile semble envelopper la terre et le ciel, et là-bas, vers l'horizon brumeux, le soleil blême descend. Je revois les grandes oasis allongées et les blanches koubbas qui couronnent une hauteur, la nappe d'eau couverte de poussière est agitée maintenant. Et la nuit tombe lorsque j'arrive à Gabès.

Le lendemain je revoyais le général Allegro et le capitaine Marfoure auxquels je faisais mes adieux.

Je quitte Gabès, me voici à bord du navire qui va remonter vers le nord. Le soleil se couche complètement. Derrière la grande oasis, le ciel monte comme un écran d'or. Les maisons bleuâtres de la petite ville sont ourlées de lumière et le reflet du soleil sur les flots trace comme une route ardente qui nous relie au rivage. Les rayons du soleil couchant illuminent l'arrière du navire et le pont a l'éclat du métal poli.

Le siroco nous atteint encore, mais ce sont ses derniers souffles, il soulève là-bas le sable de la grève et je l'entends chanter, il me semble, dans l'orgue prodigieux des palmiers de l'oasis.

..... Nous partons sous l'or resplendissant du ciel, écoutant la symphonie des palmes, le chant du flot et le son de quelque clairon des casernes sonnant le couvre-feu.....

LE PAYS DES MATMATAS

LES CHÈVRES A TESTOUR

CHAPITRE XIII

L'île de Djerba. — Un aperçu du Sud. — Le lac Triton. — Retour au nord. — Medjez-el Bab. — La famille arabe. — Krich-el-Oued. — Une ville morte. — Testour. — Les oiseaux.

> Que le salut soit sur vous tant que souffleront les vents.
> (Salutation arabe).

Combien belles les nuits du sud!....

La mer, agitée par le vent, s'est calmée vers le soir et nous voguons sous le ciel constellé sans une brise, sans un souffle, écoutant la pensée qui maintenant s'éveille.

On ne sait plus où finit la mer, où commence le ciel.

Dans l'immense et mystérieux miroir, les reflets sont aussi purs que les lueurs sidérales et le navire, dont le sillage est une voie lactée, semble flotter dans un firmament nouveau.

Jamais nuit plus belle! On a dit adieu à la terre pour éternellement s'en aller dans cet océan d'étoiles et de murmures.

C'est le beau rêve d'un soir d'été...

On revoit le passé lointain, on croit à peine à la réalité des derniers jours, aux joies ou aux souffrances qu'ils apportèrent, tant les heures, par ces nuits enchantées, s'écoulent douces et calmes dans l'inconscience du temps et des espaces.

Cependant on rêve vaguement à l'inconnu que les premières clartés de l'aube vont révéler, on songe aux mystères des destinées et, comme perdu dans ce grand tout, mêlant mon âme à l'âme des choses, longuement j'ai pensé...

. . . .

Aucun intérêt nouveau ne m'appelait à l'île de Djerba que j'avais déjà visitée. Djerba, comme la plaine de l'Araad, est l'ancienne patrie des Lotophages et j'imagine que les auteurs anciens ne sont pas fixés exactement sur ce peuple singulier qui vivait de fleurs.

Djerba est un éternel printemps dans une île parfumée. C'est la plus belle de toutes les oasis du sud. Les maisons s'y blottissent enguirlandées sous les feuilles, entourées d'arbres fruitiers et de jardins. Si prodigieuse est sa fertilité, si intense le charme qu'elle exhale, que les Arabes l'appellent leur paradis.

Houmt Souk, que j'avais vu il y avait trois ans à peine, avant d'aborder en Sicile, m'avait laissé le plus gracieux souvenir. J'avais admiré ses enclos, ses palmiers, ses oliviers énormes plantés par les Romains. Et je voyais encore les coupoles innombrables détacher leur blancheur dans la verdure des bois. Je me souvenais d'une vieille forteresse espagnole, toute en ruines, assise au bord de la mer, et d'un cimetière voisin où furent abrités, sous une croix, les ossements qui avaient servi à élever une tour : le *bordj-er-rious*, ou tour des crânes. C'étaient les têtes des Espagnols après la capitulation du duc de Medina. Car partout, sous les cieux les plus purs, près des fleurs, comme dans les brumes du nord, les hontes de l'humanité laissent des traces.

Et tous ces déjà vieux souvenirs me revenaient sous le ciel constellé, dans la brise tiède, devant l'espace mystérieux et grand.

Un regret me restait pourtant, l'extrême chaleur m'avait empêché de m'enfoncer dans le désert, car malgré sa morne uniformité, le désert, que j'avais contemplé autrefois à Tripoli, est empreint de majestueuse grandeur. Comme la mer, il a des harmonies, il en a aussi les vagues, le mystère et l'immensité. Et dans l'océan des sables, surgissent çà et là, comme dans l'océan des flots, des îlots d'oasis.

J'aurais voulu traverser le pays des Ksours, vers la Tripolitaine, mais aucun cocher de Gabès n'avait osé tenter l'aventure, la saison étant trop avancée.

J'aurais vu les Berbères de Douiret, aussi blonds que ceux des Matmatas sont bruns. Tous peuples de Chananéens établis sur les hauteurs, les uns habitant des cavernes, les autres des pics inaccessibles.

C'étaient les seuls regrets que j'emportais du sud, où, en dépit du brûlant soleil, j'avais éprouvé déjà des sensations profondes parmi des peuples nouveaux pour moi.

J'aurais vu Gafsa, construit avec des matériaux antiques et son oasis aux 30,000 palmiers. Sa fondation remonterait à Hercule le Lybien, elle fut prise par Marius en l'an 107 avant Jésus-Christ.

Je serais allé de Gafsa à Tozeur dans la région des chotts, à travers des solitudes environnées de mirages, où ne se rencontrent que des sources amères, où tombent parfois des pluies de sang qui frappaient certaines populations de terreur au moyen âge.

Là, rampent des serpents noirs, le najah, la vipère à cornes et le bou-lila, le père de la nuit, gris et mince, moucheté de rouge, dont la morsure est la mort foudroyante. La végétation est rare dans ce parcours, elle se compose de quelques plantes vénéneuses et de buissons de tamarins dans le lit desséché des oueds et la fièvre partout s'exhale de ces régions et autour des flaques d'eau croupies éternellement tournoient des grandes nuées de moustiques.

Je serais passé à Tozeur aux maisons construites en briques cuites ou séchées au soleil dont la disposition géométrique fait ressembler les murailles à des tapis étalés.

Mais ce que j'aurais aimé voir surtout, c'est la région des chotts où l'on croyait qu'était autrefois le lac Triton. Tant de discussions s'élevèrent à son sujet lors du projet de reconstitution d'une mer intérieure par le colonel Roudaire !

C'est une immense glace de cristal qui n'est que du limon salé dont la traversée est si dangereuse que des caravanes et des armées s'y sont englouties, au dire des historiens arabes.

Il ne sera pas sans intérêt, je crois, de rappeler les diverses phases du gigantesque projet du colonel Roudaire qui, pendant dix ans, passionna l'opinion publique. Nous emprunterons à M. Valéry Mayet, l'historique de cette question qu'il traita avec une rare compétence.

« En 1873, dit-il, M. Roudaire, alors capitaine d'état-major chargé de la triangulation de la méridienne de Biskra, constata que le *Chott Melrhir* était d'une trentaine de mètres au-dessous du niveau de la mer. Convaincu d'autre part que la grande dépression s'étendant de la longitude de Biskra à celle de Gabès n'était autre chose que le lac Triton d'Hérodote, cette découverte fut un trait de lumière pour lui. De retour en France, il publia un article intitulé : *Une mer intérieure en Algérie*. L'auteur concluait à la possibilité de créer cette mer. Il n'y avait, selon lui, qu'à percer le seuil de Gabès, élevé d'environ quarante mètres au-dessus de la Méditerranée, pour permettre à celle-ci de remplir *à nouveau* l'immense dépression, inondable, croyait-il alors, sur toute sa surface, c'est-à-dire sur une largeur variant entre 10 et 80 kilomètres et une longueur de 360.

« M. de Lesseps, qui venait d'être élu membre de l'Académie des sciences, fut de suite partisan du projet, et il l'appuya auprès de la docte compagnie. Une commission nommée fit un rapport favorable, et une somme de 10,000 francs, destinée à une seconde expédition, fut votée par le Parlement. Cette mission, dirigée par M. Roudaire, partait en décembre 1874 et revenait en mai 1875. En cinq mois, elle avait relevé une ligne de niveau de 650 kilomètres par portées de 150 à 200 mètres. Toute la région du chott Melrhir se trouvait bien être au-dessous du niveau de la mer, observations confirmées depuis par l'étude du tracé de la future ligne ferrée de Biskra à Touggourt.

« Restait à vérifier l'altitude des chotts en Tunisie. La dépression, prise dans son ensemble, se compose de trois immenses bassins séparés, dont un en Algérie, le chott Melrhir et deux en Tunisie, le chott Rharsa et le chott Djérid. La Tunisie n'était pas encore sous le régime du protectorat français; malgré cela, une nouvelle expédition était organisée sous la protection du bey en 1876, et M. Roudaire constatait que le chott Rharsa était bien à 20 mètres en moyenne au-dessous du niveau de la mer, mais que le chott Djérid tout entier était à 20 mètres au-dessus.

« Dès lors, la question changeait de face. Ce n'étaient plus 13.000 kilomètres carrés à submerger, mais seulement 8.200 et cette surface ne pouvait être couverte d'eau qu'au moyen d'un canal maritime de 175 kilomètres de long, partant du golfe de Gabès et aboutissant au chott Rharsa. Deux reliefs à franchir : celui de Gabès, en partie formé de roches calcaires, et celui de Tozeur, entièrement sableux, ne devaient pas offrir de grandes difficultés ; mais la traversée du chott Djérid (140 kilomètres) devait être opérée en grande partie dans les abîmes de boue fluide dont nous avons parlé. Quand on se rappelle que le canal de Suez (120 kilomètres), creusé en terrain suffisamment solide, avec un seul relief à traverser, celui d'El-Guisr, a été mis plusieurs fois en question pendant l'exécution des travaux; quand on envisage l'importance du but qui était à atteindre, on ne peut s'empêcher de penser que si M. Roudaire, après l'expédition de 1876, n'a pas abandonné son idée, c'est qu'il en était le père.

« A la fin de 1878, nouvelle expédition; M. de Lesseps s'était joint cette fois à M. Roudaire pour visiter le seuil de Gabès. Le lit d'un petit fleuve, l'oued Melah (rivière salée), fut désigné comme embouchure du canal sur la Méditerranée. De Gabès, M. de Lesseps rentra en France, laissant les explorateurs se diriger vers Tozeur. Dans cette nouvelle campagne, toutes les observations faites de l'oued Melah au chott Rharsa, confirmèrent les précédentes. En 1882, d'accord avec M. de Lesseps, M. Roudaire obtenait l'autorisation de fonder une société pour la création de la mer intérieure, et une commission supérieure était nommée par le gouvernement pour adopter ou repousser définitivement le projet comme entreprise nationale. Les conclusions de cette commission supérieure, composée de membres de l'Institut, d'ingénieurs, de sénateurs, de députés, etc., furent loin d'être favorables, et dans la dernière séance (7 juillet 1882) l'ordre du jour voté se terminait par ces mots : *La commission est d'avis qu'il n'y a pas lieu pour le gouvernement français d'encourager l'entreprise.*

« M. Roudaire n'était pas homme à se laisser décourager. En 1883, il dirigeait une quatrième expédition dont M. de Lesseps faisait partie. Les explorateurs arrivaient à Tozeur le 24 mars, parcouraient le rivage nord des chotts jusqu'à Biskra, et au retour M. de Lesseps concluait devant l'Académie, non seulement à la possibilité, mais à l'exécution facile de l'entreprise ; 150 millions suffiraient, disait-il, pour exécuter le canal dans la traversée du Chott-el-Djérid. Ce chiffre était loin de celui trouvé par la commission supérieure, 1 milliard 300 millions, pour l'exécution totale des travaux. En 1884, la question n'avait pas fait un pas en avant, au contraire. De mauvaises nouvelles de la santé de M. Roudaire survenaient, et le 16 janvier 1885 l'annonce de sa mort était publiée par les journaux.

« Dans ce rapide exposé historique, nous n'avons pas eu à apprécier les raisons qui militent pour ou contre le projet. Le point de départ de ce que nous appellerons l'erreur de M. Roudaire est la confusion qu'il a toujours faite de deux régions distinctes, celle des chotts et celle de la baie de Triton. Il les identifiait. Le chapitre 3 de son dernier travail est entièrement consacré à la défense de cette thèse. Il y invoque les textes anciens, les légendes et les traditions arabes, négligeant les preuves géologiques contraires, qui cependant surabondaient dans les nombreux sondages opérés par lui. Il ne parle pas de l'opinion d'un des géographes les plus érudits, Mannert, qui, ne pouvant concilier les textes anciens avec la topographie moderne, relègue la baie de Triton au rang des fables. M. Roudaire semble avoir ignoré les travaux de deux géologues distingués, M. Pomel et M. Rolland. Le premier dit n'avoir pu trouver trace de dépôts marins dans les chotts ; le second n'y a constaté que des dépôts fluviatiles ou lacustres.

« En 1884, a paru une note de M. le docteur Rouire qui nous semble devoir clore à jamais le débat. Ce n'est plus au point de vue géologique que la baie de

Triton, identifiée aux chotts, est attaquée dans ce document, c'est au point de vue topographique. M. Rouire, le premier, a soutenu que le fleuve Triton des anciens était le cours d'eau appelé, sur nos cartes modernes, oued Bagla au-dessous de Kairouan, oued Zeroud au-dessus de la même ville. Il a affirmé également que le lac Triton était un des trois lacs qui se trouvent au N.-O. de Sousse et que le fleuve traverse (lac Bagla, lac Kelbiah et Sebka-el-Mengel).

« Nous ne citerons qu'une phrase tirée de la note lue au congrès de Blois et qui, selon nous, jette un jour particulier sur la question : « Le fleuve Triton, d'après Ptolémée, prenait sa source au mont Ουσαλετον et la branche septentrionale de l'oued Bagla, appelée oued Marguelil, naît en arrière du mont Oussalet actuel.

« Quels eussent donc été les avantages de la mer saharienne?

« Créer une immense nappe d'eau au sud de nos possessions barbaresques, c'était, suivant M. Roudaire, provoquer une évaporation considérable (3 à 4 millimètres d'épaisseur par jour) sur une surface de 8.000 kilomètres carrés (15 fois le lac de Genève); c'était, par suite de la condensation probable de ces vapeurs, faire monter la chute d'eau annuelle de 0^m27 (observations faites à Biskra) à une épaisseur plus que double; c'était aussi rendre plus humides les vents du sud et du sud-est, dominant en été, vents qui brûlent tout jusque sur les hauts plateaux; c'était, en un mot, modifier profondément le climat et l'agriculture du sud de la province de Constantine.

« Dans d'autres ordres d'idées, la création de ports de mer au sud de l'Algérie devait attirer vers nos possessions un plus grand nombre de caravanes, et sous le rapport stratégique une frontière protégée par un bras de mer eût été plus facile à défendre.

« A ces arguments optimistes et peu probants, il y avait beaucoup à répondre, et l'on a beaucoup répondu.

« Nous répondrons aussi avec M. Cosson, avec M. Doûmet-Adanson, avec M. Bouire, avec tous les membres de la mission, que le voisinage de la mer n'amène pas toujours la fertilité; témoin les bords de la mer Rouge, du golfe Persique, de la mer d'Aral, d'une grande partie de la mer Caspienne, témoin le désert d'Atacama au nord du Chili, etc. A cela nous ajouterons que les produits des dattiers sont d'autant plus rémunérateurs qu'ils sont éloignés de la mer. »

... Cependant le navire continuait sa route vers le nord et je revoyais Sfax, les îles Kerkenna, Mahdia, Monastir, Sousse et quelques jours après j'arrivais à Tunis. Je ne pouvais plus m'y attarder et après avoir revu mes amis français et maures, je prenais la direction de l'ouest.

Je retrouvais enfin des moissons, des bois d'oliviers, des prairies où paissaient des chevaux! Je traversais la Medjerdah aux flots jaunes serpentant dans une plaine que cerclent des monts bleuâtres.

Et c'était une joie de voir ces colorations fraîches au retour du sud brûlant.

Mais je ne sais quel malaise pèse aujourd'hui sur le ciel! Depuis l'aube, il est chargé de nuées qui roulent silencieusement dans l'espace ou qui s'allongent au loin immobiles, comme mortes.

Vers le soir, assez loin déjà sur notre route, les menaces des nues avaient disparu, une gaze d'or pâle les remplaçait et le crépuscule tombait sur les monts violâtres du lointain, lumineux et chaud comme au déclin d'un beau jour.

Après les solitudes enflammées, il est doux de contempler les grandes plaines calmes, verdoyantes encore, les horizons apaisés où le soir descend comme un repos, et le ciel limpide que de grands vols d'oiseaux traversent et les troupeaux tranquilles paissant dans les collines. Mes yeux n'étaient plus habitués à ces aspects paisibles.

Connaissez-vous les voyages nocturnes? Pour moi ils restent tous dans mon souvenir. Je n'ai pas oublié même les nuits passées en diligence dans les premières années de ma vie, les courses à mulet à travers des montagnes désertes et les arrivées tardives dans quelque auberge perdue. Et les nuits en mer si pleines d'angoisse et d'effroi par les tempêtes et si rêveuses et si douces parfois! Le mystère grandit tant les choses!

A Tunis, j'avais rencontré, en compagnie d'un ami, Ahmed un des fils du kaïd de Medjez-el-Bab.

« Viens chez moi, me dit-il. Mon père t'attendra, il sera heureux de te voir car tu es l'ami de son ami, viens. » Et je l'avais suivi.

On nous attendait, en effet, et à la descente du wagon des mains cherchaient les miennes. C'étaient Amor, le second fils du kaïd, le Khodja du kaïdat, des serviteurs. « Quelle joie de te voir, » me dit Amor, à plusieurs reprises. Nous enfourchons des chevaux qui étaient là sellés et en route pour la petite ville dont les lueurs pâlissent là-bas dans la nuit.

Quelle belle chevauchée! nos bêtes nerveuses hennissaient dans l'ombre et ces grands Maures qui trottaient près de moi, semblaient gigantesques dans leurs burnous flottants. La distance à franchir n'était pas grande, je le regrettais presque, tant cette course nocturne avait d'attrait. On eût dit un goum partant pour une fantasia lointaine. Je me croyais reporté aux grandes chevauchées de jadis dans le Sahel oranais, à ces belles traversées de la Mina capricieuse que l'on faisait avec de l'eau jusqu'au poitrail des chevaux, avec pour escorte des spahis aux manteaux rouges et des cheicks aux manteaux blancs, la tête ceinte de la corde de chameau. C'étaient alors d'enivrantes galopades dans les prairies qui s'étalaient comme d'immenses tapis de fleurs, peuplées de chevaux sauvages qui hennissaient frémissants de surprise et se cabraient en nous voyant passer.

Ces temps sont déjà loin, les années vont vite! mais galopant de nuit sur cette route avec ces Maures, je me croyais encore à ces heures passées où l'on arrivait auprès d'un douar au milieu des aboiements des chiens kabyles.

Nous traversons un pont, la Medjerdah, très large, fuyait dans la pénombre.

Maintenant le village est là, les silhouettes des maisons blanchissent, elles se profilent sur le ciel, pleines de lueurs.

Je revois encore le Kaïd s'avançant vers moi les mains tendues, escorté de ses fils qui s'étaient hâtés de descendre de cheval pour le rejoindre.

Des serviteurs éclairent le chemin avec des lanternes finement ajourées, aux verres de couleur, dont les mille facettes semblent semer notre chemin de fleurs. Quelques instants après, je m'asseyais à la table d'Ahmed ben Brahim, kaïd de Medjez-el-Bab.

CAPITOLE DE MÉDEINA

Et c'était bien la table d'un patriarche celle de Brahim ou Abraham, tant il y avait de noble simplicité dans l'hospitalité que je recevais.

Le Kaïd avait eu la gracieuseté d'inviter à mon occasion, le directeur de l'école franco-arabe de Medjez-el-Bab qui est son ami et qui devint un peu le mien. Nous étions autour de cette table que présidait Si Ahmed dont le bienveillant visage s'éclairait de plaisir. Ce fut une soirée délicieuse. Notre hôte enfreignant un peu les préceptes du Koran, buvait du vin avec nous. « Bah! disait-il, j'aime la France et tout ce qui nous vient d'elle est bon. Voici tant d'années que de père en fils nous sommes à son service!

« Je soupçonne, pourtant, disait-il, certains de mes ancêtres de n'avoir pas toujours été amis des Européens. L'un d'eux fut, je crois, un fier écumeur de mer : c'était Brahim Baïs, Abraham le corsaire. Il était de Djerba, berceau de notre famille. Son fils, mon aïeul, fut, pendant 72 ans, consul de France à Houmt Souk. Depuis, ses descendants s'y sont succédés comme agents consulaires de votre pays. »

Et M. Martin ajoutait :

« Notre Kaïd aussi a été consul à Djerba en même temps que représentant de la Compagnie générale Transatlantique lorsqu'elle assurait le service de la côte jusqu'à Tripoli. La France l'a récompensé par une médaille d'or et le kaïdat de Medjez-el-Bab. » Mais ce qui me frappait, ce que je trouvais admirable, c'était le respect que les fils témoignaient au père. Ils se tenaient debout auprès de la table remplaçant les serviteurs.

L'ARC DE TRIOMPHE DE CHAOUACHE

« Voyez-vous, me disait M. Martin, jamais ils ne se sont assis devant lui, ils sont toujours respectueusement debout en sa présence, prêts à le servir ou à recevoir ses ordres, et jamais ils ne prennent place à sa table. Pourtant ce ne sont plus des enfants, l'un d'eux est père de famille déjà. L'aîné a dépassé de beaucoup la trentaine et Si-Amor, le plus jeune, a vingt-six ans. Cette extrême déférence est vraiment très belle. Tant que le père vivra, ils le feront juge de leurs actes, ils le consulteront, ils s'inclineront devant sa volonté quelle qu'elle soit. »

M. Martin continua :

« Et voyez, non seulement ces enfants s'inclinent devant l'autorité paternelle, mais encore ils entourent leur père de soins et de vénération. Ils veillent sur lui, attentifs à ses moindres désirs, prévenant ses intentions même.

« Remarquez aussi l'expression sereine de ce chef de famille et son visage empreint de bonté. Il règne vraiment chez lui, c'est un maître adoré, jamais il ne sera obligé de montrer sa puissance, c'est sans effort qu'on lui obéit. Il est le chef naturel et on l'aime. Pour moi la famille arabe est admirable.

« La famille, en effet, chez les musulmans a une importance dont nous pouvons difficilement nous faire une idée en Europe. L'autorité paternelle est presque illimitée. C'est la famille des temps antiques. Le père est le chef, le patriarche, devant lui tous s'inclinent, épouses et enfants, mères ou sœurs et serviteurs, car le mariage ne crée pas la parenté, l'épouse continue à faire partie de sa propre famille, elle ne change même pas de nom.

« Et la famille ainsi constituée est l'embryon des tribus arabes. Par l'action du temps, a dit le colonel Villot dans son étude des tribus algériennes, la famille grandit et finit par se séparer en groupes issus d'une souche commune, identiques dans leur constitution et solidaires vis-à-vis les uns des autres. Après un laps de temps plus ou moins considérable, la réunion de ces groupes forme une petite confédération. C'est la tribu.

« Les unions multipliées, en renouvelant sans cesse les liens de la parenté après avoir contribué à former la tribu, assurent et prolongent encore son existence en maintenant la solidarité des intérêts entre les groupes qui la composent et en leur imprimant un caractère si particulier et si vivace que des fractions de tribu, transplantées violemment dans des contrées éloignées, se remémorent encore leur antique origine après plusieurs siècles. »

— « Oui, c'est vrai, disais-je, j'aime aussi leur noblesse, ils n'étalent pas comme nous, aux yeux de tous, les joies banales du mariage, leur intérieur est entouré de mystère. Mais je fais des réserves en ce qui concerne l'existence de ces femmes cloîtrées et qui m'ont apparu à Tunis, derrière leurs grilles, comme l'image d'un perpétuel asservissement.

— « Mais détrompez-vous, disait M. Martin, ne connaissant pas d'autre existence, elles se trouvent heureuses ainsi. Elles s'étonnent de l'agitation des Européennes qui leur paraissent des folles. »

. . . .

Toute la région de Medjez-el-Bab est couverte de ruines antiques, c'est un centre d'excursion du plus haut intérêt pour les savants et les archéologues.

Le lendemain le Kaïd, ne pouvant m'accompagner, me confiait à un spahi et nous partions pour Krich-el-Oued.

Nous chevauchions à travers la plaine sous un ciel d'une admirable pureté et nous atteignions après une petite heure les rives de la Medjerdah.

La rivière, très large, étalait ses eaux limoneuses. Des troupeaux de bœufs blancs, noirs ou fauves, lentement la traversaient ou se tenaient immobiles sur les bords ou dans des îlots de sable jaune. La scène était calme et grande. Les lignes de la rivière s'allongeaient en une simplicité classique jusqu'aux monts lointains de couleur mauve. Ces troupeaux sans nombre, mouchetés de reflets d'or, miroitaient dans cette eau stagnante aux berges arides, calcinées par le soleil, ravinées par les orages du printemps, mais égayées çà et là par d'épais massifs de lauriers roses.

Sur un monticule voisin s'élevait une mosquée entourée de maisons basses. C'était Krich-el-Oued.

Un ravin, lit desséché de l'oued Hamar, qu'encombrent les blocs d'un pont romain écroulé, me séparait du village. Je confiai mon cheval au spahi et je m'enfonçai dans le ravin. A mon approche, des couleuvres énormes fuyaient à travers les lauriers roses et des lézards verts d'une grosseur extraordinaire passaient vivement froissant les herbes sèches, tout scintillants de perles et d'émeraudes.

« Prends garde, sidi, me criait le spahi, il y a de mauvaises bêtes par là. »

... Medjez-el-Bab, le *gué de la porte*, l'antique Membressa d'Antonin, fut célèbre à l'époque chrétienne par ses martyrs. D'après Procope, Bélisaire défit sous ses murs, pendant la guerre des Vandales, le rebelle Stozas.

Le pont d'Alcantara, qui traverse la Medjerdah, fut reconstruit vers le milieu du siècle dernier avec les matériaux d'un pont antique et des débris d'édifices de la vieille Membressa. C'est là que passait une des plus grandes voies de l'Afrique romaine. Elle conduisait de Carthage à Tebessa et arrivait jusqu'aux profondeurs de la Numidie. Des bornes militaires retrouvées le long de son trajet portaient encore : *a Carthagine ad Therestem... usque ad fines Numidiæ.*

Un arc triomphal donnait autrefois accès au pont antique. Il existait encore il y a quelques années. Un buste en haut relief décorait le monument fort simple dans son ensemble. Au-dessus de l'arceau on pouvait lire, dit-on, une dédicace à Gratien, à Valentinien et à Théodose.

Medjez-el-Bab est en grande partie construit avec des débris antiques.

Sur les bords de la Medjerdah les ruines s'échelonnent. C'est dans la direction de Tebourka l'Henchir-Zouïa-Sidi-Median, plein d'inscriptions, l'Henchir-Smidia avec ses puits et ses citernes et les vestiges d'une voie romaine, l'Henchir-el-Hamira, l'Henchir-si-Ahmed, l'Henchir Tunga dont les ruines couvrent les pentes d'une colline.

Que de lieux à citer encore pleins d'intérêt au point de vue archéologique, dans le vaste champ d'exploration ouvert ici. A Timbra on voit les restes d'une citadelle, à Touk-Abeur, Thuccabor, les restes de dix grandes citernes, un arc triomphal, des portes, un bassin et les substructions d'un mausolée. A Bou-ftis s'élève encore un arc triomphal dédié à Hadrien et à L. Allius, et des mausolées. Il serait trop long de tout énumérer.

Mais l'excursion qui marque vivement dans mon souvenir est celle que j'ai faite aux ruines d'Aïn-Menzel que domine le village arabe de Chaouache.

Pour l'atteindre, la route est longue, il faut traverser la plaine et gravir péniblement les flancs d'une montagne élevée. Le chemin est à peine tracé, ses lacets sont courts et, par moments, le véhicule qui nous porte, suivant l'inclinaison du sol, se penche sur l'abîme.

Cependant le paysage s'agrandit à mesure que nous montons et les yeux embrassent bientôt la vaste plaine où la Medjerdah s'allonge en large sillon d'or. Au loin, des monts bleus s'étagent, ce sont les premiers contreforts de la Kroumirie. Devant nous au bout de la pente rapide, des bois d'oliviers moutonnent. Plus haut encore, des murailles de roches coupent le ciel.

La voiture nous amène au-dessous des oliviers et ne peut aller plus loin, le sentier est devenu impraticable. Nous terminons l'ascension à pied.

LE SPAHI DU KAID

Du point où nous sommes, on a derrière soi l'immense plaine, où des villages blanchissent dans la verdure avec les coupoles et les minarets et plus loin, des roches abruptes. Quittant les grands horizons où se perdaient les regards et la cime courroucée, on s'enfonce en un doux crépuscule sous des oliviers au feuillage frêle et tremblant. Dans le bois mystérieux dont les vagues symphonies bercent les rêves, une ville repose, morte depuis tant et tant de siècles qu'on ne les compte plus.

LA MOSQUÉE DE TESTOUR

Que fut-elle, on l'ignore... simplement ses restes parlent un peu de sa beauté. Et dans le respect des choses évanouies qui souffrent peut-être, on avance lentement de peur de troubler des sommeils inconnus. Les fantômes du passé semblent voltiger encore dans l'antique bois sacré, on croirait que les nymphes vont s'enfuir troublées à notre approche.

Des fleurs étoilent l'herbe, jamais je n'en avais vu ainsi ensommeillées dans l'ombre, souriantes, entr'ouvrant leurs corolles avec des regards bleus comme pour nous voir passer.

Le silence a son langage aussi comme les pierres et les fleurs, on croit entendre des mélodies, échos de fêtes lointaines, souvenirs des joies de la ville morte. C'est le souffle du vent dans les rameaux des oliviers et le murmure d'une source. Car une source est là dans une fente profonde de la terre et un arc triomphal la décore toujours. Les Romains honoraient ainsi à leur sortie du sol ces fontaines bienfaisantes qui donnent la vie en chantant avant d'aller au loin féconder les plaines.

Je me reposais dans l'ombre recueillie et je devinais l'espace rayonnant à travers les dentelles des feuilles. C'était comme une illumination lointaine, un poudroiement de lumière à peine entrevu.

Et tandis que ma pensée se perdait en des rêves, une musique très frêle, très douce, s'éveilla timidement sous les branches.

Là-bas, accoudé à un portique, un berger drapé jouait de la flûte de roseau. Autour de lui paissaient des chèvres. Le crépuscule du bois l'enveloppait d'ombre aérienne, lui prêtant je ne sais quel aspect d'évocation antique et son visage, sa flûte et ses doigts se profilaient sur des clartés lointaines. Cette apparition ne dura qu'un instant, le berger abandonna le portique et s'éloigna lentement avec son troupeau. J'entendis encore quelque temps les notes pleureuses... puis, plus rien...

Le soleil baissait. Revenant sur mes pas, je traversai le bois sacré, et je revis le haut rocher brodé de rayons d'or qui supporte le village de Chaouache dont le minaret a la forme d'un clocher. L'étendue étincelante aux feux du couchant se développa de nouveau sous mes yeux.

En redescendant la montagne je songeais à ces Romains qui, préoccupés de l'hygiène, élevaient leurs villes dans les plus beaux sites, en général au flanc des coteaux, sur des terrains en pente balayés par un air pur. Ici ils avaient évité les bords insalubres de la Medjerdah, ils planaient sur l'espace dans la fraîcheur des cimes. La haute crête de rochers les abritait des vents du sud. Et qui sait si Aïn-Menzel ne fut pas un sanatorium pour ces villes ou villages qui bordaient la Medjerdah pleine de fièvres palustres?...

Et comme ils veillaient avec soin aux moindres filets d'eau, les dirigeant par des canaux, les accumulant dans des réservoirs, groupant soigneusement les affluents!

Ici, la source qui sort mystérieuse des flancs de la montagne est captée dans le sein même de la ville, elle est abritée du soleil et de la poussière et réunie en un réservoir auquel on arrive en passant sous un arc triomphal.

A Thysdrus, centre important, l'eau était distribuée à domicile. Les citoyens en obtenaient la concession en payant une redevance.

A Althiburus, la Medeïna actuelle dont le capitole existe encore, les conduits antiques sont inutilisés mais l'eau y circule comme autrefois.

A Bulla-Régia, le docteur Carton parle d'un système de tuyaux en plomb, qui venant du nymphée assuraient le service des eaux.

. . . .

« Quelle était la population de la Tunisie romaine? Une évaluation de ce genre ne peut être qu'approximative.

« Sans doute l'étendue des ruines d'une cité, les dimensions de ses édifices publics ou privés, l'importance de ses travaux hydrauliques et de ses réservoirs sont toujours en rapport avec le nombre de ses habitants. Mais ce rapport n'a rien de mathématique et repose sur une base essentiellement variable.

« Ainsi, comme superficie, Uthina représente le cinquième de Carthage; elle était quinze fois moins peuplée. Dans la capitale, les maisons se pressaient les unes contre les autres, élevées quelquefois de cinq à six étages; dans les villes de l'intérieur, le terrain étant meilleur marché, les habitations à simple rez-de-chaussée, rarement surmonté d'un étage, s'étalaient tout en surface au lieu de se développer en hauteur.

« Pour l'alimentation en eau, une autre difficulté se présente: à supposer, ce qui n'est pas, ce qui ne peut pas être, que nous connaissions le débit exact de tous les réservoirs, citernes, puits et fontaines, fonctionnant simultanément dans une ville à un moment donné, nous ne posséderions encore qu'un des éléments du problème, une des inconnues de l'équation à résoudre, car nous ignorons quelle était la part du liquide réservée à la consommation des habitants, et celle qui était employée à l'arrosage, au nettoyage de la ville, aux bains publics, aux besoins divers de la vie de tous les jours.

« La contenance des édifices publics, où des places fixes étaient réservées à chaque spectateur, les théâtres, les cirques, les hippodromes, peut sans doute être déterminée avec une approximation très suffisante. Mais est-elle dans un rapport constant avec le chiffre de la population de la cité? Les habitants de la ville ne se réunissaient jamais tous à la fois dans ces lieux de plaisir.

« Par contre, les fêtes qui s'y donnaient attiraient du dehors de nombreux spectateurs. Quelle moyenne établir entre des éléments d'appréciation aussi contradictoires ?

« D'ailleurs, comme tout organisme vivant, les cités naissent, se développent, arrivent à leur apogée, puis tombent en décadence et meurent. Elles s'étendent ou se rétrécissent ; leur centre se déplace, de nouveaux quartiers se créent aux dépens d'anciens qu'on abandonne. En étudiant les ruines d'une ville romaine, nous voyons toute son histoire se projeter sur le même plan. Les constructions de diverses périodes s'additionnent au lieu de se remplacer, et nous donnent l'illusion d'un maximum de prospérité qui n'a probablement jamais été atteint dans la réalité. » (La Tunisie, histoire et description).

Je visitai à Medjez-el-Bab l'école franco-arabe. M. Martin s'y consacre avec une sollicitude touchante. Ce ne fut pas sans une grande satisfaction, au point de vue de notre influence future en Tunisie, que je constatai les progrès des jeunes musulmans et leurs rares facultés d'assimilation.

Comme nous errions par les rues après cette intéressante visite, nous entendons résonner les tam-tams et les derboukas. Cette musique nous guide vers une maison dont la porte grande ouverte donne sur une cour. Et là, aux sons de l'orchestre, des femmes se livrent à la danse. Comme nous sommes les amis du Kaïd, on nous fait le plus aimable accueil et la fête, interrompue par notre arrivée, continue. Les almées se succèdent sous nos yeux, les unes balançant leur corps avec grâce, faisant flotter autour d'elles des étoffes de soie, les autres moins distinguées imprimant à leurs attitudes un caractère louche, presque grossier. Et ces dernières, je dois l'avouer, obtenaient le plus vif succès auprès des nombreux spectateurs en extase devant elles.

C'était la danse du foulard...

Je quitte Medjez-el-Bab par la plus idéale des matinées. Amor a demandé à son père la permission de m'accompagner jusqu'à Teboursouk, elle lui a été aussitôt accordée et le voilà joyeux comme un enfant.

... « Au revoir, Si Ahmed ben Brahim, je vous presserai les mains une autre fois encore, j'espère. »

Ils étaient là tous, à l'heure matinale, toujours bons et prévenants. Je souriais et pourtant je les quittais à regret, laissant quelque chose de moi dans cette maison si cordiale, si noble et si simple. Il semble que la vie vous blase, car on passe à travers les indifférents, indifférent soi-même, mais le cœur bat et la gorge se serre quelquefois en disant adieu dans un sourire des lèvres.

Nous courions sur une route, dans la plaine, au grand soleil du matin. Tout était frais et rose. C'était l'épanouissement radieux des choses sous le ciel. De toutes parts voletaient des geais bleus, au brillant plumage, ils ne s'effarouchaient pas et nous regardaient, perchés sur des buissons tout près de nous. Les oiseaux étaient innombrables, ils traversaient le soleil en jets de pierreries. C'étaient les tourterelles rosées au collier noir, les loriots au plumage d'un jaune éclatant et d'un sombre velours, le joli chasseur d'Afrique, corseté de bleu comme nos beaux cavaliers et dont les couleurs s'irisent du même éclat moiré que les martins-pêcheurs de nos ruisseaux. Mais il y avait surtout les geais étincelants d'azur et d'émeraude. J'étais toujours muni de la carabine que j'eus la velléité d'armer un jour sur la route de Monastir pour tuer des flamants et que j'avais aussitôt mise de côté. Ici, dans cette fête du matin, je songeai encore bien moins à m'en servir.

Cependant, sous les rayons plus ardents du soleil, les beaux oiseaux s'étaient enfuis, regagnant les bords de la rivière ou l'ombre des bois et nous allions sur la route d'une aveuglante blancheur, privés de l'escorte charmante qu'ils nous faisaient. En dépit de la chaleur, Amor était toujours joyeux.

« Vois-tu, me disait-il, si tu étais resté davantage dans la maison de mon père, je t'aurais conduit un jour dans un endroit que je connais, près d'ici, qu'on appelle *Cheoud-el-batal*. Là, tu aurais vu des hommes, des femmes et des enfants de pierre, allongés sur le sol. Il y en a toute une foule entassée. Ils ressemblent aux autres pierres des ruines, car ils n'ont ni visage, ni bras, ni mains, mais on dit que ce furent des êtres changés en pierres par Allah pour avoir porté de faux témoignages. Je crois que c'est un tas de juifs, finit-il en riant. »

Nous approchions de Slouguïa, nous entrions dans le territoire dépendant du Khalifat de Testour. Le village est assis au sommet d'une colline que dominent des montagnes, il élève par-dessus des murailles basses un haut minaret et des coupoles.

C'était une antique cité autrefois, Chiddibia, dont il ne reste que des pans de murs et des blocs épars.

La route se continua sans incident au milieu d'un paysage brûlé par le soleil et nous arrivions à Testour par une chaleur torride, on eût dit qu'il pleuvait du feu.

On quitta la voiture pour se réfugier chez le Khalife. Testour ne ressemble à aucun des villages arabes que j'avais traversés. Ses maisons aux toits inclinés comme les nôtres sont recouvertes de tuiles et les minarets ont des allures de beffrois. Il fait partie de la série de petites villes construites au xviie siècle dans la région d'Utique, le cap Bon, la vallée de la Medjerdah et le Sahel par les Maures chassés d'Espagne. A cette époque c'était le peuple le plus civilisé, le plus artiste et dont l'industrie était la plus avancée. Mais combien ils ont dégénéré ! Aujourd'hui ce sont les plus fanatiques des Maures de Tunisie. Il n'y a pas longtemps encore, ils

LA DANSE DU FOULARD

crachaient sur les chrétiens de passage chez eux et M. Sadoux, qui fut victime de leur intolérance et de leur haine, eut toutes les peines du monde à trouver assistance auprès du Khalife.

Mais l'hospitalité que je reçus ce jour-là chez le Khalife de Testour me fait naturellement penser que c'est à son prédécesseur que M. Sadoux eut affaire. Le déjeuner auquel il ne prit point part, car c'était l'heure de la sieste, témoignait de la préoccupation qu'il avait de me voir emporter de son logis un bon souvenir. Il poussa même l'attention jusqu'à faire placer à mon côté aussi bien qu'à côté d'Amor une bouteille de vin de Carthage, clos de l'archevêché. Et comme l'eau de Testour est très mauvaise et vaseuse, elle fut additionnée par moitié, au préalable, d'eau de fleur d'oranger!

Après le déjeuner, Amor me fait visiter la mosquée aux blanches colonnades et m'oblige à gravir les marches sans nombre du minaret pour me faire jouir du panorama. De là-haut, la ville avec ses toits de tuiles semblait écrasée sur le sol par l'ardente chaleur; au bas de la colline, la Medjerdah sommeillait entre ses berges, sans un frisson. Rien ne bougeait, un grand silence planait partout.

En sortant de cette mosquée nous traversons la place et nous montons dans une sorte de vérandah établie au-dessus d'un café maure. C'est la salle d'audience du Khalife. Il nous avait précédés ainsi que quelques notables. On s'accouda sur les tapis, attendant l'heure du départ, c'est-à-dire l'heure où le soleil décline.

Et par la grande baie de la vérandah, des hirondelles innombrables allaient et venaient en piaillant dans leurs nids bâtis entre les solives du plafond. Et c'était charmant cette fête des nids, dans la salle blanche, devant la ville embrasée.

« Si les cris de ces oiseaux te gênent, si tu désires te reposer, me dit Amor, nous fermerons la fenêtre ; ici tu sais nous laissons les hirondelles venir chez nous, on les respecte. Tu sais bien qu'elles nous quittent à l'automne pour aller passer l'hiver à la Mecque. Ce sont des oiseaux *hadj*, pèlerins.

— « On les respecte aussi en France, Amor, on dit qu'ils portent bonheur.

— « Quelquefois, reprit-il, pour gagner la miséricorde de Dieu on les prend, puis, leur ayant enduit la tête d'un peu d'huile, on leur rend la liberté.

« Les oiseaux sont nos amis, continua-t-il. Dans l'extrême sud, au delà de Tozeur, on voit un joli petit passereau, le *Bou-Ahibi*, le père des amis. Il niche dans les maisons et s'y promène toujours. Pour rien au monde on ne lui ferait du mal. Il est tout petit, il a un gros bec, son dos et sa tête sont bleus, ses ailes sombres et son ventre couleur de feu. On l'aime et on le respecte. On dit que ce sont les âmes des parents décédés qui reviennent sous cette forme gracieuse revivre dans la famille qu'ils ont quittée.

« Vois-tu, le premier jour de mai, les oiseaux marchent pendant deux heures d'une autre façon que d'habitude. Les sorciers seuls connaissent ce moment pendant lequel ils doivent préparer certains ingrédients, confectionner des philtres et des panacées, car à toute autre heure ils resteraient sans effet.

Les oiseaux ont une grande influence et du pouvoir quelquefois. Ainsi les *belarej*, les cigognes, ne pénètrent dans les villes où vivent les rois que pour annoncer leur mort prochaine. Tu ne verras point d'habitude des cigognes à Tunis, mais tu en rencontreras à la Manouba et à Tébourba.

Ce qu'il est très intéressant de constater, c'est que dans le nord de l'Écosse, aussi bien qu'en Limousin, aux Baléares, en Corse, en Sardaigne, en Sicile ou en Tunisie, les superstitions ont des affinités singulières très proches, comme si réellement un fond de vérité se cachait dans ces croyances naïves et qui restent en dépit de la civilisation.

LABOUREUR INDIGÈNE.

UN COIN DE TEBOURSOUK

CHAPITRE XIV

Aïn-Tunga. — En détresse. — Chevauchée à travers les ténèbres. — Teboursouk. — Dougga. — L'adieu. — A propos du cheval arabe. — Une nuit par les solitudes.

> Au temps de la peur, monte une cavale légère dont la queue ressemble au voile de la fiancée.
> (*Précepte de l'Emir Ab-del-Kader.*)

Nous quittons Testour dans l'après-midi et nous voici sur la grande route, nous dirigeant vers Teboursouk. La chaleur est un peu tombée, mais le soleil brûle encore et la réverbération est toujours fatigante. Nous traversons une plaine, longeant à distance les rives de la Medjerdah.

Amor est toujours expansif, ce qui est rare chez un Arabe. Je l'écoute à demi, un peu somnolent, à peine distrait par le paysage monotone qui nous entoure.

Un homme dormait abrité sous une tente de fortune au bord de la route et devant lui, en plein soleil, un beau geai bleu était attaché par une patte. Notre passage a réveillé le dormeur. Je descends de la voiture et je lui propose aussitôt l'acquisition du bel oiseau qui paraissait malheureux, car j'éprouve toujours une pitié naïve, une tendresse irréfléchie pour tout ce qui souffre. L'homme a consenti volontiers à me le céder pour un prix modique et nous voilà partis avec un voyageur de plus. Triste voyageur au brillant plumage tout effaré et tremblant dans mes mains!

« Vois-tu, Amor, tout ce que tu m'as raconté sur les oiseaux m'a intéressé davantage à eux et je suis maintenant bien embarrassé avec celui-ci. Si je lui rends la liberté, sûrement il mourra; regarde comme il est faible, il n'aurait même pas la force de voler bien loin. Et si je le conserve, qu'en ferais-je en voyageant? »

Et je songeais, devant mon encombrante acquisition, combien il était heureux au fond d'être aussi souvent irréfléchi afin de donner raison à notre cœur. Et je caressais la douce bête qui me regardait pourtant avec inquiétude.

Cependant le paysage a changé. Nous courons à travers des collines, nous descendons dans des ravins et, avec le soleil qui décline, les ombres s'allongent.

Nous arrivons aux ruines d'Aïn-Tunga, l'ancien municipe de Thignica. Nous mettons pied à terre et nous voilà gravissant, à travers les oliviers, les pentes d'une colline encombrée de débris de murailles, de fûts de colonnes et de pierres de taille.

Je quittai Amor et notre guide pour pénétrer dans une vieille citadelle byzantine construite par Justinien. L'accès, par une brèche de l'épaisse muraille, est assez aisé, mais l'intérieur de l'édifice abandonné s'est transformé en forêt vierge. Des figuiers énormes tordant leurs troncs bleuâtres s'enroulaient comme des serpents monstrueux, rampaient le long des murailles et s'y incrustaient; des vignes sauvages se suspendaient d'un arbre à l'autre, enlaçant les branches des grenadiers aux fleurs rouges et les raquettes des cactus épineux. Le sol était couvert d'une herbe très haute et sous l'ombre épaisse des figuiers et des plantes grasses s'épandait une douceur crépusculaire. Je marchais avec précaution à travers l'écroulement des pierres et des plantes, dans la merveilleuse floraison des ruines. Ma présence troublait les ramiers de cette solitude qui, maintenant, fuyaient devant moi à tire-d'aile. Alors je m'arrêtai et j'aperçus des scènes charmantes, car plusieurs couples de ces tendres oiseaux, ne se doutant pas de ma présence, jouaient à travers les feuilles.

Les appels d'Amor, inquiet de ne plus me voir, m'arrachèrent à la fraîcheur de ma retraite.

Amor est mécontent. « C'est très dangereux ce que tu fais là, Sidi, il y a de gros serpents et des scorpions dans ces ruines et les herbes cachent des puits insondables. Nous aurions pu ne jamais te retrouver, car il en est qui ont voulu voir, comme toi, et ils ne sont plus revenus. Il y a un enchanteur dans ces ruines, malheur à toi s'il t'avait aperçu! »

Les ruines d'Aïn-Tunga sont immenses, elles couvrent plusieurs collines. Les murailles et les bastions de la citadelle byzantine subsistent encore presque en leur entier, portant des fragments d'inscriptions et des moulures.

En dehors de la forteresse, nous remarquons des arcs de triomphe et nous visitons un hémicycle qui fut probablement un théâtre, dont le diamètre mesure 42 mètres. En haut de la colline nous arrivons à un temple dont les angles seuls sont restés debout. Les colonnes de forte dimension gisent éparses sur le sol à travers de maigres oliviers. Certaines pierres conservent encore des traces d'ornements. Sur l'aridité des collines, dans le grand silence des ruines, des chèvres broutent un vague serpolet et des branches de cythise.

Le temple, édifié en 169 de notre ère, était dédié à Mercure, dit-on.

La voie romaine la plus importante de l'Afrique du nord, qui passait à Thignica, fut achevée en 123 sous le règne d'Adrien par les troupes de l'armée d'Afrique. Nous en avons trouvé les traces à Medjez-el-Bab. Son parcours était de 275 kilomètres. Cette voie, à la fois économique et stratégique, reliait Carthage à Theveste et, traversant les régions les plus fertiles de la Tunisie, desservait Medjez el Bab, Testour, Aïn-Tunga, Teboursouk, Médeïna et Haïdra. Elle fut l'objet des soins de tous les empereurs depuis Caracalla jusqu'à Dioclétien.

Nous redescendions le coteau et, arrivés près de la route, notre présence effaroucha deux Bédouines assises à l'ombre d'un palmier. Elles s'enfuirent. Il est probable que l'œil du maître n'était pas loin.

Sous un mur de soutènement, parmi des matériaux antiques, vient sourdre la fontaine d'Aïn-Tunga. Des Arabes, en nombre, puisaient l'eau dans des outres et au-dessous d'eux, des troupeaux s'abreuvaient. Et sous les feux du soleil à son déclin, tout cela formait un tableau d'un grand calme et d'une belle couleur. Les fauves pelages des bœufs se moiraient de larges reflets et les manteaux blancs ou bruns s'irisaient dans la lumière frisante.

Nous reprenons la route. Il faut se hâter maintenant si nous voulons arriver avant la nuit à Teboursouk. Notre cocher enlève ses chevaux d'un vigoureux coup de fouet et nous filons au grand galop.

Nous gravissons des pentes à fond de train, nous traversons les gorges de *Fedj-er-R'ih*, *la montée du vent*, nous descendons à bride abattue, mais soudain un essieu se brise.

« Mille tonnerres! s'écrie le conducteur, un Français depuis longtemps fixé à Medjez-el-Bab; nous voilà propres maintenant! »

Nous avions risqué de rouler au fond d'un précipice. Que faire, seuls sur cette route avec un véhicule en pareil état!...

Nous prêtons la main au conducteur qui détèle les chevaux. Il y a bien là-bas, dans le ravin, vers l'oued Khalled, la maison d'un cantonnier, peut-être a-t-il des outils qui nous permettraient une réparation sommaire. Je descends au fond de la gorge pour le prévenir, mais la maison est fermée. Amor s'avance au loin sur la route à sa recherche, le conducteur reste auprès des chevaux.

MAUSOLÉE PUNICO-BERBÈRE DE DOUGGA.

Tandis que le fils du kaïd s'éloigne, je m'enfonce dans un bois voisin à travers les jujubiers et les pins. Là, faut-il l'avouer? j'avais presque oublié le fâcheux incident. Je foulais des fleurs, des plantes parfumées, et les oiseaux de cette solitude qui, sans doute, n'avaient encore jamais vu de chrétien, loin d'être effarouchés de ma présence, voletaient au-dessus de ma tête, de branche en branche, cherchant à m'examiner de près.

Qui sait si dans cette Afrique où les nouvelles se propagent miraculeusement, celle de mon sauvetage du geai n'était pas venue jusqu'à eux?...

Enfin, le cantonnier est retrouvé. Nous traînons la voiture devant sa maison, mais la réparation était impossible. La nuit va nous surprendre et nous ne pouvons rester dans cette pauvre demeure où il n'y a qu'un toit pour nous abriter, sans lit et sans vivres.

Après réflexion, le dévoué Amor décide d'aller réquisitionner des montures dans un douar établi dans la montagne. La chose en soi est assez facile attendu que ce douar dépend du cheik de Testour et, par suite, du khalifat de Medjez-el-Bab. Mais des heures s'écoulent, la nuit est tombée et nous attendons encore sur la route déserte. Cependant des Arabes arrivent avec un cheval et des ânes. Les animaux étaient dans les bois, il avait fallu les chercher et cela avait pris beaucoup de temps.

Nous partons à travers la nuit. Par politesse, j'ai cédé le cheval à Amor et j'ai gardé l'âne, ami des philosophes.

La route se poursuit dans des gorges sauvages. Près de nous, l'oued Khalled aux eaux mortes reluit vaguement. Nous allions silencieux, les Arabes à pied, menant les bagages à notre suite. Pas de lune. Partout des oliviers et des tamarins au feuillage léger frissonnaient. Dans les bas-fonds les silhouettes grandissaient, prenaient un aspect bizarre,

CITADELLE BYZANTINE DE TEBOURSOUK

elles paraissaient se mouvoir dans le mystère des choses, tandis qu'un vent très doux modulait une plainte lente. Et, à chaque instant, de grands oiseaux au vol silencieux, des engoulevents, traversaient les airs et leurs ailes frôlaient nos visages.

La fièvre s'exhale des eaux croupissantes de l'oued Khalled qu'ensanglantent çà et là les fleurs des lauriers-roses. Plus loin sur notre route, nous entendons des aboiements de chiens et nous découvrons quelques lueurs sur une colline éloignée. La petite troupe s'arrête et un des Arabes qui nous accompagne, faisant un porte-voix de ses mains, fait des appels d'une voix retentissante à diverses reprises. Enfin un cri prolongé lui répond de là-haut, de ce village perdu sur la hauteur.

— Qu'y a-t-il? dis-je à Amor.

— Cet homme que tu as entendu va venir nous trouver à cheval, il y est obligé, car celui qui le premier répond à un appel doit y obéir. Le cavalier que tu verras tout à l'heure ici, monté sur le meilleur cheval du village, ira à Teboursouk d'un seul temps de galop et préviendra à l'auberge que des voyageurs arrivent. Car il faut bien trouver un gîte. En nous présentant trop tard et à l'improviste, nous risquerions de rester dehors. Il nous fera aussi préparer à dîner. Comme nous allons très lentement avec ces ânes, nous n'atteindrons guère la ville qu'à onze heures du soir, et lui, dans une heure, sera rendu. »

Quelques instants plus tard, en effet, un cavalier débouchait à travers les broussailles et après un court entretien, filait devant nous avec la rapidité de l'éclair. J'entrevis à peine son manteau flottant, puis plus rien que le bruit cadencé des sabots de son cheval qui s'éloignait dans la nuit.

On reprit la route et longtemps après nous gravissions les pentes d'une montagne à travers toujours des bois d'oliviers. Nous avions quitté la vallée de l'oued Khalled et nous commencions à distinguer sur le mont les lumières de Teboursouk.

Comme ils sont longs les derniers instants avant d'arriver au gîte d'étape après une longue et fatigante journée ! Et surtout, lorsque depuis si longtemps la nuit est tombée !

Tout le jour nous avions affronté la chaleur torride, nous reposant deux heures à peine dans le Khalifat de Testour, après un étrange repas arrosé d'eau de fleurs d'oranger, et voici que onze heures du soir allaient sonner !

Nous venions de quitter les grands bois d'oliviers qui entourent la colline, le *Kef* qui porte Teboursouk, et nous passions près d'une maison mauresque baignée dans le bleu à cette heure. Elle était singulière cette demeure, dans la nuit, si diaphane qu'on eût dit une maison d'albâtre éclairée par des clartés intérieures.

Une petite montée encore et nous voici aux portes de Teboursouk. Là, en dépit de la fatigue et de l'heure tardive, je voulus m'arrêter tant l'aspect de cette ville m'en imposa. Sur un ciel d'un bleu profond et transparent, maintenant criblé d'étoiles, montaient des minarets pâles, des murailles d'une blancheur de nacre trouées, çà et là, par des lueurs d'or. C'était plus encore qu'un doux rêve, c'était une vision fabuleuse des mille et une nuits, car les lueurs de la ville frissonnaient sous les étoiles et les blancs atténués et les bleus éthérés sommeillaient au milieu d'un fourmillement lumineux. On entendait des musiques tremblantes et des voix qui chantaient. Des parfums d'aromates, qui montaient dans la nuit, arrivaient jusqu'à nous en tièdes effluves. On aurait dit qu'ils encensaient le ciel et qu'ainsi l'âme de cette cité orientale tendrement s'exhalait en parfums et en mélodies.

Et devant ce rêve nocturne, immobiles, comme figés en des attitudes hiératiques, des cavaliers et des chameaux se profilaient attendant je ne sais quel signal de départ.

« Comme c'est beau! » murmurais-je.

Amor ne comprenait rien à mon enchantement.

« C'est une ville sale, me disait-il, quelle différence avec Medjez-el-Bab! »

Nous arrivons enfin à l'auberge où, grâce au cavalier que nous avions envoyé, nous étions attendus.

L'auberge est installée dans une vieille maison arabe. Nous étions assis à table, dans une salle blanchie à la chaux. L'extrême fatigue m'avait enlevé tout appétit. Amor considérait d'un regard soupçonneux les plats qu'on nous servait. L'hôtesse lui assurait bien qu'aucun des aliments n'était préparé avec de la graisse, mais il était défiant quand même. Et comme elle apportait du sanglier :

— « Je ne t'offrirai pas de l'*alouf*, lui dis-je.

— « Oh! s'écria-t-il, cette viande n'est pas toute défendue, il y a un morceau dont nous pouvons manger, mais je n'ai jamais pu savoir lequel, et aucun de ceux que j'ai consultés ne le connaissait. C'est pourquoi dans cette incertitude, nous nous abstenons complètement d'y toucher. »

J'observais depuis un instant des sortes de lézards qui s'étaient avancés sur la muraille. Je m'approchai d'eux, ils ne fuyaient pas et me considéraient avec des yeux d'enfant. On aurait pu croire à des animaux de cire tant leur corps était transparent.

« Ce sont des *geckos*, dit Amor, de bien vilaines bêtes... Ne les regarde pas.

— « Mais elles sont absolument inoffensives, repartit l'hôtesse, et gentilles et familières. Chaque soir, elles courent le long des murailles à la poursuite des mouches. C'est même curieux de les voir marcher au plafond, renversées ; on prétend que leurs pattes sont munies de ventouses, ce qui leur permet ces exercices.

— « Moi, je vous dis que ce sont d'affreuses bêtes qui apportent la malédiction de Dieu, répliquait Amor.

« Un jour le prophète, persécuté par les tribus de l'Hyémen, s'était enfui. Comme ses ennemis le suivaient de près, il se réfugia dans une grotte. Un gecko, qui vivait dans la caverne, courut à l'ouverture et, chose au moins curieuse, appelant ceux qui poursuivaient le prophète, il leur dévoila la retraite de Mahomet. Mais Dieu l'a puni.

« Celui qui écrase un gecko en le frappant sept fois du plat de la main gauche ressuscitera avec une source d'eau vive dans le creux de cette main et pourra éternellement étancher sa soif.

« Vois comme ils sont curieux ces geckos, les voici qui approchent pour écouter ce que nous disons. On raconte aussi qu'un homme et une femme étaient mariés depuis peu. Or un jour, l'époux appela sa mère pour lui faire part d'une chose secrète. Mais la jeune épouse vint écouter près de la porte de la tente où ils s'étaient isolés. Dieu, pour la punir, la changea en gecko.

« Celui qui écrase un gecko, finit-il sentencieusement, fait toujours une bonne action, car il détruit un vice. »

L'hôtesse, qui eut peur pour ses geckos, s'écria : « Mais j'y tiens à ces petites bêtes qui ne font de mal à personne. Et, voyez comme elles sont charmantes. » En effet leurs yeux avaient une singulière expression d'intelligence naïve.

Minuit sonnait lorsque nous gagnions nos chambres.

Teboursouk, l'antique *Respublica Thubursicum Bure*, est bâti en amphithéâtre dans l'enceinte d'une cité byzantine dont la citadelle forme encore l'un des angles. Deux belles mosquées aux minarets carrés, dont l'une avec ses coupoles, agglomérées, fait songer à Sidi-Mahrès de Tunis, s'élèvent au-dessus d'un chaos de murailles basses. La blanche ville est étagée sur une colline, entourée de monts aux pentes boisées.

MAUSOLÉE D'HENCHIR GUERGOUR.

La citadelle byzantine, qui fut construite avec les matériaux antiques, porte encore des inscriptions dans ses murs comme celle d'Aïn-Tunga.

« Une des inscriptions enchâssées dans la construction, dit le docteur Carton, porte le nom de la cité romaine : *Thubursicum Bure*. Une porte triomphale à demi enfouie a été englobée dans le mur d'enceinte, et à trois mètres au-dessous des

MAISON MAURESQUE A TEBOURSOUK

voussoirs en bel appareil de son cintre on peut voir les claveaux, plus petits, d'une autre porte contemporaine de la citadelle. Les Byzantins avaient donc jugé trop grande l'ouverture première, et, ne voulant pas détruire cette œuvre d'art parce qu'elle leur servait, ils l'avaient ainsi utilisée. La moitié de l'inscription qui la surmontait est encore en place. Elle porte le nom des majestés très chrétiennes (*christianissimis*), sous le règne desquelles elle a subi cet aménagement. D'autres édifices devaient orner Thubursicum, comme nous l'apprennent plusieurs inscriptions. Les maisons, bâties sur leur emplacement, empêchent d'en retrouver le moindre vestige. »

Le lendemain, après une promenade à travers la ville, où nous avions admiré une belle maison mauresque aux fenêtres grillagées comme celles de Tunis, Amor me quittait pour rentrer à Medjez-el-Bab tandis que je me dirigeais vers Dougga en *araba*. L'araba est le plus odieux des véhicules, mais on n'a pas le choix ici. C'est une lourde charrette, sans plancher, étroite, longue, avec deux roues énormes. On s'assied comme on peut, à côté du conducteur, les jambes pendantes contre les jambes de derrière du cheval et les énormes roues tournent à votre côté et vous affolent, car il faut se garder à la fois des cahots, de cette odieuse roue et du cheval.

En cet équipage au moins bizarre, et qui me faisait *regretter* mon âne de la veille, je partais pour Dougga au gros de la chaleur. La route suit les flancs d'une montagne toute bossuée, plus loin, c'est une piste dans des terrains vagues, laquelle remonte ensuite à pic vers les ruines de Dougga, gisant sur un sommet. Et le soleil, durant cette ascension, vous brûle, rien n'abrite de ses rayons; les pentes sont nues ou plantées d'orges mûrs que des bandes d'Arabes sont en train de couper. Lorsqu'on approche de la cime on côtoie un bois d'oliviers et un vent frais souffle dont il faut se garantir, car on est en sueur comme après une longue marche.

Voici un bien pauvre village isolé sur un sommet, aux maisons semblables à des amas de pierres brûlées par le soleil, battues par le vent. A travers ces pierres, se blottissent quelques masures arabes et des chiens, d'aspect féroce, se précipitent vers les étrangers montrant leurs crocs, aboyant avec fureur.

Cette hauteur, presque déserte, où un peuple à son déclin traîne sa misère, fut occupée autrefois par une cité prospère. Et d'ailleurs, toute la région eut une époque de splendeur qui fut à son apogée sous la dynastie des Sévères. A cette époque, la Tunisie était habitée par une population qui s'élevait certainement, dit-on, au triple de la population actuelle. Les environs de Dougga où nous sommes, aussi bien que le pays qui borde la Medjerdah, « sont couverts de ruines de centres importants aussi pressés que les villages aux environs de Paris. On y rencontre encore des restes de fermes, des traces de grandes exploitations agricoles qui témoignent de la richesse de la contrée à ces époques lointaines. »

Les ruines de Dougga, l'ancienne **Thugga**, sont renommées dans le monde entier.

Le temple, qui profile sur le ciel ses fines colonnes aux chapiteaux corinthiens et son fronton grec incendié par le soleil, tel qu'un flamboyant monument de cuivre, est peut-être le plus beau des monuments antiques de la Tunisie. Il fut dédié à Jupiter d'après les uns, à Junon et à Minerve d'après les autres. Une inscription de la frise attribuerait l'œuvre aux frères Simplex. On distingue sur le fronton une sculpture endommagée représentant une figure assise sur un aigle aux ailes éployées. Certains savants y lisent l'apothéose de l'Empereur.

« De l'autre côté de la ville de Dougga, a dit un auteur anonyme dont je regrette par suite de ne pouvoir citer le nom, se dressait le sanctuaire de Cælestis, très ruiné aujourd'hui, mais offrant aussi d'intéressantes dispositions architecturales que des fouilles récentes ont permis de déterminer. Il se compose d'un petit temple, en belles pierres de taille soigneusement appareillées, au centre d'une cour dallée qu'entoure un portique demi-circulaire ; cet hémicycle, fermé à l'extérieur par un mur continu en blocage, s'ouvre sur la cour par une colonnade supportant une architrave avec la dédicace. L'on pénétrait dans l'enceinte par deux portes latérales, placées à l'extrémité de l'hémicycle, tandis que devant le temple régnait probablement une terrasse à galerie avec double rangée de colonnes.

« Les sanctuaires païens de la Tunisie romaine, continue-t-il, remontent presque tous à l'époque des Antonins. On n'en construit plus guère à la fin du IIIe siècle : ils disparaissent à mesure que le christianisme se développe ; les uns sont désaffectés, d'autres font place à de somptueuses basiliques chrétiennes, construites parfois à leurs dépens. Les ruines des basiliques se rencontrent fréquemment sur le sol de la Tunisie. Le nombre de celles qui ont déjà été reconnues est considérable : il s'accroît chaque jour, à mesure que l'exploration archéologique du pays se complète.

« Le théâtre, dit encore le même auteur, se distingue par l'élégance de ses proportions et la grâce de son ornementation.

« Il est admirablement conservé. Les vingt-cinq rangées de gradins de l'hémicycle sont presque toutes intactes. Elles ont conservé toute la vivacité de leurs arêtes, la coupe du ciseau des tailleurs de pierre apparaît aussi nette que si l'édifice venait d'être inauguré. Les gradins, adossés à la montagne, étaient couronnés par un beau portique d'où l'on embrassait d'un coup d'œil l'ensemble de la salle ; l'orchestre, pavé de mosaïque et encombré de bases honorifiques supportant des statues ; la scène, richement ornée ; le mur du fond avec ses colonnades, et, par delà, l'admirable panorama qu'offrait la vallée de l'oued Khalled, avec ses villas étagées et ses jardins au premier plan, ses champs de blé, ses forêts d'oliviers, ses bourgades éparses dans le lointain, et le cirque de montagnes bleuâtres qui fermait l'horizon. Un autre portique, placé en arrière de la scène, se composait de colonnes corinthiennes d'une grande élégance, supportant une architrave sur laquelle était gravée la dédicace que voici, telle que nous l'ont fait connaître les fouilles de M. le Dʳ Carton :

« *L. Larcius Quadratus, pour célébrer son élévation aux fonctions de flamine perpétuel et pour remercier ses concitoyens, a construit à ses frais un théâtre, avec portique, scène, escalier, promenoir et tous les accessoires qui l'ornent : en outre, le jour de l'inauguration, il a fait une distribution de vivres et donné une représentation théâtrale, des jeux de gymnase et un festin.* »

« C'est donc à la générosité d'un seul citoyen qu'était dû ce magnifique ensemble ; il en est de même pour tous les édifices de Dougga. Le temple du Capitole avait été construit par L. Marcius Simplex Regillianus ; le temple de Saturne, par L. Octavius Victor Roscianus ; le temple de Cælestis, par Q. Gabinius Rufus Félix Beatianus Liberalis ; l'hippodrome, par M. Æbutius Honoratus et P. Sabonius Institor. Ce fait n'est pas particulier à Dougga, il se reproduit dans toutes les autres cités africaines ; il y avait entre elles comme une émulation de magnificence ; chacun voulait que sa ville fût la plus somptueuse, qu'elle eût plus grand air que ses voisines : tous s'appliquaient, dans la mesure de leurs ressources, à l'embellir et à l'orner. Les plus riches font construire un temple, un cirque, un théâtre ; d'autres, moins fortunés, se contentent d'une chapelle, d'une porte triomphale, d'une exèdre sur le forum ou d'une modeste fontaine. L'abondance et le luxe de ces monuments supposent une richesse inouïe. Ils indiquent le merveilleux degré de prospérité auquel était parvenue la province d'Afrique sous la domination romaine. »

Vers le soir, je quittais la cime où gisent les débris superbes de l'antique cité et je regagnais Teboursouk.

Le lendemain l'hôtesse s'occupait de me procurer des montures pour me conduire à Béja, à travers les solitudes. Un Arabe s'engageait pour un prix déterminé à se trouver à trois heures devant la porte de l'hôtel avec deux chevaux sellés, un pour moi, un autre pour un guide et une mule pour les bagages et le muletier. D'après lui quatre heures devaient amplement suffire pour effectuer le trajet.

A l'heure dite, les chevaux n'étaient pas arrivés. On se met en quête de l'Arabe et il paraît enfin beaucoup plus tard avec un cheval noir tout empanaché, superbe d'allure, avec sa haute selle rouge et ses lourds étriers, des amulettes au cou et une large bride brodée d'or.

L'hôtesse avait choisi pour me guider un garçon charmant, très ouvert, ayant vu Marseille et Lyon. Il répondait au nom d'Hammouda. Quant au muletier, c'était le plus banal des habitants de Teboursouk.

Nous voici tous en selle. Hammouda est un peu dépité de ne pas avoir un cheval aussi brillamment harnaché que le mien.

Au moment de partir, notre loueur de chevaux réclame le prix de sa location. Pourtant il était entendu que je n'en devais remettre que la moitié, le surplus devant être payé à destination, comme garantie. Et qui plus est, il se plaint d'avoir traité trop bon marché et assure qu'il ne peut, dans ces conditions, nous laisser partir. Il pensait que je m'exécuterais afin de ne pas perdre de temps et pour éviter de voyager la nuit dans des régions désertes. Alors je tirai de ma poche une lettre dont M. Roy, secrétaire général du gouvernement tunisien, m'avait muni pour tous les Kaïds de Tunisie, et je dis à l'Arabe sévèrement : « Puisque tu es un voleur, regarde, je vais te faire mettre en prison ! » Notre homme n'en entend pas davantage, il s'aplatit, me baise la main et s'esquive en disant : « Maître, tu payeras à Hammouda à l'arrivée. » C'est la seule fois que j'ai présenté la lettre de M. Roy, mais elle m'a rendu grand service ce jour-là.

Nous partons enfin et comme je fais mes adieux à l'aimable hôtesse, un Arabe, serviteur dans la maison, répand un peu d'eau derrière nous sur le sol. Arrivé sur la route, au bas de la pente, je me rapproche d'Hammouda : « Pourquoi, lui dis-je, a-t-on jeté de l'eau sur nos talons ?

— « Comment, tu ne le sais pas ? Cela veut dire : je souhaite que l'eau t'accompagne en chemin, afin que tu ne souffres point de la soif. Tu sais, l'eau est rare en Tunisie et surtout dans le sud. On couche bien dehors, on peut emporter des provisions, mais l'eau manque souvent. »

Et cet usage me parut touchant.

Hammouda considérait toujours mon cheval avec un œil d'envie. Il est certain qu'il faisait triste figure sur le cheval blanc avec une vieille selle à l'anglaise et des étriers rouillés. D'autre part, la haute selle en bois et les larges étriers arabes me fatiguaient beaucoup. Je lui proposai de changer de monture et c'est avec le plus vif empressement qu'il accepta cette offre. Le voilà sur le cheval noir galopant sur la route, tout fier, allant devant nous, revenant à bride abattue, faisant la fantasia avec ma carabine, le manteau flottant au vent. Lorsque sa joie se fut un peu calmée :

« Maintenant, Sidi, fit-il, j'ai regret d'avoir accepté ton cheval, tu n'as pas regardé le tien, celui que je montais, il a sur la partie gauche du poitrail une touffe de poils noirs en tire-bouchon.

— « Oui, je l'ai vu, c'est une singularité, voilà tout. En quoi peut-elle me gêner?

— « Cela veut dire, Sidi, que ce cheval porte malheur; je ne sais où le loueur l'a pris, mais les Arabes n'en voudraient pas, car ce signe indique de grosses pertes d'argent pour son propriétaire, une longue maladie ou la mort prochaine. Et ces malheurs peuvent aussi rejaillir sur ceux qui montent ces chevaux. Je préfère aller à pied, reprends ton cheval, maintenant j'ai fait un peu de fantasia, je suis content. »

Je rassurai Hammouda de mon mieux, mais je n'arrivai pas à le convaincre; il hochait toujours de temps à autre la tête après avoir considéré à la dérobée le poitrail de ma monture.

Nous étions arrivés sur un plateau et nous allions à travers des bois d'oliviers. L'heure était charmante, le soleil commençait à allonger un peu les ombres, et nous cheminions caressés de doux reflets, au chant des oiseaux.

L'homme aux bagages, toujours en arrière, était silencieux, il parlait à peine le français d'ailleurs.

Je demandai à Hammouda quels étaient encore les signes qui faisaient reconnaître un cheval de mauvais augure.

« Un cheval noir ou bai, me dit-il, orné d'une étoile blanche entre les yeux et dont un rayon s'allonge plus que les autres, soit à droite, soit à gauche, est mauvais. N'en achète jamais et si tu en as, vends-les.

« Quant au cheval entièrement noir jusqu'aux lèvres n'en parlons pas, un proverbe dit :

« Ne vends pas ton cheval noir.

« Et n'achète pas le cheval noir des autres.

« De même pour celui dont la robe ressemble à celle d'une vache.

— « Oui, le cheval pie.

— « Celui qui ne se vend ni ne s'achète non plus n'a que du rouge et du blanc, et le blanc se localise sous le ventre et sur les côtés.

« Garde-toi surtout de celui dont le dessous des sabots est noir, tu mourrais sur lui, soit à la bataille, soit en voyage, soit même par accident en promenade. Mais si l'étoile du cheval noir se prolonge jusqu'au milieu des naseaux, tu sais, à l'endroit où l'eau arrive lorsqu'il boit, il est de bon augure, tu peux l'acheter.

« Mais ne manque pas l'occasion d'avoir celui qui porte de chaque côté du cou comme un épi de poils inclinés les uns vers les autres, remontant au-dessus des oreilles et réunis sur le front en touffe frisée. Celui-là est excellent, surtout s'il est bai ; son maître est appelé à faire de gros bénéfices dans toutes ses entreprises.

« Sais-tu ce qu'on fait en Tunisie lorsqu'un cheval est atteint de la *rahsa*, cette maladie du sabot qui l'oblige à marcher sur trois pattes ?

MAUSOLÉE DE SIDI-AICH

« Eh bien, on écrit les noms de quarante menteurs, (on n'a pas de peine à les trouver, il y en a tant!) sur un morceau de papier que l'on met dans un sachet de cuir et on suspend ce sachet au cou de la bête, comme on fait pour les amulettes. Elle guérit toujours. Lorsque nous parlons de quelqu'un connu pour les mensonges, nous disons : Son nom s'écrit pour la rahsa. »

Et en devisant ainsi nous avions quitté les oliviers et nous étions arrivés sur une hauteur. Devant nous s'allongeait une plaine et en face sur une montagne élevée le ruban clair de la route se déroulait. Le paysage était désert, on n'apercevait, vers le sommet, qu'un marabout isolé. Hammouda regarda le soleil.

« Par Allah! dit-il, devenant grave tout à coup, pressons l'allure des chevaux, car la nuit va nous surprendre. Voici trois heures que nous chevauchons et nous ne sommes pas à la moitié du chemin. »

Malheureusement le sentier qui dévale est affreux, on avance à grand'peine.

« Et surtout, me criait Hammouda qui avait pris les devants, ne laisse pas trébucher ton cheval, cela te porterait malheur. »

Au fond de l'étroite vallée serpente un ruisseau bordé de lauriers-roses, nous le traversons à gué sous de grands arceaux fleuris. Nous gravissons la pente opposée. La route est bonne maintenant et c'est une course folle que nous faisons. La terre retentit sous le trot des chevaux et des vols de perdreaux effarés s'enfuient des champs voisins. Nous avons dépassé le marabout et franchi un col sur la crête de la montagne; nous entrons dans une région déserte, côtoyant des pentes, descendant au fond de précipices pour remonter aussitôt. C'est de toutes parts la grande solitude austère que le crépuscule assombrit.

La nuit... nous trottons toujours. On ne parle plus et dans les ténèbres on n'entend que le pas des chevaux, sur la route on ne voit que les silhouettes farouches des monts d'alentour. Plus loin, à travers l'ombre, nous arrivent les aboiements plaintifs des chacals. Le muletier, qui n'avait soufflé mot depuis le départ, s'approche et me dit d'une voix sourde : « Écoute, Sidi, on ne sait quelles rencontres on peut faire dans ce pays perdu ; glisse deux balles dans la carabine, arme et tiens-toi prêt à tout évé-

LA SCÈNE DU THÉÂTRE DE DOUGGA

nement. » Le ciel était si noir, tout ce qui nous entourait avait un tel aspect tragique que je fis ce qu'il disait...

Combien de temps dura cette course? Je n'avais plus conscience ni du temps ni de l'heure, on marchait et on marchait encore et depuis longtemps lorsque subitement, après une descente interminable qu'accompagnaient toujours les cris des chacals, une large vallée s'ouvrit. Autour de nous les sombres cimes hérissées de broussailles se séparaient devant l'échappée sur l'espace aux fluidités de rêve, semé de tremblottantes lueurs. Et dans les mystères lointains on eût dit que de blanches nuées flottaient, il s'en exhalait comme des souffles tièdes. C'était la grande vallée de la Medjerdah!

Devant nos pas des ravines dénudées, livides, dévalaient vers le mystère des bas-fonds où l'on ne distinguait qu'un vague chaos, sans consistance et sans couleur. Nous coupons à pic à travers les ravines. Soudain le sifflet lointain d'une locomotive traverse la nuit et un sourd roulement monte des profondeurs.

« Voici le départ de Pont Trajan manqué, dis-je à Hammouda, il est 9 heures. A quoi bon nous presser maintenant? »

J'étais inquiet. Il n'y a rien sur ces rives malsaines, ni auberges, ni villages pour passer la nuit. La station est isolée et le seul train du soir passe à 9 heures.

Cependant nous étions arrivés sans accident dans la vallée et nous apercevions les feux de la station encore lointaine. Après un temps de marche assez long nous arrivons sur les bords de la Medjerdah qu'il fallait traverser à gué. Hammouda, toujours en avant, sur son cheval noir, allait et venait sur les bords de la rivière cherchant le passage. Il ne le trouvait pas et pourtant quelques rayons de lune filtrant à travers le brouillard nous éclairaient de leur pâle lueur. Devant nous l'eau coulait, on entendait son froissement sur les cailloux, et c'était inquiétant d'errer ainsi devant cette rivière où nous ne pouvions nous aventurer au hasard, car la nappe tranquille cache des gouffres où l'on peut subitement disparaître. Nous remontons plus haut et après bien des recherches nous apercevons enfin un poteau indicateur.

A la suite d'Hammouda nous nous engageons dans la rivière. Un quart d'heure après nous étions à Pont Trajan où je m'asseyais à une table d'hôte. Il était dix heures et demie, le train avait deux heures de retard, rien n'était perdu.

LE THÉATRE DE DOUGGA

AU MARCHÉ DE FERNANA

CHAPITRE XV

A travers les forêts. — Souvenirs de conquête. — Les Kroumirs. — L'Anaïa. — Le marabout de Sidi-Abdallah. — Aïn-Draham. — L'adieu des choses.

La solitude, c'est le bonheur,
Le temps m'en a instruit.
(<i>Poésie arabe</i>).

Au milieu d'une plaine fertile, dans le soleil et la poussière, Souk-el-Arba s'allonge. C'est un gros bourg créé depuis l'occupation sur l'emplacement d'un marché arabe du mercredi qui s'y tient encore. L'aspect en est banal et sans couleur, avec ses maisons modernes, ses nombreuses boutiques et les arbres maigres qui bordent les avenues.

Rien ne pouvait m'y retenir et c'est avec joie que je pars aujourd'hui pour la Kroumirie dont j'aperçois d'ici les crêtes lointaines.

Les horizons nouveaux m'appellent toujours, je ne me lasse pas de voir, dans la fraîcheur du matin, les premiers rayons qui se jouent dans les herbes, les vapeurs légères qui tremblent dans les fonds et d'entendre les chants des oiseaux qui s'éveillent. C'est bien simple comme décor : une plaine nue où paissent des troupeaux, un long ruban de route claire; il n'y a là aucune complication de lignes et d'effet et c'est pourtant reposant et doux.

A quelques kilomètres de la route, derrière des crêtes rocheuses, gisent les ruines grandioses de l'antique Bulla-Regia, place forte romaine. Le nymphéum est encore là, dont les eaux captées et aménagées autrefois dans l'intérieur de la vieille cité, traversent une série de réservoirs superposés communiquant entre eux. Sur ces réservoirs s'ouvrent des salles pavées de mosaïques et les eaux suivent une conduite souterraine qui passe sous un arc de triomphe pour se rendre aux anciens thermes.

Les eaux de la nymphée vont alimenter aujourd'hui Souk-el-Arba.

En dehors des ruines remarquables de ces bassins on peut visiter encore l'ancien amphithéâtre dans une échancrure naturelle du Djebel Rhea auquel l'antique ville était adossée. Les gradins et les galeries subsistent pour la plupart.

La voie romaine qui reliait Utique à *Simittu* passe à Bulla-Regia. Le pont ruiné de cette voie traverse encore la rivière aux environs de Chemtou.

Depuis le départ la route s'est toujours élevée, maintenant la pente s'accentue et tout au bout, là-haut, sur une large croupe dénudée, je distingue un fourmillement d'hommes et de chevaux autour d'une sorte de camp dont les tentes brillent au soleil. C'est le marché de Fernana.

Fernana n'est ni un bourg, ni un village, il se compose de quelques pauvres habitations et doit son importance à son marché. Tous les dimanches les tribus des montagnes voisines s'y donnent rendez-vous. Sous un chêne-liège géant, isolé, qui projette une ombre mesurant cent mètres de tour, les délégués des Kroumirs se réunissaient, dit-on, comme aux temps antiques, pour délibérer de la paix ou de la guerre.

De loin, ce marché présente une masse confuse et mouvante de capuchons pointus, de burnous, de chevaux, d'ânes, de mulets, de moutons et de chiens. Et l'on entend les bêlements plaintifs des agneaux, des braiements prolongés, des interpellations bruyantes. C'est un curieux spectacle dans la lumière, et le cadre en est merveilleux. Cette croupe dénudée qui s'élève au-dessus de la plaine, s'adosse aux montagnes dont les pentes boisées s'étagent et se fondent au loin dans le bleu céleste.

J'ai mis pied à terre et je me suis approché. Voici des Arabes examinant un cheval avec le plus grand soin ; c'est que pour eux l'animal doit réunir des conditions rares. Il le faut d'abord bien proportionné dans son ensemble, ensuite ses chevilles doivent être minces et mobiles, ses naseaux larges, ses yeux noirs, l'encolure longue, le poitrail avancé, le garrot saillant et la croupe arrondie. Ces qualités réunies, disent-ils, témoignent qu'il a de la race, qu'il est bon coureur, car sa conformation tient à la fois alors du lévrier, du pigeon et du méhari.

On le faisait trotter ou galoper sur la pente car il fallait s'assurer que son éducation était parfaite. Le cavalier qui n'a pas su dresser son cheval, disent-ils, enfourche chaque jour la mort.

Et de tous côtés les chevaux étaient examinés ainsi et essayés et longuement on en débattait le prix.

On se préoccupait aussi beaucoup de la robe. Les blancs «comme un drapeau de soie » avec le tour des yeux noir, et les noirs « comme une nuit sans lune et sans étoiles » sont les plus recherchés. L'alezan brûlé, comme en Algérie, jouit d'une haute estime : le prophète affectionnait les alezans.

« Le blanc c'est la couleur des princes, disent les Arabes, mais il ne supporte pas la chaleur.

« Le noir porte bonheur, mais il craint les pays rocheux.

« Le bai c'est le plus dur et le plus sobre.

« Si l'on vous dit qu'un cheval a sauté dans un précipice sans se faire de mal, demandez de quelle couleur il était, si l'on vous répond : bai, croyez-le. » (Général Daumas).

Quant à l'isabelle à queue et crins blancs, n'en parlons pas. Un chef ne voudrait pas monter un pareil cheval, il y a même des tribus qui ne consentiraient pas à lui laisser passer la nuit chez elles. On l'appelle le jaune du Juif (*sefeur el ihoudy*). Cette couleur est de mauvais présage.

« Sachez, dit l'Emir Abd-el-Kader s'adressant au général Daumas, que les meilleurs chevaux du Sahara sont les chevaux des Hamyane, sans exception. Ils ne possèdent que d'excellents chevaux, parce qu'ils ne les emploient ni pour le labour, ni pour le bât; ils ne s'en servent que pour expéditionner et se battre. Ce sont ceux qui supportent le mieux la faim, la soif et la fatigue. Après les chevaux des Hamyane viennent ceux des Harar, des Arbâa et les Ouled-Nayl.

« Dans le Tell, les meilleurs chevaux pour la noblesse et pour la race, la taille et la beauté des formes, sont ceux des gens du Chélif, principalement ceux des Ouled-Sidi-Ben-Aled-Allah (Sidi-el-Aaribi), près de la Mina, et encore ceux des Ouled-Sidi-Hassan, fraction des Ouled-Sidi-Danhou, qui habitent la montagne de Mascara. Les plus rapides sur l'hippodrome, beaux aussi de formes, sont ceux de la tribu des Flitas, des Ouled-Cherif et des Ouled-Lekreud. Les meilleurs pour marcher sur les terrains pierreux, sans être ferrés, sont ceux de la tribu des Assassena, dans la Yacoubia. On prête cette parole à Moulaye-Ismaïl, le sultan célèbre du Maroc.

> Puisse mon cheval avoir été élevé dans le Mâz,
> Et abreuvé dans le Biaz.

« Le Mâz est un pays des Assassena, et le Biaz est le ruisseau, connu sous le nom de Foufet, qui roule sur leur territoire. »

Voici également quelques préceptes de l'Emir sur la manière de nourrir et d'entretenir les chevaux arabes.

« Sachez, dit-il, que le maître d'un cheval lui donne d'abord peu d'orge, augmentant successivement sa ration par petites quantités, puis la diminue un peu dès qu'il en laisse, et la maintenant à cette mesure.

« Le meilleur moment pour donner l'orge est le soir. Excepté en route, il n'y a aucun profit à en donner le matin.

« Les Arabes préfèrent surtout le cheval qui mange peu, pourvu qu'il n'en soit pas affaibli. C'est, disent-ils, un *trésor sans prix*.

« Faire boire au lever du soleil, fait maigrir le cheval ;

« Faire boire le soir le fait engraisser ;

« Faire boire au milieu du jour le maintient en son état.

« Pendant les grandes chaleurs qui durent quarante jours (semaïne), les Arabes ne font boire leurs chevaux que tous les deux jours. On prétend que cet usage est du meilleur effet.

« Le saint Ben-el-Abbas, Dieu l'ait pour agréable, a dit aussi :

> Aimez les chevaux, soignez-les,
> Ne ménagez point vos peines,
> Par eux l'honneur et par eux la beauté.
> Si les chevaux sont abandonnés des hommes
> Je les fais entrer dans ma famille,
> Je partage avec eux le pain de mes enfants ;
> Mes femmes les vêtissent de leurs voiles,
> Et se couvrent de leurs couvertures ;
> Je les mène chaque jour
> Sur le champ des aventures.
> Emporté par leur course impétueuse
> Je combats les plus vaillants.

Les chevaux du Sahara (GÉNÉRAL DAUMAS).

J'ai quitté la cohue des hommes et des chevaux et j'ai retrouvé la calèche qui m'attendait sur la route. Nous descendons vers le fond d'une vallée. Autour de nous maintenant les montagnes sont couvertes de forêts, l'air est pur et frais en dépit des rayons ardents du soleil. Je revois des prairies, je retrouve la verte transparence des herbages, le ruisseau qui court en gazouillant sous les frênes, reflétant les feuilles et les fleurs. Et des fumées s'échappent de chaumières blotties sous les branches. Ce n'est plus la Tunisie, je crois revoir certaines régions montagneuses de France.

Mais après avoir gravi une haute cime aux interminables lacets, avec de larges horizons sans cesse ouverts sous les yeux, voici que nous arrivons sur un plateau et que nous pénétrons sous l'épais couvert d'une forêt. C'est ici le mystère des feuilles, les hautes ramures frissonnantes, les troncs gigantesques des chênes qui s'élèvent tels que des fûts de colonnes démesurées. Me voici au cœur de cette Kroumirie peuplée par une race guerrière dont les déprédations appelèrent notre intervention en Tunisie. Tout à l'heure nous passerons dans le voisinage de la cime où s'élève le tombeau du grand marabout Sidi-Abdallah-ben Djemel, dont les Kroumirs prétendent être les descendants.

Car en dehors des luttes d'influence qui existaient chez le bey de Tunis, des droits de la compagnie Bône-Guelma méconnus et de la question de l'Enfida où tout fut mis en œuvre pour déposséder une compagnie française, notre frontière algérienne était depuis longtemps inquiétée sans cesse par les tribus limitrophes de la Tunisie. C'étaient des violations de territoire, des incendies de forêts, de la contrebande de guerre, des razzias, des meurtres et même le pillage des navires.

En janvier 1878, les Kroumirs pillaient l'*Auvergne*, capitaine Isnard, qui, se dirigeant de Cette à Bône, avait été jeté à la côte par la tempête. Après le partage du butin, les malheureux naufragés s'étaient vu dépouiller de leurs vêtements et c'est complètement nus qu'ils avaient été obligés de gagner La Calle.

En dix ans, de 1870 à 1881, les déprédations ou les méfaits constatés s'élevaient à 2.379. Le bey était impuissant devant ces tribus guerrières, réfugiées dans des cimes presque inaccessibles et qui ne reconnaissaient pas son autorité.

Cependant devant cette impunité, l'audace des Kroumirs allait grandissant, les violations de territoire devenaient de plus en plus fréquentes, la France était dans l'obligation de se faire justice elle-même et d'infliger à ces tribus le châtiment qu'ils avaient depuis si longtemps mérité.

« A la suite des nouvelles déprédations commises par les Kroumirs, dit M. Maurice Bois, le 16 février 1884, le général Ritter avait dû diriger sur la frontière une compagnie du 59ᵉ et deux compagnies de zouaves. Le 30 mars de la même année, 400 ou 500 Kroumirs, divisés en trois bandes, envahirent notre territoire, dans le cercle de La Calle. Après une fusillade, qui dura environ deux heures, avec les

PAYSAGE DE KROUMIRIE

tribus qui occupent cette partie de notre territoire algérien, les Kroumirs repassèrent la frontière et se représentèrent le lendemain pour recommencer le combat.

« Une compagnie du 3ᵉ zouaves et une compagnie du 59ᵉ régiment d'infanterie, accoururent des camps du Tarf et de Roum el Souk, et forcèrent les Kroumirs à se retirer sur leur territoire; mais nos troupes ne purent franchir la frontière, car elles n'en avaient pas reçu l'ordre. L'ennemi perdit une cinquantaine d'hommes. Le 59ᵉ eut 3 morts et 1 blessé; le 3ᵉ zouaves eut 6 hommes hors de combat : 1 mort et 5 blessés.

UN RAID DE KROUMIRIE

« Le général Osmont, commmandant le 19ᵉ corps d'armée, crut devoir prendre les mesures nécessaires pour garantir notre frontière menacée. Il dirigea sur les camps de Roum el Souk et du Tarf 3 compagnies de zouaves, 2 escadrons de spahis, 1 bataillon de tirailleurs, 1 compagnie du 59ᵉ, 2 pelotons de hussards et une section d'artillerie. Il donna en même temps des ordres pour faire venir à Souk el Arhas les deux compagnies du 34ᵉ qui se trouvaient à Guelma.

« Cependant l'agitation commençait à fermenter parmi les Kroumirs, et leurs voisins, les Ouchtettas, les Ouled Bou Ghanem et les Ouargha, semblaient disposés à faire cause commune avec eux. Les populations qui composent ces tribus étaient encore excitées par les agents du bey, qui répandaient partout chez elles le bruit que l'Angleterre et l'Italie soutenaient la Tunisie, et que les Français étaient « dans l'impossibilité de faire respecter leurs droits et même leur territoire ».

« Le gouvernement ne pouvait patienter plus longtemps. La presse et l'opinion publique s'étaient émues. « L'attaque inopinée des Kroumirs vint décider la France encore hésitante, en ne lui permettant plus de tarder à venger le sang de ses soldats. »

« M. Barthélemy Saint-Hilaire envoya, le 6 avril, à M. Roustan, notre représentant à Tunis, une dépêche dans laquelle il le priait d'annoncer au bey l'entrée prochaine de nos troupes dans la Régence. « C'est en alliés et en auxiliaires du pouvoir souverain du bey que les soldats français poursuivront leur marche ; c'est aussi en alliés et en auxiliaires que nous espérons rencontrer les soldats tunisiens, avec le renfort desquels nous voulons châtier définitivement les auteurs de tant de méfaits, ennemis communs de l'autorité du bey et de la nôtre. »

« Mohammed es Sadok adressa à M. Roustan une note diplomatique, dans laquelle il protestait contre la violation du territoire tunisien par la France. Il voyait dans cette entrée des troupes françaises sur le sol de la Régence, « une atteinte à son droit souverain, aux intérêts que les puissances étrangères avaient confiés à ses soins et spécialement aux droits de l'empire ottoman ; la France devait assumer la responsabilité de tout ce qui pourrait en résulter. »

« En réponse à la protestation et aux promesses du bey, qui essayait de retarder nos préparatifs en envoyant 3.000 réguliers tunisiens pour châtier les Kroumirs et rétablir l'ordre parmi les tribus révoltées, il fut décidé au conseil des ministres, le 3 avril, que l'on agirait sans retard contre les tribus rebelles. »

La concentration des troupes avait lieu sur la frontière algérienne et le 24, sous le commandement du général Forgemol de Bostquénard, les colonnes d'expédition quittaient les camps d'Oum-Théboul, d'El Aïoum et de Roum-el-Souk et franchissaient la frontière.

Le général Logerot se dirigeait au sud, dans la vallée de l'oued Mellègue, le général de Brem allait au centre, dans la vallée de la Medjerdah et la division Delebecque et le corps de débarquement de Tabarka occupaient le nord. La Kroumirie allait se trouver ainsi investie par le nord et le sud tandis qu'un mouvement direct s'opérait au centre.

Le corps du général Logerot, protégé par des goums et des chasseurs d'Afrique, après avoir franchi à gué l'oued Mellègue, prenait la direction du Kef où il arrivait sans incidents sérieux. Les portes du Kef s'ouvraient devant lui et la ville était occupée sans effusion de sang. Ce résultat inespéré était dû à l'influence de l'agent consulaire de France dans cette ville : M. Roy, aujourd'hui secrétaire général du gouvernement tunisien.

Au nord une escadrille protégeait à Tabarka le débarquement des troupes et là, les colonnes du général Delebecque refoulaient bientôt les Kroumirs.

Pendant ce temps la brigade Vincendon divisée en deux colonnes avait quitté le camp d'El Aïoun et, après une marche des plus pénibles, se trouvait aux prises avec l'ennemi au col de Fedj Kala. Elle occupait les hauteurs environnantes après plusieurs engagements et plantait son fanion au sommet du kef Charaga d'où elle apercevait la petite escadre au mouillage vers Tabarka.

Ces tribus que l'on châtiait et qui ont été, nous venons de le voir, la cause de notre occupation de la Tunisie, furent toujours sauvages, belliqueuses et indomptables, elles ne reconnaissaient aucune autorité, et l'administration des beys n'y eut jamais accès. Pour faire rentrer l'impôt, les beys organisaient de véritables expéditions qui la plupart du temps n'atteignaient pas le but proposé.

L'histoire des Kroumirs, un peu mystérieuse, n'est qu'une série de luttes; c'est une race à part. Ils sont mahométans mais pratiquant peu la religion, observant à peine le jeûne et les ablutions. Et ce qui les différencie encore des Arabes, en dehors de leur type qui rappelle quelquefois le Chananéen, le Romain ou le Vandale, c'est leur langage. Quelques-uns parlent le chaouïa, dialecte berbère des habitants de l'Aurès.

La population se répartit en quatre tribus : les *Sloul*, riches, s'adonnant au commerce et à l'élevage ; les *Tadmaka*, plus pauvres, nombreux et remuants, habitant les sommets; longtemps ceux-ci ne vécurent que de vol et de brigandage. C'est enfin les *Mselma* et les *Chiaia*.

Depuis l'occupation, la plupart des Kroumirs font de l'élevage et de la culture. Ils sont possesseurs de grands troupeaux de bœufs et de moutons. Les montagnes qu'ils habitent sont en général incultes, mais elles présentent quelques parties fertiles notamment aux environs de Tabarka.

Ces montagnes de Kroumirie, couvertes d'épaisses forêts, sont d'ordinaire escarpées et coupées par des précipices.

Près d'Ain Draham, au djebel Melah, à mille mètres d'altitude, sur un plateau est le sanctuaire vénéré dans lequel repose, au milieu des chênes, le fameux marabout Sidi-Abdallah-ben-Djemel, protecteur de la Kroumirie.

L'historien Ibn-Khaldoun raconte que les Kroumirs sont les descendants des Houmir-ben-Amor venus de l'Arabie sous la conduite de Frikech-ben-Suis durant l'invasion de l'Afrique. Un des membres de cette tribu, Abd-Allah, se fixa au djebel Aman tandis que son fils allait habiter Tabarka. Ceci expliquerait la tradition chère aux Kroumirs qui les fait tous descendants du marabout Sidi-Abd-Allah.

Jusqu'à notre occupation le sanctuaire fut inviolé, les troupes beylicales, qui plusieurs fois étaient venues pour châtier les Kroumirs, n'avaient pas osé gravir les pentes abruptes du djebel Melah.

Une légende raconte qu'une de ces armées fut entièrement détruite par la toute-puissance du marabout qui l'écrasa sous une grêle de fer.

En 1881, les Kroumirs se concentrèrent sur le plateau où ils avaient réuni leurs femmes, leurs enfants et leurs troupeaux. A l'approche de nos troupes il sembla que le ciel, prenant parti pour eux, manifestait son courroux contre les audacieux giaours qui osaient songer à s'emparer de la montagne sainte. Des orages effrayants éclatèrent et durant plusieurs jours le tonnerre et les éclairs l'entourèrent d'un cercle de feu et de terribles grondements.

La divison Delebecque, massée au pied de la montagne, à Bled Mana, s'attendait à une résistance énergique, les reconnaissances opérées par les goums les jours précédents le faisaient pressentir.

Cependant, le 8 au matin, la division se met en marche par colonnes, chaque brigade étant protégée par des tirailleurs, et l'ascension du djebel Melah commence. Après divers incidents, dus à la rencontre d'affreux précipices qu'on ne soupçonnait pas, la brigade Vincendon arrive sur le plateau. Les Kroumirs l'ont abandonné. La présence d'aucun chrétien n'avait souillé ce sommet. L'occupation du marabout fut d'un effet moral prodigieux et beaucoup de Kroumirs vinrent faire leur soumission. Le résultat décisif de la campagne était dès lors assuré !

Les Kroumirs habitent des villages d'un accès difficile et le plus souvent établis vers les cimes. Leurs demeures sont construites avec des branchages entremêlés, recouvertes de plaques de liège et enduites d'un mortier fait avec de la terre. Un de ces villages se distingue des autres, il est creusé dans une falaise du Fath Allah. Sur le rocher, évidé en manière de ruche, s'ouvrent à différentes hauteurs les portes et les fenêtres; pour arriver à ces curieux logis, il faut gravir des escaliers taillés dans le roc, ce qui n'est pas toujours sans danger. On se trouve alors sur une étroite plateforme, devant les ouvertures des chambres. Ces compartiments rectangulaires mesurent d'habitude trois mètres de longueur sur deux de largeur. Leur hauteur dépasse deux mètres.

« Ce rocher, écrit dans la Revue de Géographie un témoin de la conquête, percé de loges à toutes hauteurs, constitue une citadelle imprenable et un refuge à l'abri des bêtes fauves. La plupart des outils, ustensiles et objets d'un usage domestique, en avaient été enlevés, lors de notre visite, sauf un soufflet de forge à deux corps, trop lourd sans doute et que son propriétaire n'avait pas eu le temps d'emporter avec le reste de son mobilier. J'ai vu sur plusieurs points de l'Algérie des grottes naturelles hantées par les bergers et servant d'asile aux troupeaux ; mais à Fath-Allah, rien de semblable, tout y est l'œuvre de l'homme. Ni fissures, ni excavations dont on ait pu profiter ; aucun travail de maçonnerie. Ces logements, qui tiennent plus du perchoir que de la maison, ont été façonnés par le ciseau du tailleur de pierres, et servent non au bétail, mais bien à des familles de Kroumirs, ayant chacune leur foyer séparé du foyer voisin, malgré une communauté sociale évidente. J'en ai remarqué qui paraissaient fraîchement terminées ou en voie d'exécution. Il est possible qu'il existe dans ce massif d'autres cités semblables ; en tous cas, c'est la première que nous rencontrons de ce genre. Pour être complet, je dois ajouter que, soit par l'effet du hasard, soit en vue de connaître les heures, la roche tourne au soleil levant sa façade ornée de fenêtres, et qu'elle est couronnée d'une esplanade boisée, d'où l'on aperçoit, sans être vu, une vaste étendue de pays, observatoire susceptible de devenir, en cas de guerre, l'avant-poste de cette forteresse naturelle. »

Une des particularités des Kroumirs consiste dans l'organisation de comités qu'ils appellent les *çofs*. Ces comités ne revêtent aucun caractère politique ou religieux, ce sont de véritables associations de secours mutuel. Elles diffèrent absolument de nos associations de ce genre en ce sens que la protection et l'appui sont dus en principe aux adhérents, qu'ils aient tort ou raison.

Deux hommes en viennent aux mains pour un motif quelconque, les membres du çof de chacun d'eux prennent fait et cause pour le leur, et la mêlée s'engage sans qu'on sache parfois de quoi il s'agit. Si le membre d'un çof est tué, quelle qu'en soit la cause ou l'occasion, ses enfants sont adoptés et élevés par l'association.

Ces montagnards, de même que les Corses, pratiquent la *vendetta*. Le meurtrier sera toujours poursuivi par la vengeance de la famille de sa victime. Les mères élèvent les jeunes enfants dans la haine de celui qui a assassiné leur père et, si l'enfant meurt, un autre parent le remplace, le meurtrier ne pourra se soustraire à son sort.

Les Kroumirs ont conservé comme les Kabyles une belle tradition, c'est le droit de protection ou d'inviolabilité pour le voyageur : l'*anaïa*. Et ce droit ne se borne pas à la protection des voyageurs, il donne à tous le droit de suspendre les luttes par un seul mot.

« Deux hommes se battent, dit M. Antichan, un tiers intervient qui prononce entre eux le mot Anaïa ; le combat cesse sous peine d'amende.

« Deux tribus sont en guerre ; une troisième jette entre elles son anaïa ; la trêve est forcée, sinon la tribu médiatrice se tournerait contre celle qui déclinerait sa médiation.

« Quand la guerre éclate dans quelque coin de la montagne, la kébila, l'arch, la dechra peuvent couvrir de leur anaïa tel terrain, telle partie de route. Ainsi se trouvent protégés les chemins réservés aux femmes ; les marchés sont des terrains légaux d'anaïa.

« Un voyageur a-t-il à traverser un pays où il craint une attaque, il se munit d'un gage d'anaïa : c'est tantôt une lettre, un anneau, un fusil, un bâton, un objet quelconque que le *protecteur* lui remet en guise de sauf-conduit ; tantôt il le fait accompagner par son chien ou son serviteur ; quelquefois il l'escorte lui-même. Avec cet objet ou sous cette escorte, le voyageur est à l'abri de toute agression.

« Il va de soi que plus un homme est influent et renommé, plus l'anaïa qu'il donne a d'importance au loin ; mais en principe l'anaïa du plus humble des Kroumirs ne passe pas pour moins inviolable, et malheur à qui oserait la violer.

« Le Kroumir n'a rien tant à cœur que son anaïa ; elle lui est plus chère que tout au monde, que sa femme, que ses enfants, que sa vie même ; il met tout son honneur à la faire respecter, et s'il ne peut à lui seul, il appelle ses parents, ses amis, son village, et, quand il le faut, la tribu elle-même.

« Briser son anaïa, comme il dit, c'est lui infliger la plus sanglante des injures.

« Quelque temps avant la dernière guerre, un poète des O. Cedra ou soi-disant tel, du nom de Youçef, avait donné son anaïa à des marchands juifs qui se rendaient au Souk-el-etneïn des Hamran. Arrivés à Ben Metir, nos juifs furent assaillis et détroussés par une bande d'Atatfas et de Tebainias. Le poète le sut. Indigné de cet outrage, il provoqua aussitôt une réunion générale des O. Cedra et, la tête ceinte d'une corde de paille en signe de deuil, il improvisa devant l'assemblée un chant dont voici le refrain :

> Récemment nous accompagnions des marchands juifs ·
> Les Atatfas et les Tebainias ont brisé notre anaïa.
> Si nous la laissons fouler aux pieds, quelle honte !
> Si nous la faisons respecter, que de sang versé !
> L'anaïa est une montagne de feu ;
> Mais c'est sur elle que repose notre bonheur.

Les O. Cedra, sans autre explication, récitèrent le fatah et envoyèrent déclarer la guerre aux Atatfas et aux Tebainias. »

. . . .

Aïn-Draham, la fontaine d'argent, est dans une situation ravissante, sur une pente que domine le camp. C'est, comme Gabès, un bourg créé depuis l'occupation, il est tout en boutiques et en buvettes et ne présente aucun intérêt. Mais de merveilleux paysages se déroulent alentour, de tous côtés s'élèvent des montagnes couvertes d'épaisses forêts, se creusent des vallons où courent des eaux vives. Vers le nord les monts se séparent et on aperçoit au loin la mer et l'île de Tabarka.....

Maintenant c'est l'heure du retour, j'ai quitté Aïn-Draham et j'ai gravi les montagnes que j'avais traversées naguère un peu trop vite à mon gré, car il fallait arriver au gîte avant la nuit. Arrivé sur le plateau, dans la vieille forêt, j'ai mis pied à terre et j'ai envoyé ma voiture en avant. Je voulais être seul, jouir une dernière fois de la fraîcheur charmante, du silence et du recueillement des lieux déserts.

Il y a si longtemps, des années il me semble, que je n'ai vu les fougères, les feuilles et les fleurs. Errant ainsi sous les hautes frondaisons des chênes, enveloppé par les souffles d'un vent frais, je me croyais dans nos vieilles forêts de France. Les étapes du long voyage que je venais de faire durant plusieurs mois en Tunisie se déroulaient une à une dans mon souvenir, incertaines déjà, tant le décor qui m'entourait ressemblait peu aux paysages au milieu desquels je venais de vivre et dont mes yeux gardaient comme un éblouissement.

Je revoyais Tunis la blanche, sommeillant au fond d'un golfe bleu, ses bazars parfumés aux mystérieux labyrinthes. J'entendais la voix du conteur planant sur les terrasses de la ville assoupie, l'étrange musique du charmeur de serpents et les confidences du sorcier. La nuit venait et j'étais entraîné par un ami dans une cité nouvelle allongeant jusqu'à l'infini ses ruelles d'albâtre sous le firmament clair et nous allions au son vague des flûtes, alanguis par des senteurs d'aromates s'exhalant des murailles et du sol phosphorescents.

Puis, prenant la route au grand soleil, après m'être assis un instant, au chant des sources, dans la nymphée de Zaghouan, je suivais le rivage vers Beni-Khiar aux maisons de neige, sous les remparts d'Hammamet, la cité des colombes, devant l'immense golfe tout frissonnant d'azur et d'or.

Kairouan m'apparaissait aussitôt avec ses minarets, ses coupoles et ses tombeaux, couvrant la terre aussi loin que mes regards pouvaient porter.

Mais le cœur sanglant de Mahdia, image de l'éternelle souffrance humaine, toujours traversait le ciel. Les gouttes sanglantes tombaient des nues, passaient dans les rayons du soleil et rougissaient les villes, les rivages et les plaines.

C'est que la grande loi de douleur est partout, et, où que l'on soit, dans les terres ensoleillées ou sous les brumes, le décor seul change, les passions sont les mêmes, les souffrances égales et l'homme toujours se débat, étreint par la fatalité.

Et alors je me souvenais du muezzin, de cette voix qui semblait venir des espaces célestes pour fortifier les cœurs. Partout où j'ai vécu, partout j'ai vu souffrir, et la même idée d'un monde futur de compensation et de justice a dominé.

Partout j'ai retrouvé le même espoir en l'au-delà et j'ai entendu murmurer les mêmes prières à cette puissance éternelle, devant laquelle l'humanité se courbe depuis le commencement...

... Je reprenais la mer, j'abordais dans les oasis immenses, scintillantes comme des pierreries et j'entendais les rugissements des Aïssaouas et les grondements de leur musique sauvage.

Traversant, dans ce songe, le désert de l'Arnad, d'étranges regards me fixaient avec terreur. Où les avais-je donc déjà vus ces regards d'effroi ? Je me souviens maintenant, ils me donnèrent le frisson.

Et j'allais dans les régions désertes, calcinées par le soleil, brûlées par le vent. Oh ! ce vent, j'en sentais encore le souffle maudit !

J'étais ensuite dans une caverne silencieuse au milieu des troglodytes. Je quittais cet antre par un vent de fournaise, étouffé par le sable sous un ciel où se traînait un soleil mourant. Puis, je reprenais la mer et je gravissais une cime où sommeille une cité romaine, écoutant un joueur de flûte dont la mélopée douce et plaintive se perdait dans l'ombre frêle des oliviers. Une lueur s'éveillait dans les ténèbres, c'était Teboursouk plein d'étoiles avec ses minarets aériens.

Je me retrouvais maintenant dans les montagnes, sous l'ombrage des bois où filtrent en clartés de vitrail, quelques reflets de soleil, et j'écoutais le murmure des sources.

Et cela me laissait comme une lassitude, un sentiment de continuel abandon, presque une détresse. J'aurais voulu vivre encore ce rêve qui m'échappait.

Lorsqu'on se réveille, enfant, après un joli songe, l'on se rendort vite et les visions qui berçaient notre premier sommeil réapparaissent.

Plus tard, le rêve dure peu et ne recommence pas.

Sans autre espoir, il faut jouir de l'heure présente : tu n'es plus un enfant. Contemple vite ce rayon qui vient diamanter l'émeraude des mousses, la nuée rose qui flotte comme un sourire du ciel, écoute le vent qui passe dans le mystère des feuilles. N'entends-tu pas aussi, dans le secret de toi-même, les battements de ton cœur ?

Tout ce qui vit nous dit adieu ; la feuille se détache de l'arbre, elle tournoie et le vent l'emporte. L'oiseau qui vient de se poser, là, près de moi, si gracieux, a chanté et s'est envolé.

Ce chant, je voudrais l'entendre encore ; ce rayon, je voudrais le fixer.

... Oh ! ces heures brèves, ces instants qui meurent, ces joies entrevues et déjà passées !..

PONT DE CHEMTOU

TABLE DES CHAPITRES

CHAPITRE PREMIER

En mer. — Le cap Carthage. — Tunis, le quartier franc et la ville arabe. — Les souks. — Un soir de Rhamadan. — Au quartier Halfaouine. — L'épopée des paladins de France à Tunis. 1

CHAPITRE II

A travers le quartier israélite. — Une noce juive. — Le mariage musulman. — *L'aïd-es-ghir*. — L'aumône. — Halfaouine. — La voix du muezzin. 21

CHAPITRE III

Les nuits de Tunis. — Les conteurs. — Les charmeurs de serpents. — Les sorciers. . . 41

CHAPITRE IV

Croyances et superstitions. — Talismans et amulettes. — Le caméléon. — Les arracheurs de cœurs. — L'encens de sorcier. — Le marabout de Sidi-Saad. — Les hiboux. — Les scorpions. — Les trésors enchantés. — Un vieux cimetière. — Les potiers troglodytes. 57

CHAPITRE V

A Carthage. — L'étendue. — Souvenirs et tombeaux. — Mégara. — Tragédies du passé. — La Malga et les citernes. — Le cardinal Lavigerie, primat d'Afrique. — Salammbô. 73

CHAPITRE VI

La Mauresque. — Le Bardo. — Au Musée Alaoui. — La Manoubia. — Les *Habous*. — La Goulette. — Un jour à Bizerte. 91

CHAPITRE VII

Hammamlif. — Nebeul. — Les potiers. — Beni-Khiar. — Un soir sur la plage. — Hammamet, la cité des colombes. 107

CHAPITRE VIII

La Mohammedia. — L'aqueduc d'Adrien. — Oudna. — Zaghouan. — Etonnantes aventures d'une calèche à conviction. — Le Nymphéum 123

CHAPITRE IX

En mer. — Sousse. — Kairouan, la ville sainte. — Visions, légendes et mirages. — Les mosquées. — Les Zlass. — A travers les rues et les bazars. — Un dîner chez le khalife. 141

CHAPITRE X

La côte. — Monastir. — Toujours des ruines. — Mahdïa. — Le cœur sanglant. — El-Djem. — A Sfax: la ville arabe. 161

CHAPITRE XI

Gabès. — Le général Allegro. — L'Oasis. — Un jardin enchanté. — Les lavandières. — Menzel et Djara. — Les Khouans. — Les Aïssaouas. — Au crépuscule. — L'expédition du marquis de Morès. 181

CHAPITRE XII

L'aube. — A travers l'Araad. — Paysages d'apocalypse. — Les Matmatas. — Hadège. — Chez les Troglodytes. — Les gerboises. — Le siroco. 213

CHAPITRE XIII

L'île de Djerba. — Un aperçu du Sud. — Le lac Triton. — Retour au nord. — Medjez-el-Bab. — La famille arabe. — Krich-el-Oued. — Une ville morte. — Testour. — Les oiseaux. 229

CHAPITRE XIV

Aïn-Tunga. — En détresse. — Chevauchée à travers les ténèbres. — Teboursouk. — Dougga. — L'adieu. — A propos du cheval arabe. — Une nuit par les solitudes. . . 249

CHAPITRE XV

A travers les forêts. — Souvenirs de conquête. — Les Kroumirs. — Le marabout de Sidi-Abdallah. — Aïn-Draham. — L'adieu des choses. 267

TABLE DES GRAVURES

GRAVURES EN COULEURS :

CAVALIER TUNISIEN.
PORTE DE SFAX.
A L'OUED GABÈS.
LA DANSE DU FOULARD.

CHAPITRE PREMIER

Café maure de la Kasbah.	1
Mauresque dans son intérieur.	5
Leur visage était un masque noir.	9
Salle des psychés à Dar-el-Bey	11
Un Maure.	12
Minaret de la grande mosquée Zitouna.	13
Un bazar.	17
Mosquée de Sahab-el-Tabadj.	20

CHAPITRE II

Foule à Halfaouine.	21
Matrone juive.	25
Barbier en plein vent.	28
Juive de Tunis.	29
Jeune Juive sur une terrasse	35
Matrone juive et ses enfants.	40

CHAPITRE III

Un conteur	41
Boutique de barbier.	45
Portail d'une maison mauresque.	52
Par la nuit.	53
Charmeur de serpents.	56

CHAPITRE IV

Mauresques se rendant au Hammam.	57
Dans une rue du quartier maure	60
La Sorcière.	61
Bédouine.	72

CHAPITRE V

Les citernes de Bordj Djedid	73
Les anciens ports de Carthage	76
Bédouine de la Malga.	77
Victoire romaine de Carthage.	84
Le cardinal Lavigerie, primat d'Afrique.	85
Basilique d'Enchir-Rhiria.	89
La Cathédrale de Carthage.	90

CHAPITRE VI

Sur la route du Bardo.	91
Ornementations en stuc au Bardo.	96
L'escalier des lions au Bardo.	97
Panneau décoratif en faïences mauresques.	101
Porte ruinée au Bardo.	106

CHAPITRE VII

Entrée des souks à Nebeul	107
Marchand de poteries à Nebeul	109
Chez un potier de Nebeul	116
Café maure à Beni-Khiar.	117
Porte d'Hammamet.	122

CHAPITRE VIII

L'aqueduc d'Adrien.	123
Citernes d'Oudna.	127
Caravane rencontrée sur le chemin.	132
Rue de Zaghouan.	133
La « cella » du temple des eaux.	137
Au Nymphéum.	140

CHAPITRE IX

Rue de Kairouan.	141
Le « Minbar » de la grande mosquée.	144
Kairouan, la Ville Sainte.	145
Mosquée du barbier : galerie du tombeau.	149

TABLE DES GRAVURES

Mosquée du barbier : les galeries.	153
La cour de la grande mosquée	156
Cour intérieure de la mosquée du barbier	157
Porte du minaret de la grande mosquée.	160

CHAPITRE X

Marchand de poteries à Sfax.	161
Amphithéâtre d'El-Djem (intérieur).	165
Amphithéâtre d'El-Djem.	168
La rue des forgerons à Sfax.	169
Le derviche	180

CHAPITRE XI

Alors les Aïssaouas au son de la musique.	181
... Le peuple prend place.	184
... Trois lames pendantes le long de ses flancs.	185
A Djara.	192
Juive de Djara	193
Femme d'un chef de l'Araad.	205
Mulâtresse de Menzel	212

CHAPITRE XII

Cour intérieure du Kaïd d'Hadège	213
Intérieur de troglodyte.	218
Troglodyte rentrant dans son terrier.	219
Le pays des Matmatas.	228

CHAPITRE XIII

Les chèvres à Testour.	229
Capitole de Medeïna.	236
L'arc de triomphe de Chaouache.	237
Le spahi du Kaïd.	240
La Mosquée de Testour.	241
Laboureur indigène.	248

CHAPITRE XIV

Un coin de Teboursouk.	249
Mausolée punico-berbère de Dougga.	252
Citadelle byzantine de Teboursouk.	253
Mausolée d'Henchir Guergour	256
Maison mauresque à Teboursouk.	257
Mausolée de Sidi-Aïch.	264

La scène du théâtre de Dougga. 265
Le théâtre de Dougga 266

CHAPITRE XV

Au marché de Fernana. 267
Paysage de Kroumirie. 272
Un Kaïd de Kroumirie. 273
Pont romain de Chemtou. 282

Tours. — Impr. Mame.